北大版新HSK应试辅导丛书

新汉语水平考试 HSK
词汇学习手册 三级

据国家汉办《新汉语水平考试（HSK）词汇》（2012年修订版）编写
According to *New Chinese Proficiency Test (HSK) Vocabulary* (revision in 2012)
by Chinese National Office for Teaching Chinese as a Foreign Language

（含一、二级词汇　Vocabulary of Level I and II included）

任蕾 编著

NEW CHINESE PROFICIENCY TEST
(HSK) VOCABULARY WORKBOOK 3

北京大学出版社
PEKING UNIVERSITY PRESS

图书在版编目(CIP)数据

新汉语水平考试(HSK)词汇学习手册. 三级/任蕾编著. —北京：北京大学出版社，2015.5
（北大版新 HSK 应试辅导丛书）
ISBN 978-7-301-21735-1

Ⅰ. ①新… Ⅱ. ①任… Ⅲ. ①汉语—词汇—对外汉语教学—水平考试—自学参考资料 Ⅳ. ①H195.4

中国版本图书馆 CIP 数据核字（2012）第 294781 号

书　　　名	新汉语水平考试（HSK）词汇学习手册　三级
著作责任者	任　蕾　编著
责 任 编 辑	宋立文
标 准 书 号	ISBN 978-7-301-21735-1
出 版 发 行	北京大学出版社
地　　　址	北京市海淀区成府路 205 号　100871
网　　　址	http://www.pup.cn　新浪微博：@北京大学出版社
电 子 信 箱	zpup@pup.cn
电　　　话	邮购部 62752015　发行部 62750672　编辑部 62754144
印 刷 者	三河市博文印刷有限公司
经 销 者	新华书店
	650 毫米 × 980 毫米　16 开本　23.25 印张　424 千字
	2015 年 5 月第 1 版　2015 年 5 月第 1 次印刷
定　　　价	69.00 元

未经许可，不得以任何方式复制或抄袭本书之部分或全部内容。
版权所有，侵权必究
举报电话：010-62752024　电子信箱：fd@pup.pku.edu.cn
图书如有印装质量问题，请与出版部联系，电话：010-62756370

目录 Contents

前言 Preface ·· 1

编写说明 User's Guide ···································· 7

略语表 Abbreviations ···································· 11

检索表 Index ··· 13

正文 Texts ··· 1—342

前 言 Preface

本书是为参加新汉语水平考试（HSK）三级的外国汉语学习者编写的工具书。全书共包括两个主要部分：三级词汇和"Do You Know"。"Do You Know"部分下文称为拓展词条。全书所有条目都配有注音、英文释义、举例，例句也有相应注音。

本书在编写方面有两大特色：

一、共收词条 1035 个，其中包括大纲词汇 600 个（另附 7 个常用同义词及 5 个同形词）和拓展词汇 423 个，均为易考常考词。

参加过新汉语水平考试的考生或者接触过新汉语水平考试真题的学习者都知道，只学习新汉语水平考试大纲中的词汇是远远不够的。举例来说："一"和"些"是三级词汇，这两个词可以组合成"一些"，"一些"却非大纲词汇；"说话"一词可以拆成"说"和"话"，而这两个词大纲均未出；"头发"中的"头"大纲也未出。还有更复杂的，三级词汇出了"天气"和"春"，"天气"的"天"与"春"可以组合成"春天"；"房间"的"房"和"儿子"的"子"可以组合成"房子"。诸如此类还有很多，而这些重新组合产生的词语在新 HSK 三级真题中都曾反复出现。

这就为广大考生带来了一个问题，学习多少超纲词才能轻松自如地应对考试？

为解决这一问题，帮助考生整理词汇复习的重点，本书设计了拓展词条（Do You Know）部分。拓展词条的选取应该是客观的、科学的，不能以个人的喜好和揣测为依据。根据这一原则，我们将《新汉语水平考试真题集 HSK（三级）》和《汉语国际教育用音节汉字词汇等级划分（国家标准·应用解读本）》作为收录拓展词条的基本依据。原因有二：

1. 《新汉语水平考试真题集 HSK（三级）》是筛选拓展词条最有效、最实际的途径。它直接反映了考生的复习范围。考生应该重视真题中出现的超纲词，加强对这些词语的学习是提高考试分数的有效途径。

但是，我们认为，考什么学什么所带来的滞后性会使考生在遇到新词语时感到难以应对。我们希望本书能够与未来考试的出词范围接轨，能够有一定的前瞻性。因此，我们选取了《汉语国际教育用音节汉字词汇等级划分（国家标准·应用解读本）》作为另一个筛选依据。

2.《汉语国际教育用音节汉字词汇等级划分（国家标准·应用解读本）》研制的主要依据是包括三十多亿字次的当代大型动态语料库和多种具有代表性、针对性的词典、词表、字表，同时征询了海内外一百位专家学者的意见。我们相信，依据此国家标准筛选三级拓展词汇，其科学性和实用性是有保证的。通过反复比对和实验，最终确定《汉语国际教育用音节汉字词汇等级划分（国家标准·应用解读本）》普通级一级和普通级二级作为本书的拓展词条。

据此，我们应用自主研发的汉语文本批量识别系统，筛选出《新汉语水平考试真题集 HSK（三级）》和《汉语国际教育用音节汉字词汇等级划分（国家标准·应用解读本）》普通级一级和普通级二级中全部由新 HSK 三级词汇拆分成单字后构成的词。然后对这些词进行了必要的人工干预。之所以只筛选那些由三级词汇拆分成单字后构成的词，是基于字本位的观点。

正如张晋军和解妮妮在《开发新 HSK 所遵循的指导思想》一文中所言，新 HSK 在收词方面遵循的是"经济、高效原则"。其词汇大纲的设计是以词本位为主，兼顾字本位。谈到字本位就要涉及字的构词能力，既然涉及构词，理应由学生已知的字组合而成。通过对真题的分析可知，这类重新组合后形成的词虽然不在词汇大纲的范围内，但其在考试中反复出现，易考常考，应该作为考生的复习重点，加强记忆和理解。

我们在确定了应收录的 423 个拓展词条以后，欣喜地发现，其中通过《汉语国际教育用音节汉字词汇等级划分（国家标准·应用解读本）》和《新汉语水平考试真题集 HSK（三级）》筛选出的相同词语共 200 多个，相同词条的数目占一半左右。由此可见，这种筛选方式是比较科学的、客观的，它可以为广大考生提供一个较为合理的词汇复习方向，帮助考生轻松、愉快地通过新汉语水平考试。

诚然，在考试中确有个别超纲词不由大纲词汇拆分的单字构成，但是或数量较少，或复考率较低，根据"抓大放小"的复习原则，这类词不必作为考生复习的重点。

二、例句尽量不使用主词条和拓展词条以外的词语，我们希望这本书是学生看得懂、学得会的。

词汇书的编写，其难点在于例句。例句的作用是为释义服务的，是用现实生活和写作中使用的句子来印证释义。而词汇书最重要的特点就是圆融，一旦收词条目确定，例词例句应依此编写。理论上讲，每一个例句都应该让学生看得懂，例句中的每一个词语都应该让学生查得到。

这种严格苛刻的标准要求编者既要努力编写能够体现语法和语用特点的例句,又要想办法核检收词条目以外的词语。庆幸的是,通过对汉语文本批量识别系统的不断改进和完善,我们最终解决了例句编写和词汇甄别的问题。

根据这一技术,我们对例句进行了反复而细致的修改。基本做到:主词条中的例句用词不超出新 HSK 三级词汇大纲规定的 600 词范围,拓展词条中的例句用词不超出本书 1035 词的范围。

除以上两个特点外,本书采用英文释义并对例句注音,让考生一眼知其意,一看就会读。

本词汇手册的编写历时一年,从选题策划到最终定稿,经历无数艰辛。每当阻滞不前之时,我们便会告诫自己,万不可轻易更改编写原则、降低编写难度,唯有对读者负责才是王道。

希望本书能够为考生们解决一点儿复习上的难题,帮助大家顺利通过考试。

任 蕾

This reference book is compiled for non-native Chinese language learners who will participate in the new HSK Level 3 Test. It consists of two sections: HSK Level 3 Vocabulary and Do You Know (also called extended entries sometimes hereafter). All the entries are provided with *pinyin*, English explanation as well as sample sentences noted by *pinyin*.

Two distinctive features for this book:

Ⅰ. This book collects 1035 entries altogether, including 600 main entries from the syllabus, 7 commonly-used synonyms, 5 homographs and 423 extended entries, which frequently appear on the HSK test.

Anyone who has taken the new HSK test or read through the authentic new HSK test papers will find that it will be far from enough if he only learns the words listed in the *Chinese Proficiency Test Syllabus*. For example, 一 and 些 in HSK level 3 vocabulary can be combined into a new word 一些, but 一些 is beyond the scope; 说话 can be divided into two words 说 and 话, but neither of them is listed in the HSK level 3 vocabulary; the word 头 in 头发 is in the same situation. There are some more complicated examples. 天气 and 春 in HSK level 3 vocabulary can be somehow combined into a new word 春天; similarly, 房子 is based on 房间 and 儿子. These new words from combination frequently appeared on the new HSK level 3 test papers.

So how many new words outside the syllabus one should be learned to pass the exam with ease? A lot of examinees may be puzzled.

To solve this problem, the "Do You Know" section of this book has been designed, which aims to help the examinees collect and review the key points. The entries in this section are not selected by individual preference or guessing, but in an objective and scientific attitude on the basis of *Official Examination Papers of HSK Level* 3 and *The Graded Chinese Syllables, Characters and Words for the Application of Teaching Chinese to the Speakers of Other Languages (National Standard: Application and Interpretation)*. Reasons for referring to these two books are:

1. Consulting *Official Examination Papers of New HSK Level* 3 is one of the most effective and practical means to select the entries since it can directly reflect what should be reviewed for an examinee. In particular, the examinees should focus on learning the new words beyond the syllabus appearing on the test papers, since it could improve their scores efficiently.

However, solely preparing what has previously been tested is not the best approach to learning, because they will not understand new word combinations. Therefore, we choose *The Graded Chinese Syllables, Characters and*

Words for the Application of Teaching Chinese to the Speakers of Other Languages (National Standard: Application and Interpretation) as another guideline when we select the entries so that some of them might appear in future tests.

2. *The Graded Chinese Syllables, Characters and Words for the Application of Teaching Chinese to the Speakers of Other Languages (National Standard: Application and Interpretation)* is compiled based on the large-scale contemporary lexis containing over 3 billion character items, typical dictionaries, word and character lists as well as the suggestions from one hundred experts living in China and abroad. Therefore, this national standard can ensure the selection of the extended entries for HSK level 3 is systematic and practical. Through repeated comparison and demonstration, the elementary vocabulary from level 1 and level 2 in this book has been decided as the basis for selecting the extended entries.

The Mass Identification System for Chinese Discourse that we developed is designed to pick up the words, which are solely made up of the characters of the new HSK level 3 vocabulary, from the two aforementioned books. Since the character-based teaching approach is advocated, so only the words composed of these characters are collected, arranged and explained.

In the essay *The Guiding Principle for Developing New HSK Test*, Zhang Jinjun and Xie Nini mentioned that the principle of economics and efficiency is followed for collecting entries for the *Syllabus of New HSK Vocabulary*, in which words are mainly regarded as collection unit with characters included. In terms of character-based teaching approaches, the key point is training the students to form the words from the characters they've already known. By analyzing the authentic test papers, it can be clearly seen that the new words composed of characters familiar to the examinees outside the syllabus frequently appear on the test; therefore, the words of this type should be the learning focus.

To our delight, over 200 of the 423 extended entries appear in both *The Graded Chinese Syllables, Characters and Words for the Application of Teaching Chinese to the Speakers of Other Languages (National Standard: Application and Interpretation)* and *Official Examination Papers of HSK Level 3*. This shows that our method of entries collection for this book is systematic and objective. It can offer an appropriate vocabulary review direction for the examinees, helping them pass the new HSK test with ease and joy.

Although there still are some words which are not the combinations of the characters listed in the *Syllabus of New HSK Vocabulary*, they are in small amount, and seldom reappear in the test, so the examinees should focus on the main content instead of side issues.

Ⅱ. Words outside the main entries and extended entries are hardly used in the sample sentences, so that the learners can easily understand it and master it.

One of the difficulties in compiling vocabulary books lies in the designing of sample sentences. Sample sentences must come from daily life or daily writing and be used to show the usage and meaning of a certain entry. Vocabulary books are often featured by correlation. On one hand, sample words and sentences should be created based on the entries themselves; On the other hand, theoretically each word in the sample sentences should be traced among the entries so that students can understand. Consequently, the compiler is required to not only write the sample sentences representing the grammar points and practical functions of each entry, but also ensure the complete collection of the words appearing in the whole book. Thanks to the upgrade of The Mass Identification System for Chinese Discourse, we have succeeded in compiling the sample sentences and selecting the entries.

Thanks to this modern technology, we have revised the sample sentences over and over again to ensure that each word of the sample sentences in Section 1 is confined to the 600 entries in *Syllabus of New HSK Vocabulary*, and even the words of the sample sentences in Section 2 can be found among the 1035 entries in the book.

In addition to the two features listed above, this book provides *pinyin* for sample sentences as well as English explanations so that examinees will find it easy to read and comprehend.

It took us one year to complete this reference book. Whenever we faced with obstacles, we often remind ourselves that we should always maintain our mission of serving readers, and never easily alter or simplify our compiling principles.

We hope this book can be a good guide for you to preparing for the new HSK test, and help you a lot to pass it successfully.

Ren Lei

编写说明 User's Guide

一、词汇的选录和条目的安排

1. 本书词汇分为两部分：《新汉语水平考试大纲 HSK 三级》中的词汇、"Do You Know"中的词汇。下文中将"新 HSK 三级词汇"称为"主词条"，将"Do You Know"中的词汇称为"拓展词条"。

主词条收词依据：《新汉语水平考试大纲 HSK 三级》。

拓展词条收词依据：《汉语国际教育用音节汉字词汇等级划分（国家标准·应用解读本）》和《新汉语水平考试真题集 HSK（三级）》。

2. 主词条的收录范围：

主词条是全书的核心和主体。其收录范围是《新汉语水平考试大纲 HSK 三级》中所列出的全部 600 个词语。

3. 拓展词条的收录范围：

从《汉语国际教育用音节汉字词汇等级划分（国家标准·应用解读本）》和《新汉语水平考试真题集 HSK（三级）》筛选出的 423 个词语，构成拓展词条的收词范围。

4. 拓展词条和超纲词在筛选过程中发现的短语词，均按条目分立。

5. 主词条按照汉语拼音字母的顺序排列。拓展词条根据与主词条的相关性，置于相应的主词条之后，形成"Do You Know"部分。

6. 同形词，如"地方""生气"等，在词条右上角标注 1，2。

7. 大纲中的一、二级词汇在词条左上角用 1，2 标注级别。

二、注音

1. 文中所有条目、举例均按《汉语拼音方案》的规定，采用汉语拼音字母注音。

2. 文中所有条目、举例均参照《汉语拼音正词法基本规则》的规定进行分词连写。

3. "一"和"不"标注变调。其他存在变调现象的词，不标变调。

4. 多音字按照拼音字母顺序排列，如相邻，则不互注；如不相邻，则互注。

三、词类、释义和举例

1. 对可在句中作词使用的条目标注词类，短语词、词组、成语、熟语等不作标注。

2. 词分为十三大类：名词、动词、形容词、副词、数词、量词、数量词、代词、介词、连词、助词、叹词、拟声词。其中名词、动词、形容词的附类不作标注。

3. 全书词类用英文标注。

4. 词类标注于多义项条目的第一义项之前。不同词类分立义项。

5. 全书各义项均采用英文释义。

6. 主词条的释义一般选取日常生活、工作学习中的常用义项，同时兼顾新 HSK 三级词汇的组词造句能力。

7. 拓展词条的释义一般选取日常生活、工作学习中最常用的义项，同时兼顾新 HSK 三级词汇和拓展词汇的组词造句能力。

8. 为了便于汉语学习者学习巩固汉字数字，例句中除房间号、电话号码等必须采用阿拉伯数字的地方以外，原则上使用汉字。

编写说明 User's Guide

Ⅰ. The selection and arrangement of the entries

1. The entries in this book are grouped into two sections: New HSK Level 3 Vocabulary and Do You Know. The former is also called "main entries" while the latter is called "extended entries".

Main entries are selected in accordance with *Syllabus of New HSK Level 3 Test.*

Extended entries are selected in accordance with *The Graded Chinese Syllables, Characters and Words for the Application of Teaching Chinese to the Speakers of Other Languages (National Standard: Application and Interpretation)* and *Official Examination Papers of HSK Level 3.*

2. Scope of the main entries:

The main entries are the core of this book, which includes the 600 words listed in the *Syllabus of New HSK Level 3 Test.*

3. Scope of the extended entries:

The 423 words selected from *The Graded Chinese Syllables, Characters and Words for the Application of Teaching Chinese to the Speakers of Other Languages (National Standard: Application and Interpretation)* and *Official Examination Papers of HSK Level* 3 constitute this section.

4. All of the phrasal words we found during the selection of extended entries are listed as individual entries in this book.

5. The main entries are arranged in the Chinese phonetic alphabet or *pinyin* orders. The relevant extended entries are listed right behind them, and constitute the "Do You Know" Section.

6. Homographs such as 地方, 生气 are marked with 1, 2 on their upper right side.

7. The entries from syllabus HSK level 1 and 2 are marked with 1, 2 on their upper left side.

Ⅱ. Phonetic transcriptions

1. All of the entries and sample sentences are noted by *pinyin* in accordance with *Scheme for the Chinese Phonetic Alphabet.*

2. *Pinyin* for all the entries and sample sentences are annotated in accordance with the *Basic Rules of Marking Pinyin in Chinese Discourse.*

3. The entries with tone sandhi are not marked, except 一 and 不.

4. The characters with multiple pronunciations are arranged based on the order of their phonetic letters. Annotation won't be offered unless they are separated.

9

III. Parts of speech, explanations and examples

1. Phrasal words, phrases, set phrases and idioms are not noted by parts of speech except the entries functioning as words in a sentence.

2. Words are classified into thirteen categories: nouns, verbs, adjectives, adverbs, numerals, measure words, numeral-classifier compounds, pronouns, prepositions, conjunctions, particles, interjections, onomatopoeia. The subcategories of the nouns, verbs and adjectives are not marked.

3. All of the parts of speech are noted in English.

4. The part of speech is marked before the first item of each entry. The entry with different parts of speech will be listed separately.

5. All of the items of each entry are provided with English explanations.

6. The items of the main entries come from daily life, work and study and are easily used to compose words and sentences.

7. The items of the extended entries come from daily life, work and study and are easily used to compose words and sentences.

8. In order to reinforce the learning effect of Chinese numbers, all of the numbers in the sample sentences are used in Chinese characters except room number and phone number where Arabic numbers are required.

略语表 Abbreviations

名词	noun	n.
动词	verb	v.
形容词	adjective	adj.
副词	adverb	adv.
数词	numeral	num.
量词	measure word	m. w.
代词	pronoun	pron.
介词	preposition	prep.
连词	conjunction	conj.
助词	particle	part.
叹词	interjection	int.
拟声词	onomatopoeia	ono.
前缀	prefix	pref.
后缀	suffix	suf.
敬辞	polite	pol.

检索表 Index

说明 Instruction：

1. 词条左侧上标1，2表示大纲一、二级词汇；
   If 1, 2 are marked on the upper left side of the entries, it shows that the entries are from HSK level 1 and 2.
2. 词条右侧上标1，2表示同形词语；
   If 1, 2 are marked on the upper right side of the entries, it shows that the entries are homographs.
3. 加灰色底纹的词条为拓展词条；
   The entries highlighted in grey are extended ones.
4. 加括号的词条为相应词条的常用同义词。
   The synonym of a certain entry is listed in brackets.

A		班	9	北	16
阿姨	1	班长	10	北边	16
啊	1	搬	10	北方	16
矮	3	搬家	114	¹北京	16
¹爱	3	办	10	北面	16
爱好	4	办法	10	被	17
安静	4	办公室	11	¹本	17
B		半	11	本子	18
¹八	6	半年	11	鼻子	18
把	6	半天	12	²比	18
爸	7	帮	12	比较	19
¹爸爸	7	帮忙	12	比赛	19
²吧	7	²帮助	13	笔	199
²白	8	包	13	笔记本	20
白色	9	饱	14	必须	20
白天	9	²报纸	14	边	189
²百	9	杯	15	变	21
		¹杯子	15	变成	21

13

变化 …… 20	常常 …… 129	
表 …… 231	常见 …… 116	**D**
²别 …… 21	常用 …… 306	打 …… 40
别的 …… 22	唱 …… 30	打车 …… 82
别人¹ …… 22	²唱歌 …… 30	¹打电话 …… 40
别人² …… 22	超市 …… 30	打开 …… 41
²宾馆 …… 22	车 …… 81	²打篮球 …… 41
冰箱 …… 22	车票 …… 193	打球 …… 42
病 …… 223	车站 …… 108	打扫 …… 43
病人 …… 223	衬衫 …… 30	打算 …… 43
¹不 …… 23	成 …… 254	¹大 …… 43
不错 …… 39	成绩 …… 31	²大家 …… 44
不但……而且…… 24	城市 …… 31	大声 …… 225
不对 …… 60	¹吃 …… 32	大小 …… 44
不久 …… 130	吃饭 …… 170	大学 …… 285
¹不客气 …… 24	迟到 …… 32	大学生 …… 283
不少 …… 219	²出 …… 32	带 …… 44
不太 …… 24	出来 …… 33	带来 …… 45
不要 …… 291	出去 …… 34	担心 …… 46
不用 …… 305	出院 …… 299	但 …… 239
	出租 …… 35	但是 …… 239
	¹出租车 …… 34	蛋 …… 111
C	除了 …… 35	蛋糕 …… 46
才 …… 330	²穿 …… 35	当然 …… 46
¹菜 …… 26	船 …… 36	²到 …… 46
菜单 …… 26	床 …… 197	道 …… 122
参加 …… 26	春 …… 36	道路 …… 160
草 …… 27	春节 …… 123	得到 …… 47
草地 …… 27	春天 …… 36	地 …… 47
层 …… 28	词 …… 37	¹的 …… 48
¹茶 …… 28	词典 …… 36	……的话 …… 48
查 …… 115	²次 …… 37	²得 …… 49
差 …… 29	聪明 …… 37	灯 …… 49
²长 …… 29	²从 …… 38	²等 …… 49
长期 …… 29	²错 …… 38	地点 …… 50
常 …… 128		

地方¹ ······ 50	²对¹ ······ 59	风 ······ 84
地方² ······ 50	²对² ······ 59	夫妻 ······ 321
地铁 ······ 50	¹对不起 ······ 60	服务 ······ 71
地图 ······ 51	¹多 ······ 60	²服务员 ······ 71
²弟弟 ······ 51	多么 ······ 61	附近 ······ 72
第 ······ 51	¹多少 ······ 61	复习 ······ 72
²第一 ······ 51		
¹点 ······ 51	**E**	**G**
电 ······ 41	饿 ······ 63	该 ······ 304
电话 ······ 41	¹儿子 ······ 63	干净 ······ 73
¹电脑 ······ 53	而且 ······ 24	感到 ······ 47
¹电视 ······ 53	耳朵 ······ 63	感冒 ······ 73
电视机 ······ 54	¹二 ······ 64	感兴趣 ······ 73
电梯 ······ 54		干吗 ······ 164
¹电影 ······ 54	**F**	干什么 ······ 221
电影院 ······ 55	发 ······ 65	刚 ······ 74
电子邮件 ······ 55	发烧 ······ 65	刚才 ······ 74
店 ······ 213	发现 ······ 65	²高 ······ 75
东 ······ 55	饭 ······ 169	¹高兴 ······ 76
东边 ······ 55	¹饭店 ······ 66	高中 ······ 75
东方 ······ 56	饭馆儿 ······ 66	²告诉 ······ 76
东面 ······ 55	方便 ······ 66	哥 ······ 76
¹东西 ······ 56	方便面 ······ 67	²哥哥 ······ 76
冬 ······ 56	²房间 ······ 67	歌 ······ 30
冬天 ······ 56	房子 ······ 67	¹个 ······ 77
²懂 ······ 57	放 ······ 68	个子 ······ 77
动 ······ 314	放到 ······ 68	²给 ······ 77
动物 ······ 57	放心 ······ 69	根据 ······ 79
动物园 ······ 57	放学 ······ 285	跟 ······ 79
¹都 ······ 57	飞 ······ 69	更 ······ 80
¹读 ······ 58	¹飞机 ······ 69	¹工作 ······ 80
读书 ······ 58	²非常 ······ 69	²公共汽车 ······ 81
短 ······ 59	分 ······ 70	公斤 ······ 82
段 ······ 59	分数 ······ 71	公路 ······ 160
锻炼 ······ 59	¹分钟 ······ 71	²公司 ······ 82

15

公用电话………… 41	好玩儿………… 96	回到………… 105
公园………… 83	¹号………… 96	回家………… 114
¹狗………… 83	¹喝………… 96	回来………… 105
故事………… 83	¹和………… 97	回去………… 105
刮风………… 83	河………… 104	¹会………… 106
关………… 84	河边………… 104	会议………… 108
关上………… 85	²黑………… 97	会议室………… 108
关系………… 85	黑板………… 98	火车………… 108
关心………… 85	黑色………… 97	²火车站………… 108
关于………… 85	¹很………… 98	或者………… 109
²贵………… 86	²红………… 98	
国………… 86	红茶………… 28	**J**
国家………… 86	红色………… 98	几乎………… 110
国外………… 331	后………… 99	²机场………… 110
过¹………… 86	后来………… 99	机会………… 110
²过²………… 87	¹后面………… 99	机票………… 193
过来………… 88	（后边）………… 99	鸡………… 111
过年………… 183	后天………… 126	²鸡蛋………… 110
过去¹………… 88	护照………… 100	级………… 184
过去²………… 89	花¹………… 100	极………… 111
	花²………… 100	极了………… 111
H	花园………… 100	急………… 321
²还………… 90	画………… 101	¹几………… 112
还是………… 91	话………… 237	记………… 112
还有………… 91	坏………… 101	记得………… 112
²孩子………… 91	欢迎………… 101	记住………… 113
害怕………… 92	还………… 102	季节………… 113
¹汉语………… 93	环………… 102	加………… 26
汉字………… 93	环境………… 102	加上………… 27
¹好………… 93	换………… 103	¹家………… 113
²好吃………… 95	黄………… 103	家里………… 113
好多………… 61	黄河………… 103	家里人………… 114
好久………… 130	黄色………… 103	家人………… 114
好看………… 95	¹回………… 104	间………… 333
好听………… 95	回答………… 106	检查………… 114

简单 115	²进 126	²可能 139
见 138	进来 126	²可以 140
见到 138	进去 127	渴 140
见过 138	²近 127	刻 141
见面 116	经常 128	客气 25
²件 116	经过 129	客人 141
健康 116	经理 129	²课 141
讲 117	静 4	课本 142
讲话 117	¹九 130	课文 142
教 118	久 130	空调 143
角 118	酒 192	口 143
脚 118	酒店 192	哭 144
¹叫 119	旧 130	裤子 144
叫作 120	²就 131	¹块 144
教师 151	就是 132	²快 145
²教室 120	就要 133	²快乐 146
教学 118	句 133	快要 291
接 120	句子 133	筷子 146
接到 121	决定 133	
接下来 121	²觉得 134	**L**
街 122		¹来 147
街道 121	**K**	来到 148
街上 122	²咖啡 135	蓝 149
节目 122	咖啡馆儿 135	蓝色 149
节日 122	¹开 135	蓝天 247
结婚 123	开车 82	篮球 42
结束 123	开会 107	老 149
姐 124	²开始 136	老人 151
²姐姐 123	¹看 137	¹老师 151
解决 124	看病 223	¹了 152
²介绍 124	看到 138	²累 152
借 125	¹看见 138	¹冷 152
斤 82	考 139	²离 153
今年 205	²考试 139	离开 153
¹今天 125	可爱 139	礼物 153

¹里 ············ 153	马上 ············ 163	（哪里）········ 175
里边 ············ 154	¹吗 ············· 164	哪个 ············ 175
里面 ············ 154	¹买 ············· 164	哪些 ············ 175
里头 ············ 154	²卖 ············· 165	¹那 ············· 176
历史 ············ 154	满意 ············ 165	那边 ············ 176
脸 ·············· 155	²慢 ············· 165	那儿 ············ 177
脸色 ············ 155	²忙 ············· 165	那个 ············ 177
练 ·············· 156	¹猫 ············· 166	那里 ············ 177
练习 ············ 155	帽子 ············ 166	那么 ············ 177
²两 ············· 156	¹没关系 ········ 166	那时 ············ 178
辆 ·············· 157	没什么 ········· 222	那时候 ········· 178
聊天 ············ 157	没事 ············ 228	那些 ············ 178
了解 ············ 157	没用 ············ 306	那样 ············ 178
邻居 ············ 157	¹没有 ··········· 167	奶 ·············· 186
²零 ············· 158	（没）·········· 167	奶奶 ············ 178
留学 ············ 158	²每 ············· 167	²男 ············· 178
¹六 ············· 158	²妹妹 ··········· 168	男孩儿 ········· 179
楼 ·············· 159	²门 ············· 168	男朋友 ········· 191
楼上 ············ 159	门口 ············ 169	男人 ············ 179
楼下 ············ 159	门票 ············ 193	男生 ············ 179
²路 ············· 159	们 ·············· 261	南 ·············· 179
路口 ············ 160	米 ·············· 169	南边 ············ 180
路上 ············ 161	¹米饭 ··········· 169	南方 ············ 180
旅客 ············ 161	面 ·············· 171	南面 ············ 180
旅行 ············ 161	面包 ············ 171	难 ·············· 180
²旅游 ··········· 161	²面条 ··········· 171	难过 ············ 181
绿 ·············· 162	¹名字 ··········· 172	¹呢 ············· 181
绿茶 ············· 28	明白 ············ 172	¹能 ············· 181
绿色 ············ 162	明年 ············ 205	¹你 ············· 182
	¹明天 ··········· 173	你好 ············ 183
M		你们 ············ 183
妈 ·············· 163	**N**	¹年 ············· 183
¹妈妈 ··········· 163	拿 ·············· 174	年级 ············ 184
马 ·············· 163	¹哪 ············· 174	年轻 ············ 184
马路 ············ 160	¹哪儿 ··········· 175	鸟 ·············· 185

²您 ………… 185	其实 ………… 195	²去年 ………… 205
您好 ………… 185	其他 ………… 195	裙子 ………… 205
牛 ………… 186	奇怪 ………… 196	
²牛奶 ………… 185	骑 ………… 196	**R**
努力 ………… 186	骑车 ………… 196	然后 ………… 206
²女 ………… 186	起 ………… 197	²让 ………… 206
¹女儿 ………… 186	²起床 ………… 197	¹热 ………… 207
女孩儿 ………… 187	起飞 ………… 198	热情 ………… 207
女朋友 ………… 191	起来 ………… 198	¹人 ………… 208
女人 ………… 187	汽车 ………… 81	人们 ………… 208
女生 ………… 187	²千 ………… 199	人数 ………… 208
	²铅笔 ………… 199	¹认识 ………… 208
P	前 ………… 200	认为 ………… 209
爬 ………… 188	¹前面 ………… 200	认真 ………… 209
爬山 ………… 188	（前边） … 200	²日 ………… 209
怕 ………… 92	前天 ………… 125	日子 ………… 210
盘子 ………… 189	¹钱 ………… 201	容易 ………… 210
²旁边 ………… 189	钱包 ………… 201	肉 ………… 288
胖 ………… 190	清楚 ………… 201	如果 ………… 211
跑 ………… 190	²晴 ………… 201	
²跑步 ………… 190	晴天 ………… 202	**S**
¹朋友 ………… 190	¹请 ………… 202	¹三 ………… 212
皮鞋 ………… 191	请假 ………… 203	伞 ………… 212
啤酒 ………… 192	请进 ………… 202	山 ………… 188
²便宜 ………… 193	请问 ………… 203	商场 ………… 213
²票 ………… 193	请坐 ………… 203	¹商店 ………… 212
¹漂亮 ………… 194	秋 ………… 203	¹上 ………… 213
平安 ………… 235	秋季 ………… 204	²上班 ………… 217
¹苹果 ………… 194	秋天 ………… 203	上边 ………… 216
瓶子 ………… 194	求 ………… 288	上车 ………… 81
	球 ………… 42	上次 ………… 37
Q	球场 ………… 42	上课 ………… 142
¹七 ………… 195	球赛 ………… 20	上来 ………… 215
²妻子 ………… 195	球鞋 ………… 42	上面 ………… 216
期 ………… 280	¹去 ………… 204	上去 ………… 216

上网……………217	书包……………232	疼……………243
¹上午……………218	书店……………232	踢……………244
上学……………285	叔叔……………233	²踢足球…………243
上周……………334	舒服……………233	提出……………244
¹少………………218	树………………233	提到……………245
少数……………219	数学……………233	提高……………244
¹谁………………219	刷牙……………233	²题………………245
身上……………220	双………………234	体育……………245
²身体……………220	¹水………………234	体育场…………245
¹什么……………220	¹水果……………234	体育馆…………245
什么样…………222	水平……………234	天………………246
生………………222	睡………………235	¹天气……………246
²生病……………222	¹睡觉……………235	天上……………247
生气¹……………224	睡着……………236	天天……………246
生气²……………224	¹说………………236	甜………………247
²生日……………224	¹说话……………236	条………………247
声音……………224	司机……………237	调………………143
¹十………………225	¹四………………237	跳………………248
时………………226	²送………………237	²跳舞……………248
¹时候……………225	送到……………238	¹听………………248
²时间……………226	送给……………238	听到……………249
世界……………227	虽然……………239	听见……………249
市…………………31	²虽然……但是……238	听说……………249
市长………………31	¹岁………………239	同事……………249
事………………227	所以……………302	¹同学……………250
²事情……………227		同样……………297
试………………228	**T**	同意……………250
¹是………………229	¹他………………240	头………………251
是不是…………230	他们……………240	头发……………250
是的……………230	²它………………240	突然……………251
是……的…………230	它们……………241	图书馆…………251
手………………231	¹她………………241	腿………………252
²手表……………231	她们……………241	
²手机……………231	¹太………………242	**W**
瘦………………231	太阳……………242	²外………………253
¹书………………232	特别……………242	

外边	253		**X**		香蕉	272
外国	331				箱	281
外国人	332	西	262	¹想	272
外面	253	西边	262	想到	273
外头	253	西方	262	想法¹	273
外语	93	²西瓜	262	想法²	273
²完	253	西面	262	向	273
完成	253	西医	298	像	274
²玩	254	²希望	263	¹小	274
晚	255	习惯	263	小孩儿	92
晚安	255	²洗	264	¹小姐	275
晚饭	170	洗手	264	小朋友	191
晚会	255	洗手间	264	小声	225
²晚上	255	洗澡	264	²小时	275
碗	255	¹喜欢	265	小时候	226
碗筷	256	¹下	265	小心	276
万	256	下班	217	小学	285
网	217	下边	268	小学生	283
²往	257	下车	81	校	286
忘	257	下次	37	校长	276
忘记	257	下课	142	²笑	276
为	257	下来	267	¹些	277
为了	258	下面	268	鞋	191
²为什么	258	下去	267	¹写	278
位	258	¹下午	269	¹谢谢	278
¹喂	258	下雪	286	心里	154
文化	259	¹下雨	269	²新	278
²问	259	下周	335	新年	183
问路	260	夏	269	新闻	279
²问题	260	夏季	270	新鲜	279
¹我	260	夏天	270	信	271
¹我们	261	先	270	信用卡	279
¹五	261	¹先生	270	¹星期	279
午饭	170	鲜花	100	星期日	280
		¹现在	271	星期天	280
		相信	271		

行李 281	一块儿 145	有时 309
行李箱 280	²一起 295	有时候 309
兴趣 74	²一下 296	有些 277
²姓 281	一些 277	有一点儿 53
熊猫 281	一样 296	有意思 301
²休息 282	一直 297	有用 306
需要 282	¹衣服 297	又 309
选 282	¹医生 298	右 311
选择 282	¹医院 299	²右边 311
学 284	²已经 299	（右面） 311
¹学生 283	以后 300	²鱼 311
¹学习 284	以前 300	雨 269
¹学校 284	¹椅子 300	雨伞 212
学院 286	²意思 300	遇到 311
²雪 286	因为 302	元 312
	²因为……所以 301	²远 312
Y	²阴 302	愿意 312
²颜色 287	阴天 303	¹月 313
眼 287	音乐 303	月亮 313
²眼睛 287	音乐会 303	越 313
羊 288	银行 303	越来越 313
²羊肉 287	饮料 303	²运动 313
要求 288	应该 304	
²药 289	影响 304	**Z**
²要 289	用 305	²再 315
爷爷 291	邮票 194	¹再见 316
²也 291	游 307	¹在 316
¹一 292	游戏 306	在家 114
一般 293	²游泳 307	早 317
一半 12	¹有 307	早饭 170
一边 293	有的 308	²早上 317
¹一点儿 294	有点儿 53	¹怎么 318
一定 294	有空儿 309	怎么办 318
一共 295	有名 309	¹怎么样 318
一会儿 295	有人 309	站 319

张 ⋯⋯⋯⋯⋯⋯ 320	²正在 ⋯⋯⋯⋯⋯ 328	注意 ⋯⋯⋯⋯⋯ 335
长 ⋯⋯⋯⋯⋯⋯ 320	只 ⋯⋯⋯⋯⋯⋯ 328	²准备 ⋯⋯⋯⋯⋯ 336
长大 ⋯⋯⋯⋯⋯ 320	²知道 ⋯⋯⋯⋯⋯ 329	¹桌子 ⋯⋯⋯⋯⋯ 336
²丈夫 ⋯⋯⋯⋯⋯ 320	只 ⋯⋯⋯⋯⋯⋯ 329	自己 ⋯⋯⋯⋯⋯ 336
着急 ⋯⋯⋯⋯⋯ 321	只能 ⋯⋯⋯⋯⋯ 329	自行车 ⋯⋯⋯⋯ 337
²找 ⋯⋯⋯⋯⋯⋯ 322	只是 ⋯⋯⋯⋯⋯ 329	¹字 ⋯⋯⋯⋯⋯⋯ 337
找到 ⋯⋯⋯⋯⋯ 322	只有 ⋯⋯⋯⋯⋯ 330	子 ⋯⋯⋯⋯⋯⋯ 15
照 ⋯⋯⋯⋯⋯⋯ 324	只有⋯⋯才 ⋯⋯ 330	总会 ⋯⋯⋯⋯⋯ 107
照顾 ⋯⋯⋯⋯⋯ 323	纸 ⋯⋯⋯⋯⋯⋯ 15	总是 ⋯⋯⋯⋯⋯ 337
照片 ⋯⋯⋯⋯⋯ 323	中 ⋯⋯⋯⋯⋯⋯ 332	²走 ⋯⋯⋯⋯⋯⋯ 338
照相 ⋯⋯⋯⋯⋯ 324	¹中国 ⋯⋯⋯⋯⋯ 331	走路 ⋯⋯⋯⋯⋯ 339
照相机 ⋯⋯⋯⋯ 323	中级 ⋯⋯⋯⋯⋯ 184	足球 ⋯⋯⋯⋯⋯ 244
（相机） ⋯⋯⋯ 323	中间 ⋯⋯⋯⋯⋯ 332	嘴 ⋯⋯⋯⋯⋯⋯ 339
¹这 ⋯⋯⋯⋯⋯⋯ 324	中文 ⋯⋯⋯⋯⋯ 333	²最 ⋯⋯⋯⋯⋯⋯ 339
这边 ⋯⋯⋯⋯⋯ 325	¹中午 ⋯⋯⋯⋯⋯ 333	最后 ⋯⋯⋯⋯⋯ 340
这儿 ⋯⋯⋯⋯⋯ 325	中学 ⋯⋯⋯⋯⋯ 285	最近 ⋯⋯⋯⋯⋯ 340
这个 ⋯⋯⋯⋯⋯ 325	中学生 ⋯⋯⋯⋯ 283	¹昨天 ⋯⋯⋯⋯⋯ 340
这里 ⋯⋯⋯⋯⋯ 325	中医 ⋯⋯⋯⋯⋯ 298	左 ⋯⋯⋯⋯⋯⋯ 340
这么 ⋯⋯⋯⋯⋯ 325	终于 ⋯⋯⋯⋯⋯ 333	²左边 ⋯⋯⋯⋯⋯ 340
这时 ⋯⋯⋯⋯⋯ 326	种 ⋯⋯⋯⋯⋯⋯ 334	（左面） ⋯⋯⋯ 340
这时候 ⋯⋯⋯⋯ 326	重要 ⋯⋯⋯⋯⋯ 334	作业 ⋯⋯⋯⋯⋯ 341
这些 ⋯⋯⋯⋯⋯ 326	周 ⋯⋯⋯⋯⋯⋯ 334	¹坐 ⋯⋯⋯⋯⋯⋯ 341
这样 ⋯⋯⋯⋯⋯ 326	周末 ⋯⋯⋯⋯⋯ 334	¹做 ⋯⋯⋯⋯⋯⋯ 341
²着 ⋯⋯⋯⋯⋯⋯ 326	主要 ⋯⋯⋯⋯⋯ 335	做到 ⋯⋯⋯⋯⋯ 342
²真 ⋯⋯⋯⋯⋯⋯ 327	¹住 ⋯⋯⋯⋯⋯⋯ 335	做饭 ⋯⋯⋯⋯⋯ 170
真的 ⋯⋯⋯⋯⋯ 328	住院 ⋯⋯⋯⋯⋯ 299	

A

阿姨 āyí

(n.) **1** mother's sister

① 这是我的阿姨。
　　Zhè shì wǒ de āyí.

② Mike 的阿姨在医院工作。
　　Mike de āyí zài yīyuàn gōngzuò.

2 auntie

① Susan 是我妈妈的同事，我叫她阿姨。
　　Susan shì wǒ māma de tóngshì, wǒ jiào tā āyí.

② Jenny 阿姨，我买一张中国地图。
　　Jenny āyí, wǒ mǎi yì zhāng Zhōngguó dìtú.

啊 ā

(int.) [expressing admiration or surpise (in a short syllable)] ah; oh

① 啊，Helen，真高兴能遇到你！
　　Ā, Helen, zhēn gāoxìng néng yùdào nǐ!

② 啊，快下雨了。
　　Ā, kuài xià yǔ le.

啊 á

(int.) [asking for a repetition of something just said] eh; what

① 啊？这是什么？
　　Á? Zhè shì shénme?

② 啊？你看见什么了？
　　Á? Nǐ kànjiàn shénme le?

啊 ǎ

(int.) [expressing puzzled surprise] what

① 啊？他去北京了？
　　Ǎ? Tā qù Běijīng le?

② 啊？你和 Jones 结婚了？
　　Ǎ? Nǐ hé Jones jié hūn le?

啊 à

(int.) **1** expressing agreement

① A：Mike，经理找你。
　　Mike, jīnglǐ zhǎo nǐ.

　　B：啊，好的。
　　À, hǎo de.

1

②啊，我认为他做得对。
À, wǒ rènwéi tā zuò de duì.

2 expressing understanding

①啊，我明白了。
À, wǒ míngbai le.

②啊，我终于听懂了。
À, wǒ zhōngyú tīngdǒng le.

3 expressing admiration or surpise（in a long syllable）

①啊，妈妈，我爱你。
À, māma, wǒ ài nǐ.

②啊，多漂亮的花！
À, duō piàoliang de huā!

啊 a

(part.) **1** [used at the end of a sentence] expressing admiration

①多好的地方啊！
Duō hǎo de dìfang a!

②多漂亮的花啊！
Duō piàoliang de huā a!

2 [used at the end of a sentence] expressing affirmation or urge or explanation, etc.

①多好的人啊！
Duō hǎo de rén a!

②电影马上开始了，你快来啊！
Diànyǐng mǎshàng kāishǐ le, nǐ kuài lái a!

③我认为你做得很好啊！
Wǒ rènwéi nǐ zuò de hěn hǎo a!

3 [used at the end of a sentence] expressing doubt

①你想不想去图书馆啊？
Nǐ xiǎng bu xiǎng qù túshūguǎn a?

②你真不知道他是谁啊？
Nǐ zhēn bù zhīdào tā shì shéi a?

4 [used in the middle of a sentence] expressing a pause to draw attention

①我啊，喜欢打扫房间。
Wǒ a, xǐhuan dǎsǎo fángjiān.

②这件事情啊，你就别想太多了。
Zhè jiàn shìqing a, nǐ jiù bié xiǎng tài duō le.

啊　矮　爱

5 [used at the end of each item enumerated]

① 我家旁边的公园里都是花啊、草啊，特别漂亮。
Wǒ jiā pángbiān de gōngyuán lǐ dōu shì huā a、cǎo a, tèbié piàoliang.

② 我们在公园里唱歌啊，跳舞啊，玩儿得特别高兴。
Wǒmen zài gōngyuán lǐ chàng gē a, tiào wǔ a, wánr de tèbié gāoxìng.

矮 ǎi

(adj.) **1** short (of stature)

① 他的妻子很矮。
Tā de qīzi hěn ǎi.

② 虽然 Helen 长得矮矮的，但是她很可爱。
Suīrán Helen zhǎng de ǎiǎi de, dànshì tā hěn kě'ài.

2 low

① Susan 家的门又矮又小。
Susan jiā de mén yòu ǎi yòu xiǎo.

② 这张桌子太矮了，写字很累。
Zhè zhāng zhuōzi tài ǎi le, xiě zì hěn lèi.

3 low in grade

① Jim 是四年级的学生，比我矮一个年级。
Jim shì sì niánjí de xuésheng, bǐ wǒ ǎi yí ge niánjí.

② 我在读二年级，Susan 在读一年级，她矮我一年级。
Wǒ zài dú èr niánjí, Susan zài dú yī niánjí, tā ǎi wǒ yì niánjí.

¹爱 ài

(v.) **1** love

① 我爱妈妈。
Wǒ ài māma.

② 我爱上了 Peter。
Wǒ àishangle Peter.

2 like; be fond of

① 我爱游泳。
Wǒ ài yóu yǒng.

② 爷爷最爱看新闻节目。
Yéye zuì ài kàn xīnwén jiémù.

③ 最近我爱上了音乐。
Zuìjìn wǒ àishangle yīnyuè.

3

3 be apt to; be in the habit of

① Kate 身体不好，总是爱感冒。
Kate shēntǐ bù hǎo, zǒngshì ài gǎnmào.

② Helen 太爱哭了，她的眼睛总是红的。
Helen tài ài kū le, tā de yǎnjing zǒng shì hóng de.

爱好 àihào

(v.) be fond of; be interested in

① 我爱好音乐，Louis 爱好体育。
Wǒ àihào yīnyuè, Louis àihào tǐyù.

② 我对游泳特别爱好。
Wǒ duì yóu yǒng tèbié àihào.

(n.) hobby; interest

① 我知道 Jessie 的爱好是什么。
Wǒ zhīdào Jessie de àihào shì shénme.

② A：你有什么爱好？
Nǐ yǒu shénme àihào?

B：我有两个爱好，一个是唱歌，一个是打篮球。
Wǒ yǒu liǎng ge àihào, yí ge shì chàng gē, yí ge shì dǎ lánqiú.

安静 ānjìng

(adj.) **1** peaceful; quiet

① 大家都在学习，教室里很安静。
Dàjiā dōu zài xuéxí, jiàoshì lǐ hěn ānjìng.

② 我想找一个安安静静的地方休息一会儿。
Wǒ xiǎng zhǎo yí ge ānānjìngjìng de dìfang xiūxi yíhuìr.

2 calm; undisturbed

① 请让我安静一会儿。
Qǐng ràng wǒ ānjìng yíhuìr.

② John 是一个安静的孩子。
John shì yí ge ānjìng de háizi.

静 jìng

(adj.) silent; noiseless

① 教室里特别静，没有人说话。
Jiàoshì lǐ tèbié jìng, méiyǒu rén shuō huà.

② 晚上，公园里静静的，一个人都没有。
Wǎnshang, gōngyuán lǐ jìngjìng de, yí ge rén dōu méiyǒu.

③ 我喜欢静静地坐在妈妈旁边，听她说话。
Wǒ xǐhuan jìngjìng de zuò zài māma pángbiān, tīng tā shuō huà.

(v.) calm down

① 会议马上开始，请大家静一静。
Huìyì mǎshàng kāishǐ, qǐng dàjiā jìng yi jìng.

② 最近太忙了，没有时间静下来看一会儿书。
Zuìjìn tài máng le, méiyǒu shíjiān jìng xialai kàn yíhuìr shū.

③ Tony 太爱玩儿了，一会儿也静不下来。
Tony tài ài wánr le, yíhuìr yě jìng bu xiàlái.

B

1 八 bā

(num.) eight

① 桌子上有八个苹果。
Zhuōzi shang yǒu bā ge píngguǒ.

② 今天我们上了八个小时的课,我觉得特别累。
Jīntiān wǒmen shàngle bā ge xiǎoshí de kè, wǒ juéde tèbié lèi.

③ 十二月八日我要去北京工作。
Shí'èryuè bā rì wǒ yào qù Běijīng gōngzuò.

④ Gary 八岁了,他喜欢学习汉语。
Gary bā suì le, tā xǐhuan xuéxí Hànyǔ.

把 bǎ

(m.w.) **1** [used for something with a handle]

① 房间里有一把椅子。
Fángjiān lǐ yǒu yì bǎ yǐzi.

② 你能借给我一把伞吗?
Nǐ néng jiègěi wǒ yì bǎ sǎn ma?

2 handful of

① 他拿着一把米。
Tā názhe yì bǎ mǐ.

② Mike 拿着一把花。
Mike názhe yì bǎ huā.

③ 我给小马喂了一把草。
Wǒ gěi xiǎo mǎ wèile yì bǎ cǎo.

3 [used to indicate the hand's action]

① 我去洗一把脸再去找你。
Wǒ qù xǐ yì bǎ liǎn zài qù zhǎo nǐ.

② Mary 在工作上遇到了问题,你愿意帮助她一把吗?
Mary zài gōngzuò shang yùdàole wèntí, nǐ yuànyì bāngzhù tā yì bǎ ma?

(prep.) A sentence with a verb predicate modified by the preposition 把 and its object is called the 把-sentence. The basic pattern is: doer of the action + the preposition 把 + receiver of the action + verb + other elements.

1 expressing disposition

① Jim 把苹果吃了。
Jim bǎ píngguǒ chī le.

② 我把那本书看完了。
Wǒ bǎ nà běn shū kànwán le.

③ 妈妈把我的衣服洗干净了。
Māma bǎ wǒ de yīfu xǐ gānjìng le.

2 expressing cause a certain result

① 昨天我去爬山了，真把我累坏了。
Zuótiān wǒ qù pá shān le, zhēn bǎ wǒ lèihuài le.

② 这段时间把我忙得都忘记给你打电话了。
Zhè duàn shíjiān bǎ wǒ máng de dōu wàngjì gěi nǐ dǎ diànhuà le.

---

1 爸爸 bàba

(n.) dad; father

① 爸爸，你在哪儿？
Bàba, nǐ zài nǎr?

② 他是我爸爸。
Tā shì wǒ bàba.

③ 爷爷觉得爸爸是个长不大的孩子。
Yéye juéde bàba shì ge zhǎng bu dà de háizi.

 Do You Know

爸 bà

(n.) dad; father

① 孩子，你爸妈在家吗？
Háizi, nǐ bàmā zài jiā ma?

② 我和我爸的关系就像朋友一样。
Wǒ hé wǒ bà de guānxi jiù xiàng péngyou yíyàng.

---

2 吧 ba

(part.) **1** [used at the end of a sentence] expressing a soft tone

① 我请你去看电影吧。
Wǒ qǐng nǐ qù kàn diànyǐng ba.

② 明天你和我一起去爬山吧。
Míngtiān nǐ hé wǒ yìqǐ qù pá shān ba.

2 [used at the end of a sentence] expressing doubt

① 这件事情你是知道的，对吧？
Zhè jiàn shìqing nǐ shì zhīdào de, duì ba?

② 你不会不知道吧?
Nǐ bú huì bù zhīdào ba?

3 [used at the end of a sentence] expressing uncertainty

① Kate 还没有来吧。
Kate hái méiyǒu lái ba.

② George 可能不知道这件事情吧。
George kěnéng bù zhīdào zhè jiàn shìqing ba.

4 [used in the middle of a sentence] expressing a pause

① 我吧,很少有不快乐的时候。
Wǒ ba, hěn shǎo yǒu bú kuàilè de shíhou.

② 走吧,妈妈不高兴;不走吧,Richard 不高兴。
Zǒu ba, māma bù gāoxìng; bù zǒu ba, Richard bù gāoxìng.

2 白 bái

(adj.) white

① 我想买一件白衬衫。
Wǒ xiǎng mǎi yí jiàn bái chènshān.

② 爷爷的头发都白了。
Yéye de tóufa dōu bái le.

③ 我有两只狗,一只是白的,一只是黑的。
Wǒ yǒu liǎng zhī gǒu, yì zhī shì bái de, yì zhī shì hēi de.

(adv.) **1** free of charge

① 这种杯子白给我,我也不会要的。
Zhè zhǒng bēizi bái gěi wǒ, wǒ yě bú huì yào de.

② George 在 Charles 家白吃白喝了一个月。
George zài Charles jiā bái chī bái hē le yí ge yuè.

2 in vain; without result

① 我不会白拿你的钱。
Wǒ bú huì bái ná nǐ de qián.

② 我在图书馆白等了他一个上午。
Wǒ zài túshūguǎn bái děngle tā yí ge shàngwǔ.

白 白色 白天 百 班

白色
báisè

 Do You Know

(n.) white colour

① 我买了一把白色的椅子。
Wǒ mǎile yì bǎ báisè de yǐzi.

② 昨天 Liza 穿的那条裙子是白色的。
Zuótiān Liza chuān de nà tiáo qúnzi shì báisè de.

白天
báitiān

(n.) daytime; day

① 今天白天我哪里都不想去。
Jīntiān báitiān wǒ nǎlǐ dōu bù xiǎng qù.

② 我已经习惯了白天睡觉，晚上工作。
Wǒ yǐjīng xíguànle báitiān shuì jiào, wǎnshang gōngzuò.

2 百 bǎi

(num.) hundred

① 这本书介绍了一百年以前的中国。
Zhè běn shū jièshàole yìbǎi nián yǐqián de Zhōngguó.

② 今天公司卖出了上百本书。
Jīntiān gōngsī màichūle shàng bǎi běn shū.

③ 教室里有几百人。
Jiàoshì lǐ yǒu jǐ bǎi rén.

班 bān

(n.) **1** class; team

① 他是我们班学习最好的学生。
Tā shì wǒmen bān xuéxí zuì hǎo de xuésheng.

② 我参加了班里的跳舞比赛。
Wǒ cānjiāle bān lǐ de tiào wǔ bǐsài.

2 shift; duty

我发烧了，今天不能去上班了。
Wǒ fā shāo le, jīntiān bù néng qù shàng bān le.

(m.w.) [used for scheduled forms of transportation]

① 再过四分钟会有一班公共汽车。
Zài guò sì fēnzhōng huì yǒu yì bān gōnggòng qìchē.

② 我可以坐下一班飞机去北京。
Wǒ kěyǐ zuò xià yì bān fēijī qù Běijīng.

班长 bānzhǎng

Do You Know

（n.）class monitor

① 班长现在不在教室里，他在老师的办公室。
Bānzhǎng xiànzài bú zài jiàoshì lǐ, tā zài lǎoshī de bàngōngshì.

② Jones 是我们班的班长。
Jones shì wǒmen bān de bānzhǎng.

搬 bān

（v.）**1** move；remove；take away

① 这几把椅子我来搬。
Zhè jǐ bǎ yǐzi wǒ lái bān.

② 我们把这张桌子搬到其他房间去吧。
Wǒmen bǎ zhè zhāng zhuōzi bāndào qítā fángjiān qu ba.

2 move（house）；change residence

① 昨天 Betty 已经搬走了。
Zuótiān Betty yǐjīng bānzǒu le.

② 他可能是三年以前搬到北京的。
Tā kěnéng shì sān nián yǐqián bāndào Běijīng de.

办法 bànfǎ

（n.）method；means；way

① 大家一起想办法吧。
Dàjiā yìqǐ xiǎng bànfǎ ba.

② 这是解决问题最好的办法。
Zhè shì jiějué wèntí zuì hǎo de bànfǎ.

③ 你有办法买到那本书吗？
Nǐ yǒu bànfǎ mǎidào nà běn shū ma？

办 bàn

 Do You Know

（v.）**1** do；handle

① 你的护照办好了吗？
Nǐ de hùzhào bànhǎo le ma？

② Jane 办起事情来总是很认真。
Jane bànqi shìqing lai zǒngshì hěn rènzhēn.

2 set up；operate

① 我想办学校。
Wǒ xiǎng bàn xuéxiào.

② Henry 的公司办得很好。
Henry de gōngsī bàn de hěn hǎo.

办公室 bàngōngshì

（n.）office

① 我会在办公室等你。
Wǒ huì zài bàngōngshì děng nǐ.

② Peter 老师的办公室总是很干净。
Peter lǎoshī de bàngōngshì zǒngshì hěn gānjìng.

③ 经理办公室的桌子上放着今天的报纸。
Jīnglǐ bàngōngshì de zhuōzi shang fàngzhe jīntiān de bàozhǐ.

半 bàn

（num.）**1** half；semi-

① 今天的工作只需要半个小时就可以完成。
Jīntiān de gōngzuò zhǐ xūyào bàn ge xiǎoshí jiù kěyǐ wánchéng.

② 今天中午我只吃了半碗米饭。
Jīntiān zhōngwǔ wǒ zhǐ chīle bàn wǎn mǐfàn.

2 very little

① 现在我半分钱都没有了。
Xiànzài wǒ bàn fēn qián dōu méiyǒu le.

② 教室里半个人都没有。
Jiàoshì lǐ bàn ge rén dōu méiyǒu.

（adv.）partly

① 这是一件半新的衣服。
Zhè shì yí jiàn bàn xīn de yīfu.

② 虽然门半开着，但是大家都不向里走。
Suīrán mén bàn kāi zhe, dànshì dàjiā dōu bú xiàng lǐ zǒu.

 Do You Know

半年 bàn nián

half of a year

① Mary 半年前去了中国。
Mary bàn nián qián qùle Zhōngguó.

半天 bàntiān

② 我和 Helen 有半年多没有见面了。
Wǒ hé Helen yǒu bàn nián duō méiyǒu jiàn miàn le.

(numeral-classifier) **1** half of the day

① 这个周末我打算用半天的时间复习数学。
Zhè ge zhōumò wǒ dǎsuàn yòng bàntiān de shíjiān fùxí shùxué.

② 我身体不好,半天上班,半天休息。
Wǒ shēntǐ bù hǎo, bàntiān shàng bān, bàntiān xiūxi.

2 a long time; quite a while

① 你怎么现在才来?大家等你半天了。
Nǐ zěnme xiànzài cái lái? Dàjiā děng nǐ bàntiān le.

② Richard 说了半天,我也没听懂他说的是什么。
Richard shuōle bàntiān, wǒ yě méi tīngdǒng tā shuō de shì shénme.

一半 yíbàn

(num.) one half; half; in part

① 这个苹果,我们一人一半。
Zhè ge píngguǒ, wǒmen yì rén yíbàn.

② 今天晚上我们班有一半的人去看足球比赛了。
Jīntiān wǎnshang wǒmen bān yǒu yíbàn de rén qù kàn zúqiú bǐsài le.

帮忙 bāng máng

help; give a hand

① 如果我需要你来帮忙,我会打电话给你。
Rúguǒ wǒ xūyào nǐ lái bāng máng, wǒ huì dǎ diànhuà gěi nǐ.

② Henry,你可以帮我一个忙吗?
Henry, nǐ kěyǐ bāng wǒ yí ge máng ma?

③ 姐姐今天有事情不能照顾孩子,我去帮帮忙。
Jiějie jīntiān yǒu shìqing bù néng zhàogu háizi, wǒ qù bāngbang máng.

 Do You Know

帮 bāng

(v.) help; assist

① 服务员,请帮我拿一双筷子。
Fúwùyuán, qǐng bāng wǒ ná yì shuāng kuàizi.

半天 一半 帮忙 帮 帮助 包

② 这张桌子我搬不动，你能帮帮我吗？
Zhè zhāng zhuōzi wǒ bān bu dòng, nǐ néng bāngbang wǒ ma?

² 帮助 bāngzhù

(v.) help; provide assistance or support

① 这次作业是我姐姐帮助我完成的。
Zhè cì zuòyè shì wǒ jiějie bāngzhù wǒ wánchéng de.

② 我希望你能帮助帮助我。
Wǒ xīwàng nǐ néng bāngzhù bāngzhù wǒ.

③ 这本书对我的帮助很大。
Zhè běn shū duì wǒ de bāngzhù hěn dà.

④ 我需要你的帮助。
Wǒ xūyào nǐ de bāngzhù.

包 bāo

(n.) **1** bag; sack

① 这是我妈妈的包。
Zhè shì wǒ māma de bāo.

② 包太多了，我拿不了。
Bāo tài duō le, wǒ ná bu liǎo.

③ 我的包里有一张地图、一本书和二百元钱。
Wǒ de bāo lǐ yǒu yì zhāng dìtú、yì běn shū hé èrbǎi yuán qián.

2 swelling; protuberance

① 不知道什么时候，我的腿上长了个包。
Bù zhīdào shénme shíhou, wǒ de tuǐ shang zhǎngle ge bāo.

② 这条鱼的身体上有一个包。
Zhè tiáo yú de shēntǐ shang yǒu yí ge bāo.

(m.w.) bundle; package

① 奶奶给了我一包东西。
Nǎinai gěile wǒ yì bāo dōngxi.

② 这几包衣服哪儿来的？
Zhè jǐ bāo yīfu nǎr lái de?

(v.) **1** wrap

① 你把面包包好了吗？
Nǐ bǎ miànbāo bāohǎo le ma?

② Henry 打算用报纸包礼物。
Henry dǎsuàn yòng bàozhǐ bāo lǐwù.

2 undertake the entire thing

① 这次旅游的飞机票我包了。
Zhè cì lǚyóu de fēijīpiào wǒ bāo le.

② 洗衣服、买菜、打扫房间,妈妈一个人都包了。
Xǐ yīfu、mǎi cài、dǎsǎo fángjiān, māma yí ge rén dōu bāo le.

3 assure; guarantee

① 这件礼物包你满意。
Zhè jiàn lǐwù bāo nǐ mǎnyì.

② 我告诉你怎么复习,包你能提高学习成绩。
Wǒ gàosu nǐ zěnme fùxí, bāo nǐ néng tígāo xuéxí chéngjì.

4 hire; charter

① 为了这次旅游,我包了一只船。
Wèile zhè cì lǚyóu, wǒ bāole yì zhī chuán.

② 包一辆出租车用一个月需要多少钱?
Bāo yí liàng chūzūchē yòng yí ge yuè xūyào duōshao qián?

饱 bǎo

(adj.) full

① 您吃饱了吗?
Nín chībǎo le ma?

② 我不能再吃了,我已经饱了。
Wǒ bù néng zài chī le, wǒ yǐjīng bǎo le.

③ 我在阿姨家吃得饱,穿得好。
Wǒ zài āyí jiā chī de bǎo, chuān de hǎo.

2 报纸 bàozhǐ

(n.) newspaper

① 你有今天的报纸吗?
Nǐ yǒu jīntiān de bàozhǐ ma?

② 我的工作是送报纸。
Wǒ de gōngzuò shì sòng bàozhǐ.

③ 我认为《China Daily》是非常好的报纸。
Wǒ rènwéi《China Daily》shì fēicháng hǎo de bàozhǐ.

④ 上班时间不能看报纸。
Shàng bān shíjiān bù néng kàn bàozhǐ.

纸 zhǐ

 Do You Know

(n.) paper

① 请给我一张纸。
Qǐng gěi wǒ yì zhāng zhǐ.

② 这种纸不是写字用的。
Zhè zhǒng zhǐ bú shì xiě zì yòng de.

---

¹ 杯子 bēizi

(n.) glass；cup

① 那是我的杯子。
Nà shì wǒ de bēizi.

② 我的杯子里没有水。
Wǒ de bēizi lǐ méiyǒu shuǐ.

③ 这只漂亮的杯子是喝咖啡用的。
Zhè zhī piàoliang de bēizi shì hē kāfēi yòng de.

④ 桌子上放着杯子、盘子和碗。
Zhuōzi shang fàngzhe bēizi、pánzi hé wǎn.

 Do You Know

杯 bēi

(n.) cup

① 请帮我拿个杯。
Qǐng bāng wǒ ná ge bēi.

② 服务员，请给我一个茶杯。
Fúwùyuán, qǐng gěi wǒ yí ge chábēi.

③ 这种咖啡杯多少钱一个？
Zhè zhǒng kāfēibēi duōshao qián yí ge？

(m.w.) [used for cups, glasses, mugs, etc.]

① 服务员，我要两杯啤酒、一杯茶。
Fúwùyuán, wǒ yào liǎng bēi píjiǔ、yì bēi chá.

② 刚才我真渴了，一下儿喝了六杯水。
Gāngcái wǒ zhēn kě le, yíxiàr hēle liù bēi shuǐ.

子 zi

(suf.) [used after a noun]

① Jessie 的裙子真漂亮。
Jessie de qúnzi zhēn piàoliang.

② 这是我新买的房子。
Zhè shì wǒ xīn mǎi de fángzi.

③ Tina 是我的孩子。
Tina shì wǒ de háizi.

北方 běifāng

(n.) **1** north

① 北京的北方有海吗?
Běijīng de běifāng yǒu hǎi ma?

② Elvis 站在我前面,看着北方。
Elvis zhàn zài wǒ qiánmiàn, kànzhe běifāng.

2 northern part of the country

① 我是北方人。
Wǒ shì Běifāngrén.

② 你最喜欢中国北方的什么地方?
Nǐ zuì xǐhuan Zhōngguó Běifāng de shénme dìfang?

 Do You Know

北 běi

(n.) north; northern

① 我刚来北京的时候,分不清楚东西南北。
Wǒ gāng lái Běijīng de shíhou, fēn bu qīngchu dōng xī nán běi.

② 向北走一百米就是银行。
Xiàng běi zǒu yìbǎi mǐ jiù shì yínháng.

北边 běibian / 北面 běimiàn

(n.) north; northern; north side

① 我家在公司的北边(/北面)。
Wǒ jiā zài gōngsī de běibian (/běimiàn).

② 学校北边(/北面)有一家做中国菜的饭馆儿。
Xuéxiào běibian (/běimiàn) yǒu yì jiā zuò Zhōngguócài de fànguǎnr.

¹北京 Běijīng

(n.) Capital of China

① 明天我要去北京参加一个比赛。
Míngtiān wǒ yào qù Běijīng cānjiā yí ge bǐsài.

② 这是我第一次来北京。
Zhè shì wǒ dì yī cì lái Běijīng.

③ 公司的每个房间都有一张北京地图。
Gōngsī de měi ge fángjiān dōu yǒu yì zhāng Běijīng dìtú.

被 bèi

(prep.) The sentence with a verb predicate which is modified by the passive preposition 被 and its object as an adverbial adjunct is called the 被-sentence. The basic pattern is: receiver of the action + the preposition 被 (+ doer of the action) + verb + other elements.

① 教室被大家打扫得很干净。
Jiàoshì bèi dàjiā dǎsǎo de hěn gānjìng.

② Tom 的啤酒被小猫喝了。
Tom de píjiǔ bèi xiǎo māo hē le.

③ 他被认为是一个好老师。
Tā bèi rènwéi shì yí ge hǎo lǎoshī.

(n.) quilt

① 这条被是我新买的。
Zhè tiáo bèi shì wǒ xīn mǎi de.

② 你的衣服在被里。
Nǐ de yīfu zài bèi lǐ.

¹本 běn

(n.) book; notebook

① 开会前，请大家准备好笔和本儿。
Kāi huì qián, qǐng dàjiā zhǔnbèi hǎo bǐ hé běnr.

② 这几个本儿都用完了。
Zhè jǐ ge běnr dōu yòngwán le.

(m.w.) [used for books]

① 我一共买了三本书。
Wǒ yígòng mǎile sān běn shū.

② 这本书是我爸爸的。
Zhè běn shū shì wǒ bàba de.

③ 这本书多少钱？
Zhè běn shū duōshao qián?

(pron.) **1** current; this

① 本月六号是我的生日。
Běn yuè liù hào shì wǒ de shēngrì.

② 本星期的会议已经都结束了。
Běn xīngqī de huìyì yǐjīng dōu jiéshù le.

2 one's own; native

① 本公司不参加这次比赛。
　Běn gōngsī bù cānjiā zhè cì bǐsài.

② 这次的礼物只给本学校的学生。
　Zhè cì de lǐwù zhǐ gěi běn xuéxiào de xuésheng.

(adv.) originally

① 我本想给你打电话的。
　Wǒ běn xiǎng gěi nǐ dǎ diànhuà de.

② 我们本打算昨天去看你的。
　Wǒmen běn dǎsuàn zuótiān qù kàn nǐ de.

 Do You Know

本子 běnzi

(n.) book; notebook

① 开会前，请大家准备好笔和本子。
　Kāi huì qián, qǐng dàjiā zhǔnbèi hǎo bǐ hé běnzi.

② 昨天我买了一个新本子。
　Zuótiān wǒ mǎile yí ge xīn běnzi.

鼻子 bízi

(n.) nose

① Peter 的鼻子特别大。
　Peter de bízi tèbié dà.

② 这是一只小狗的鼻子。
　Zhè shì yì zhī xiǎogǒu de bízi.

③ 我的鼻子长得像妈妈。
　Wǒ de bízi zhǎng de xiàng māma.

④ 我感冒了，鼻子很不舒服。
　Wǒ gǎnmào le, bízi hěn bù shūfu.

² 比 bǐ

(v.) **1** compare; compete

① 我们比一比谁走得快。
　Wǒmen bǐ yi bǐ shéi zǒu de kuài.

② 我不想和别人比吃穿。
　Wǒ bù xiǎng hé biérén bǐ chī chuān.

③ 你要和我比游泳吗？
　Nǐ yào hé wǒ bǐ yóu yǒng ma?

2 [used for a score] to

A：现在几比几?
　　Xiànzài jǐ bǐ jǐ?

B：二比一。
　　Èr bǐ yī.

(prep.) than

① 迟到比不到好。
　 Chídào bǐ bú dào hǎo.

② 这双皮鞋比那双漂亮。
　 Zhè shuāng píxié bǐ nà shuāng piàoliang.

比较 bǐjiào

(v.) compare; contrast

① 我不想和你比较。
　 Wǒ bù xiǎng hé nǐ bǐjiào.

② 我们比较比较谁的字写得好?
　 Wǒmen bǐjiào bǐjiào shéi de zì xiě de hǎo?

③ 这两个苹果我比较了比较，左边的更甜。
　 Zhè liǎng ge píngguǒ wǒ bǐjiàole bǐjiào, zuǒbian de gèng tián.

(adv.) comparatively; relatively

① 今天比较冷。
　 Jīntiān bǐjiào lěng.

② 我想买比较便宜的那件衣服。
　 Wǒ xiǎng mǎi bǐjiào piányi de nà jiàn yīfu.

比赛 bǐsài

(v.) compete; have a match

① 我们班今天下午要跟四班比赛打篮球。
　 Wǒmen bān jīntiān xiàwǔ yào gēn sì bān bǐsài dǎ lánqiú.

② 我们比赛比赛，看谁画得好。
　 Wǒmen bǐsài bǐsài, kàn shéi huà de hǎo.

(n.) competition; match

① 游泳比赛几点开始?
　 Yóu yǒng bǐsài jǐ diǎn kāishǐ?

② 这次比赛的成绩让大家很满意。
　 Zhè cì bǐsài de chéngjì ràng dàjiā hěn mǎnyì.

③ 你不想去看比赛吗?
　 Nǐ bù xiǎng qù kàn bǐsài ma?

球赛 qiúsài

 Do You Know

(n.) ball game; match

① 今天晚上有球赛，你去看吗？
Jīntiān wǎnshang yǒu qiúsài, nǐ qù kàn ma?

② 球赛结束以后，我打算和Henry去喝啤酒。
Qiúsài jiéshù yǐhòu, wǒ dǎsuàn hé Henry qù hē píjiǔ.

笔记本 bǐjìběn

(n.) **1** notebook

① Jenny买了两个笔记本。
Jenny mǎile liǎng ge bǐjìběn.

② 我忘记带笔记本和铅笔了。
Wǒ wàngjì dài bǐjìběn hé qiānbǐ le.

2 laptop; notebook PC

① 这种电脑不方便，你换个笔记本吧。
Zhè zhǒng diànnǎo bù fāngbiàn, nǐ huàn ge bǐjìběn ba.

② 我用你的笔记本发个电子邮件，可以吗？
Wǒ yòng nǐ de bǐjìběn fā ge diànzǐ yóujiàn, kěyǐ ma?

必须 bìxū

(adv.) must; have to

① 明天的会议大家都必须参加。
Míngtiān de huìyì dàjiā dōu bìxū cānjiā.

② 这是我必须要做的事情。
Zhè shì wǒ bìxū yào zuò de shìqing.

③ 医生要求我下个星期必须到医院检查身体。
Yīshēng yāoqiú wǒ xià ge xīngqī bìxū dào yīyuàn jiǎnchá shēntǐ.

变化 biànhuà

(v.) change; vary

北京的天气变化得很快。
Běijīng de tiānqì biànhuà de hěn kuài.

(n.) change; variation

① 明天的会议有变化吗？
Míngtiān de huìyì yǒu biànhuà ma?

② 这是一个非常重要的变化。
Zhè shì yí ge fēicháng zhòngyào de biànhuà.

变 biàn

③ 中国的变化太大了。
Zhōngguó de biànhuà tài dà le.

 Do You Know

(v.) change; become different

① George 变了，他已经不爱我了。
George biàn le, tā yǐjīng bú ài wǒ le.

② 这些菜放到明天会变坏的。
Zhèxiē cài fàngdào míngtiān huì biànhuài de.

变成 biànchéng

(v.) change into; turn into

① 雨能变成雪。
Yǔ néng biànchéng xuě.

② 在 Selina 老师的帮助下，Peter 很快就变成了好学生。
Zài Selina lǎoshī de bāngzhù xià, Peter hěn kuài jiù biànchéngle hǎo xuésheng.

2 别 bié

(adv.) **1** don't; had better not

① 你别走，老师找你。
Nǐ bié zǒu, lǎoshī zhǎo nǐ.

② 考试的时候别说话。
Kǎoshì de shíhou bié shuō huà.

③ 一会儿要下雨，别忘记带伞。
Yíhuìr yào xià yǔ, bié wàngjì dài sǎn.

④ 别担心，我会帮助你的。
Bié dān xīn, wǒ huì bāngzhù nǐ de.

2 [followed by 是] expressing supposition that something bad may happen

① 他一直不说话，别是生气了吧？
Tā yìzhí bù shuō huà, bié shì shēng qì le ba?

② 他今天没有来上班，别是生病了吧？
Tā jīntiān méiyǒu lái shàng bān, bié shì shēng bìng le ba?

(v.) pin; clip

① Liza 的裙子上别着很多花。
Liza de qúnzi shang biézhe hěn duō huā.

别的 biéde	② 你把头发别上更漂亮。 Nǐ bǎ tóufa biéshang gèng piàoliang.  Do You Know (pron.) other; another ① 我去商店只买了两个面包,没买别的。 Wǒ qù shāngdiàn zhǐ mǎile liǎng ge miànbāo, méi mǎi biéde. ② 除了上课,我还想找一点儿别的事情做。 Chúle shàng kè, wǒ hái xiǎng zhǎo yìdiǎnr biéde shìqing zuò.
别人¹ biérén	(n.) someone else ① 办公室里没有别人,就我们两个人。 Bàngōngshì lǐ méiyǒu biérén, jiù wǒmen liǎng ge rén. ② 这位不是别人,他是我的汉语老师。 Zhè wèi bú shì biérén, tā shì wǒ de Hànyǔ lǎoshī.
别人² biéren	(pron.) other people; others ① 他很少帮助别人。 Tā hěn shǎo bāngzhù biéren. ② 这件事情不能让别人知道。 Zhè jiàn shìqing bù néng ràng biéren zhīdào. ③ 别人都去睡觉了,你怎么还在上网? Biéren dōu qù shuì jiào le, nǐ zěnme hái zài shàng wǎng?
² 宾馆 bīnguǎn	(n.) guesthouse ① 我十点半到宾馆接你。 Wǒ shí diǎn bàn dào bīnguǎn jiē nǐ. ② 这是这家宾馆里最好的房间。 Zhè shì zhè jiā bīnguǎn lǐ zuì hǎo de fángjiān. ③ 我住的宾馆旁边有一家做中国菜的饭店。 Wǒ zhù de bīnguǎn pángbiān yǒu yì jiā zuò Zhōngguócài de fàndiàn.
冰箱 bīngxiāng	(n.) refrigerator ① 桌子旁边是冰箱。 Zhuōzi pángbiān shì bīngxiāng.

别的 别人 宾馆 冰箱 不

② 我去看看冰箱里有什么好吃的。
Wǒ qù kànkan bīngxiāng lǐ yǒu shénme hǎochī de.

③ 冰箱里的水果如果今天不吃完就会坏的。
Bīngxiāng lǐ de shuǐguǒ rúguǒ jīntiān bù chīwán jiù huì huài de.

¹不 bù

（adv.） **1** not

① 他不知道怎么解决这个问题。
Tā bù zhīdào zěnme jiějué zhè ge wèntí.

② 大家都不喜欢 John。
Dàjiā dōu bù xǐhuan John.

③ 他现在已经不认识我了。
Tā xiànzài yǐjīng bú rènshi wǒ le.

2 no

① A：你同意和他结婚吗？
Nǐ tóngyì hé tā jié hūn ma?

B：不，我不同意。
Bù, wǒ bù tóngyì.

② A：这件事情他知道吗？
Zhè jiàn shìqing tā zhīdào ma?

B：不，他不知道。
Bù, tā bù zhīdào.

3 [used between a verb and its complement to indicate that something is impossible]

① 水果太多了，我吃不完。
Shuǐguǒ tài duō le, wǒ chī bu wán.

② 书太多了，我看不完。
Shū tài duō le, wǒ kàn bu wán.

4 [inserted between repeated words to express doubt]

① 今天你去不去奶奶家？
Jīntiān nǐ qù bu qù nǎinai jiā?

② 你现在想不想跳舞？
Nǐ xiànzài xiǎng bu xiǎng tiào wǔ?

不太
bú tài

 Do You Know

not very

① 经理不太喜欢 Mary，总是让她去做最累的工作。
Jīnglǐ bú tài xǐhuan Mary, zǒngshì ràng tā qù zuò zuì lèi de gōngzuò.

② Jones 经常游泳，不太打篮球。
Jones jīngcháng yóu yǒng, bú tài dǎ lánqiú.

不但……而且……
búdàn…… érqiě……

not only...but also...

① Susan 不但会跳舞，而且会打篮球。
Susan búdàn huì tiào wǔ, érqiě huì dǎ lánqiú.

② 这家饭店的菜不但贵，而且难吃。
Zhè jiā fàndiàn de cài búdàn guì, érqiě nánchī.

而且
érqiě

 Do You Know

(conj.) in addition; but also

① Liza 很爱笑，而且很爱和人说话。
Liza hěn ài xiào, érqiě hěn ài hé rén shuō huà.

② Susan 很瘦，而且很高。
Susan hěn shòu, érqiě hěn gāo.

③ 我爱你，而且我知道你也爱我。
Wǒ ài nǐ, érqiě wǒ zhīdào nǐ yě ài wǒ.

④ 他生病了，而且一直没好。
Tā shēng bìng le, érqiě yìzhí méi hǎo.

1 不客气
bú kèqi

1 it's my pleasure; please don't bother

① A：谢谢。
Xièxie.

B：不客气。
Bú kèqi.

② 不客气，这是我们应该做的。
Bú kèqi, zhè shì wǒmen yīnggāi zuò de.

③ 不客气，我很愿意帮助您。
Bú kèqi, wǒ hěn yuànyì bāngzhù nín.

不太　不但……而且……　而且　不客气　客气

客气
kèqi

2 impolite; blunt

① 如果他对我不客气，我也会对她不客气的。
Rúguǒ tā duì wǒ bú kèqi, wǒ yě huì duì tā bú kèqi de.

② 这位先生，您说话太不客气了
Zhè wèi xiānsheng, nín shuō huà tài bú kèqi le!

 Do You Know

(adj.) polite

① 我和John是第一次见面，他对我很客气。
Wǒ hé John shì dì yī cì jiàn miàn, tā duì wǒ hěn kèqi.

② Jessie说话总是客客气气的。
Jessie shuō huà zǒngshì kèkeqīqī de.

(v.) speak or behave deferentially

① 您别客气，这是我们应该做的。
Nín bié kèqi, zhè shì wǒmen yīnggāi zuò de.

② 我们都是朋友，你就不要跟我客气了。
Wǒmen dōu shì péngyou, nǐ jiù búyào gēn wǒ kèqi le.

C

1 菜 cài

(n.) **1** vegetable

① 你买什么菜？
Nǐ mǎi shénme cài?

② 这家超市卖的菜又新鲜又便宜。
Zhè jiā chāoshì mài de cài yòu xīnxiān yòu piányi.

2 course; dish

① 你点什么菜？
Nǐ diǎn shénme cài?

② 我喜欢和妈妈一起做菜。
Wǒ xǐhuan hé māma yìqǐ zuò cài.

菜单 càidān

(n.) memu

① 请把菜单给我，好吗？
Qǐng bǎ càidān gěi wǒ, hǎo ma?

② 我不需要菜单，我已经想好吃什么了。
Wǒ bù xūyào càidān, wǒ yǐjīng xiǎnghǎo chī shénme le.

③ 让我们看一看今天的菜单上有什么菜。
Ràng wǒmen kàn yi kàn jīntiān de càidān shang yǒu shénme cài.

参加 cānjiā

(v.) take part in; go in for

① 如果我是你，我就去参加比赛。
Rúguǒ wǒ shì nǐ, wǒ jiù qù cānjiā bǐsài.

② 我不知道有谁会来参加这次会议。
Wǒ bù zhīdào yǒu shéi huì lái cānjiā zhè cì huìyì.

③ 虽然我正在发烧，但是我会去参加考试的。
Suīrán wǒ zhèngzài fā shāo, dànshì wǒ huì qù cānjiā kǎoshì de.

 Do You Know

加 jiā

(v.) **1** add; plus

我买了两公斤苹果，一公斤香蕉，加一起一共是四十六元。
Wǒ mǎile liǎng gōngjīn píngguǒ, yì gōngjīn xiāngjiāo, jiā yìqǐ yígòng shì sìshíliù yuán.

菜　菜单　参加　加　加上　草　草地

2 put in; append

① Henry 在咖啡里加了牛奶。
Henry zài kāfēi lǐ jiāle niúnǎi.

② 我在这一段里加了一个句子。
Wǒ zài zhè yí duàn lǐ jiāle yí ge jùzi.

3 increase; rise

① 服务员，请给我们再加两碗米饭。
Fúwùyuán, qǐng gěi wǒmen zài jiā liǎng wǎn mǐfàn.

② 孩子长高了，我们需要把床加长一些。
Háizi zhǎnggāo le, wǒmen xūyào bǎ chuáng jiācháng yìxiē.

加上 jiāshang

(conj.) moreover; in addition

① 工作时间太长，加上事情太多，Mike 生病了。
Gōngzuò shíjiān tài cháng, jiāshang shìqing tài duō, Mike shēng bìng le.

② 电视加上冰箱一共需要九千元。
Diànshì jiāshang bīngxiāng yígòng xūyào jiǔ qiān yuán.

草 cǎo

(n.) grass

① Charles 想住在一个有花有草的地方。
Charles xiǎng zhù zài yí ge yǒu huā yǒu cǎo de dìfang.

② 孩子，你不会想给狗喂草吧？
Háizi, nǐ bú huì xiǎng gěi gǒu wèi cǎo ba?

(adj.) sloopy; careless

① 他的字写得很草。
Tā de zì xiě de hěn cǎo.

② 这几个字太草了，谁也看不懂。
Zhè jǐ ge zì tài cǎo le, shéi yě kàn bu dǒng.

 Do You Know

草地 cǎodì

(n.) grassland; lawn

① 公园的草地上坐着很多人。
Gōngyuán de cǎodì shang zuòzhe hěn duō rén.

② 春天到了，草地上的花开了。
Chūntiān dào le, cǎodì shang de huā kāi le.

层 céng

(m.w.) **1** floor; storey; tier

① 我们住在宾馆的第一层。
Wǒmen zhù zài bīnguǎn de dì yī céng.

② 我坐电梯上了第十八层。
Wǒ zuò diàntī shàngle dì shíbā céng.

2 layer

① 桌子上有一层水。
Zhuōzi shang yǒu yì céng shuǐ.

② 你一共穿了几层衣服？
Nǐ yígòng chuānle jǐ céng yīfu?

茶 chá

(n.) tea

① 你的茶里要放牛奶吗？
Nǐ de chá lǐ yào fàng niúnǎi ma?

② 这种茶多少钱一两？
Zhè zhǒng chá duōshao qián yì liǎng?

③ 这包茶已经放了很多年了，别喝了。
Zhè bāo chá yǐjīng fàngle hěn duō nián le, bié hē le.

 Do You Know

红茶 hóngchá

(n.) black tea

① 你要红茶还是咖啡？
Nǐ yào hóngchá háishi kāfēi?

② 很多人喜欢喝红茶。
Hěn duō rén xǐhuan hē hóngchá.

绿茶 lǜchá

(n.) green tea

① 你喝绿茶还是红茶？
Nǐ hē lǜchá háishi hóngchá?

② 服务员，请给我一杯绿茶。
Fúwùyuán, qǐng gěi wǒ yì bēi lǜchá.

差 chà

（adj.） **1** poor；under standard

① 那本书写得不差。
Nà běn shū xiě de bú chà.

② 我的体育成绩很差，我希望你能帮助我。
Wǒ de tǐyù chéngjì hěn chà, wǒ xīwàng nǐ néng bāngzhù wǒ.

2 differ from；fall short off

① 她做菜的水平和我比差得远呢。
Tā zuò cài de shuǐpíng hé wǒ bǐ chà de yuǎn ne.

② 我离您的要求还差得远呢。
Wǒ lí nín de yāoqiú hái chà de yuǎn ne.

3 wrong；mistaken

对不起，我听差了。
Duìbuqǐ, wǒ tīngchà le.

（v.）short a little；fall short of

① A：现在几点了？
Xiànzài jǐ diǎn le?

B：差十分钟六点。
Chà shí fēnzhōng liù diǎn.

② 我还差二十块钱，你能借给我吗？
Wǒ hái chà èrshí kuài qián, nǐ néng jiègěi wǒ ma?

---

² 长 cháng
（zhǎng 见 320 页）

（adj.）long

① 这条裤子太长了，我穿不了。
Zhè tiáo kùzi tài cháng le, wǒ chuān bu liǎo.

② 虽然我对他不了解，但是我认识他已经很长时间了。
Suīrán wǒ duì tā bù liǎojiě, dànshì wǒ rènshi tā yǐjīng hěn cháng shíjiān le.

③ Mary 的头发长长的，眼睛大大的，很漂亮。
Mary de tóufa chángcháng de, yǎnjing dàdà de, hěn piàoliang.

 Do You Know

长期
chángqī

（n.）long-term；over a long period of time

① 我长期在中国工作。
Wǒ chángqī zài Zhōngguó gōngzuò.

② Lucy 长期照顾生病的奶奶。
Lucy chángqī zhàogu shēng bìng de nǎinai.

2 唱歌 chàng gē

sing

① Liza 很想去参加唱歌比赛。
Liza hěn xiǎng qù cānjiā chàng gē bǐsài.

② 你想唱什么歌?
Nǐ xiǎng chàng shénme gē?

③ 大家唱着歌，跳着舞，特别高兴。
Dàjiā chàngzhe gē, tiàozhe wǔ, tèbié gāoxìng.

 Do You Know

唱 chàng

(v.) sing

① 同学们又唱又跳，高兴极了。
Tóngxuémen yòu chàng yòu tiào, gāoxìng jí le.

② 你唱得很好听。
Nǐ chàng de hěn hǎotīng.

歌 gē

(n.) song

① 这是我刚写的歌，我唱给你听听。
Zhè shì wǒ gāng xiě de gē, wǒ chàng gěi nǐ tīngting.

② 妈妈喜欢听老歌。
Māma xǐhuan tīng lǎo gē.

超市 chāoshì

(n.) supermarket

① 我爸爸在超市工作。
Wǒ bàba zài chāoshì gōngzuò.

② 你愿意和我一起去超市吗?
Nǐ yuànyì hé wǒ yìqǐ qù chāoshì ma?

③ 我们去超市买点儿水果吧。
Wǒmen qù chāoshì mǎidiǎnr shuǐguǒ ba.

衬衫 chènshān

(n.) shirt

① 这件衬衫真漂亮!
Zhè jiàn chènshān zhēn piàoliang!

② 你想要什么颜色的衬衫？
Nǐ xiǎng yào shénme yánsè de chènshān？

③ 你穿错了，这是你哥哥的衬衫。
Nǐ chuāncuò le, zhè shì nǐ gēge de chènshān.

成绩 chéngjì

（n.）achievement；performance

① 这次考试，Liza的成绩不好，她很难过。
Zhè cì kǎoshì, Liza de chéngjì bù hǎo, tā hěn nánguò.

② 如果你努力学习汉语，你的汉语成绩会更好。
Rúguǒ nǐ nǔlì xuéxí Hànyǔ, nǐ de Hànyǔ chéngjì huì gèng hǎo.

③ 如果你想提高学习成绩，你一定要再努力些。
Rúguǒ nǐ xiǎng tígāo xuéxí chéngjì, nǐ yídìng yào zài nǔlì xiē.

城市 chéngshì

（n.）city

① 城市里有很多公园。
Chéngshì lǐ yǒu hěn duō gōngyuán.

② 我花了十年时间画了一张城市地图。
Wǒ huāle shí nián shíjiān huàle yì zhāng chéngshì dìtú.

③ 解决城市环境问题需要我们一起努力。
Jiějué chéngshì huánjìng wèntí xūyào wǒmen yìqǐ nǔlì.

 Do You Know

市 shì

（n.）city；municipality

① 今天市里有一个重要的会议请我去参加。
Jīntiān shì lǐ yǒu yí ge zhòngyào de huìyì qǐng wǒ qù cānjiā.

② 我有一张北京市的地图。
Wǒ yǒu yì zhāng Běijīng Shì de dìtú.

市长 shìzhǎng

（n.）mayor

① 今天市长到我们学校来了。
Jīntiān shìzhǎng dào wǒmen xuéxiào lái le.

② 市长，有您的电话。
Shìzhǎng, yǒu nín de diànhuà.

1 吃 chī

(v.) eat

① 他喜欢吃苹果。
Tā xǐhuan chī píngguǒ.

② 吃得太多会不舒服的。
Chī de tài duō huì bù shūfu de.

③ 你慢点儿吃，别着急。
Nǐ màn diǎnr chī, bié zháo jí.

迟到 chídào

(v.) be late

① 对不起，我迟到了。
Duìbuqǐ, wǒ chídào le.

② Susan 老师不喜欢迟到的学生。
Susan lǎoshī bù xǐhuan chídào de xuésheng.

③ 因为妈妈发烧了，所以我迟到了。
Yīnwèi māma fā shāo le, suǒyǐ wǒ chídào le.

2 出 chū

(v.) **1** go beyond

① 您别担心，不出一个星期他就会去找您。
Nín bié dān xīn, bù chū yí ge xīngqī tā jiù huì qù zhǎo nín.

② 不出三分钟，我就能把菜做好。
Bù chū sān fēnzhōng, wǒ jiù néng bǎ cài zuòhǎo.

2 take out; give

① Helen 打算自己开一家商店，我给她出了些钱。
Helen dǎsuàn zìjǐ kāi yì jiā shāngdiàn, wǒ gěi tā chūle xiē qián.

② 这次考试老师出的题真难。
Zhè cì kǎoshì lǎoshī chū de tí zhēn nán.

3 produce

① 北京出香蕉吗？
Běijīng chū xiāngjiāo ma?

② 我们国家不出这种水果。
Wǒmen guójiā bù chū zhè zhǒng shuǐguǒ.

4 happen; take place

① Gary 到现在都没有来上班，不会出什么事情了吧？
Gary dào xiànzài dōu méiyǒu lái shàng bān, bú huì chū shénme shìqing le ba?

② 我不知道我的电脑出了什么问题，我打算请Tom帮忙。
Wǒ bù zhīdào wǒ de diànnǎo chūle shénme wèntí, wǒ dǎsuàn qǐng Tom bāng máng.

5 [used after a verb] expressing an outward movement, a completed action or a conspicuous state

① 考试还没有结束，大家就都走出了教室。
Kǎoshì hái méiyǒu jiéshù, dàjiā jiù dōu zǒuchūle jiàoshì.

② 你想得出比这更好的办法吗？
Nǐ xiǎng de chū bǐ zhè gèng hǎo de bànfǎ ma?

③ Ann 回答不出老师的问题。
Ann huídá bù chū lǎoshī de wèntí.

 Do You Know

出来
chū lái

1 come out

① 我从公司出来的时候还没有下雨。
Wǒ cóng gōngsī chūlai de shíhou hái méiyǒu xià yǔ.

② 我还在开会，现在出不来。
Wǒ hái zài kāi huì, xiànzài chū bu lái.

2 arise; appear; emerge

① 天晴了，太阳出来了。
Tiān qíng le, tàiyáng chūlai le.

② 工作才刚开始，问题就出来了。
Gōngzuò cái gāng kāishǐ, wèntí jiù chūlai le.

3 [used after a verb] expressing motion directed from inside a place towards the speaker

① Henry 刚从教室走出来，就遇到了校长。
Henry gāng cóng jiàoshì zǒu chulai, jiù yùdàole xiàozhǎng.

② 请大家拿出书来，今天我们讲第三课。
Qǐng dàjiā ná chū shū lai, jīntiān wǒmen jiǎng dì sān kè.

4 [used after a verb] expressing completion or realization of an action

① 你的书写出来了吗？
Nǐ de shū xiě chulai le ma?

② 这个题我终于做出来了。
Zhè ge tí wǒ zhōngyú zuò chulai le.

5 [used after a verb] recognise

① 对不起，我没有看出来是你。
Duìbuqǐ, wǒ méiyǒu kàn chulai shì nǐ.

② 你是谁？电话里的声音我听不出来。
Nǐ shì shéi? Diànhuà lǐ de shēngyīn wǒ tīng bu chūlái.

出去
chū qù

1 go out; get out

① 我先出去一下儿，一会儿就回来。
Wǒ xiān chūqu yíxiàr, yíhuìr jiù huílai.

② A：你能出来打篮球吗？
Nǐ néng chūlai dǎ lánqiú ma?

B：我作业还没写完，出不去。
Wǒ zuòyè hái méi xiěwán, chū bu qù.

2 [used after a verb] expressing motion directed away from the speaker

① Henry 刚从教室走出去，就遇到了校长。
Henry gāng cóng jiàoshì zǒu chuqu, jiù yùdàole xiàozhǎng.

② A：请把这张桌子搬出去。
Qǐng bǎ zhè zhāng zhuōzi bān chuqu.

B：桌子太大了，搬不出去。
Zhuōzi tài dà le, bān bu chūqù.

③ 我看见那只小鸟的时候，它已经飞出房间去了。
Wǒ kànjiàn nà zhī xiǎo niǎo de shíhou, tā yǐjīng fēi chū fángjiān qu le.

3 [used after a verb] expressing some secrets opened

这件事情我只告诉你一个人，你别说出去啊。
Zhè jiàn shìqing wǒ zhǐ gàosu nǐ yí ge rén, nǐ bié shuō chuqu a.

出租车
chūzūchē

(n.) taxi

① 您需要叫出租车吗？
Nín xūyào jiào chūzūchē ma?

② 我们坐出租车去公司吗？
Wǒmen zuò chūzūchē qù gōngsī ma?

③ 出租车司机看了看我们，没有要我们的钱。
Chūzūchē sījī kànle kàn wǒmen, méiyǒu yào wǒmen de qián.

 Do You Know

出租 chūzū

(v.) hire out; let; rent out

① 我想把自行车出租出去。
Wǒ xiǎng bǎ zìxíngchē chūzū chuqu.

② 我把家里的一个房间出租给了William。
Wǒ bǎ jiā lǐ de yí ge fángjiān chūzū gěi le William.

除了 chúle

(prep.) **1** with the exception of; outside of

① 除了Peter，大家都来了。
Chúle Peter, dàjiā dōu lái le.

② 公司里除了Kate，其他人都去旅游了。
Gōngsī lǐ chúle Kate, qítā rén dōu qù lǚyóu le.

2 besides; in addition to

① 除了买书，我还买了报纸。
Chúle mǎi shū, wǒ hái mǎile bàozhǐ.

② 今天我除了复习汉语，还复习了数学。
Jīntiān wǒ chúle fùxí Hànyǔ, hái fùxíle shùxué.

² 穿 chuān

(v.) **1** wear

① 等一会儿，我还在穿衣服呢。
Děng yíhuìr, wǒ hái zài chuān yīfu ne.

② Gary今天穿了一件红衬衫。
Gary jīntiān chuānle yí jiàn hóng chènshān.

③ 这条红裙子我昨天穿过了。
Zhè tiáo hóng qúnzi wǒ zuótiān chuānguo le.

2 pass through

① 从这条路穿过去就有一个公园。
Cóng zhè tiáo lù chuān guoqu jiù yǒu yí ge gōngyuán.

② 穿过这条街道，你就能看见图书馆了。
Chuānguo zhè tiáo jiēdào, nǐ jiù néng kànjiàn túshūguǎn le.

3 pierce through

① 筷子穿进了他的身体。
Kuàizi chuānjinle tā de shēntǐ.

② 你怎么能把铅笔穿进鸡蛋里呢？
Nǐ zěnme néng bǎ qiānbǐ chuānjin jīdàn lǐ ne?

船 chuán

(n.) boat; ship

① 我和爸爸一起做了一条小船。
Wǒ hé bàba yìqǐ zuòle yì tiáo xiǎo chuán.

② 船票多少钱一张？
Chuánpiào duōshao qián yì zhāng?

春 chūn

(n.) spring

① 在中国，一年有春夏秋冬四个季节。
Zài Zhōngguó, yì nián yǒu chūn xià qiū dōng sì ge jìjié.

② 春去夏来，天气开始热了。
Chūn qù xià lái, tiānqì kāishǐ rè le.

 Do You Know

春天 chūntiān

(n.) spring; springtime

① 春天来了，花开了，草绿了。
Chūntiān lái le, huā kāi le, cǎo lǜ le.

② 我不喜欢北京的春天，风太大了。
Wǒ bù xǐhuan Běijīng de chūntiān, fēng tài dà le.

词典 cídiǎn

(n.) dictionary

① 这本词典比那本好。
Zhè běn cídiǎn bǐ nà běn hǎo.

② 我要去买一本汉语词典。
Wǒ yào qù mǎi yì běn Hànyǔ cídiǎn.

③ 我可以借你的词典用一用吗？
Wǒ kěyǐ jiè nǐ de cídiǎn yòng yi yòng ma?

船 春 春天 词典 词 次 上次 下次 聪明

词 cí

 Do You Know

（n.）word

① 这个词你用得不对。
　 Zhè ge cí nǐ yòng de bú duì.

② 这个词我不认识，你还是查一查词典吧。
　 Zhè ge cí wǒ bú rènshi, nǐ háishi chá yi chá cídiǎn ba.

²**次** cì

（m.w.）time

① 这是我第一次来中国。
　 Zhè shì wǒ dì yī cì lái Zhōngguó.

② 下次会议可能是明天上午十点。
　 Xià cì huìyì kěnéng shì míngtiān shàngwǔ shí diǎn.

③ 这件事情我告诉他很多次了。
　 Zhè jiàn shìqing wǒ gàosu tā hěn duō cì le.

 Do You Know

上次
shàng cì

last time

① 上次我们就是在这家饭馆儿吃的饭。
　 Shàng cì wǒmen jiù shì zài zhè jiā fànguǎnr chī de fàn.

② 你比上次见面的时候瘦多了。
　 Nǐ bǐ shàng cì jiàn miàn de shíhou shòu duō le.

下次
xià cì

next time

① 你下次什么时候来中国？
　 Nǐ xià cì shénme shíhou lái Zhōngguó？

② 那件事情下次见面再告诉你。
　 Nà jiàn shìqing xià cì jiàn miàn zài gàosu nǐ.

聪明
cōngming

（adj.）smart；clever；intelligent

① 人比动物聪明。
　 Rén bǐ dòngwù cōngming.

② 学生聪明地回答了老师的问题。
　 Xuésheng cōngming de huídále lǎoshī de wèntí.

③ 虽然他不聪明，但是大家都很喜欢他。
Suīrán tā bù cōngming, dànshì dàjiā dōu hěn xǐhuan tā.

2 从 cóng

(prep.) **1** from

① 大家好，我叫 Fiona，我从北京来。
Dàjiā hǎo, wǒ jiào Fiona, wǒ cóng Běijīng lái.

② 从今天开始，我要锻炼身体。
Cóng jīntiān kāishǐ, wǒ yào duànliàn shēntǐ.

2 via；through (a place)

① 从这条路走比较近。
Cóng zhè tiáo lù zǒu bǐjiào jìn.

② 我上班的时候从他家经过。
Wǒ shàng bān de shíhou cóng tā jiā jīngguò.

3 according to；on the basis of

① 从说话的声音我就能知道，房间里的人是 Bill。
Cóng shuō huà de shēngyīn wǒ jiù néng zhīdào, fángjiān lǐ de rén shì Bill.

② 从他的眼睛里我看见了希望。
Cóng tā de yǎnjing lǐ wǒ kànjiànle xīwàng.

2 错 cuò

(adj.) mistaken；wrong

① 那件事情是我做错了。
Nà jiàn shìqing shì wǒ zuòcuò le.

② 我把他的名字写错了。
Wǒ bǎ tā de míngzi xiěcuò le.

(n.) mistake；fault

① 对不起，这是我的错。
Duìbuqǐ, zhè shì wǒ de cuò.

② 我知道这件事情是 Betty 的错，和你没有关系。
Wǒ zhīdào zhè jiàn shìqing shì Betty de cuò, hé nǐ méiyǒu guānxi.

不错
búcuò

 Do You Know

(adj.) not bad; pretty good

① 今天天气不错,我们去爬山吧。
Jīntiān tiānqì búcuò, wǒmen qù pá shān ba.

② 你的汉语说得很不错,中国文化了解得也很多。
Nǐ de Hànyǔ shuō de hěn búcuò, Zhōngguó wénhuà liǎojiě de yě hěn duō.

D

1 打电话 dǎ diànhuà

call

① 刚才谁给我打电话？
Gāngcái shéi gěi wǒ dǎ diànhuà?

② 我不知道妈妈什么时候会打来电话。
Wǒ bù zhīdào māma shénme shíhou huì dǎlai diànhuà.

③ 明天我可能来看你，如果我来不了，我会给你打个电话。
Míngtiān wǒ kěnéng lái kàn nǐ, rúguǒ wǒ lái bu liǎo, wǒ huì gěi nǐ dǎ ge diànhuà.

 Do You Know

打 dǎ

(v.) **1** beat; fight; attack

① Rogers 一不高兴就打孩子。
Rogers yí bù gāoxìng jiù dǎ háizi.

② 我刚才打了那只猫。
Wǒ gāngcái dǎle nà zhī māo.

2 break; smash

① 小心点儿，别把杯子打了。
Xiǎoxīn diǎnr, bié bǎ bēizi dǎ le.

② 请帮我打三个鸡蛋。
Qǐng bāng wǒ dǎ sān ge jīdàn.

3 send; project

我给经理打了三次电话，他都没有接。
Wǒ gěi jīnglǐ dǎle sān cì diànhuà, tā dōu méiyǒu jiē.

4 hold; raise; hoist

下雨了，路上的人都打着伞。
Xià yǔ le, lù shang de rén dōu dǎzhe sǎn.

(prep.) from; since

① 打今天起，我要开始学习汉语了。
Dǎ jīntiān qǐ, wǒ yào kāishǐ xuéxí Hànyǔ le.

② 打这里向东走三百米就有一家银行。
Dǎ zhèlǐ xiàng dōng zǒu sānbǎi mǐ jiù yǒu yì jiā yínháng.

打开 dǎ kāi

1 open; unfold

① 请同学们打开课本，我们开始上课。
Qǐng tóngxuémen dǎkāi kèběn, wǒmen kāishǐ shàng kè.

② 门打不开，我们进不去教室了。
Mén dǎ bu kāi, wǒmen jìn bu qù jiàoshì le.

2 turn on; switch on

① 谁把电视打开了？
Shéi bǎ diànshì dǎkāi le?

② 房间里太黑了，打开灯吧。
Fángjiān lǐ tài hēi le, dǎkāi dēng ba.

电 diàn

(n.) electricity

① 家里没电了，我们去饭馆儿吃饭吧。
Jiā lǐ méi diàn le, wǒmen qù fànguǎnr chī fàn ba.

② 我的手机没电了，你的手机还有电吗？
Wǒ de shǒujī méi diàn le, nǐ de shǒujī hái yǒu diàn ma?

电话 diànhuà

(n.) telephone; phone

① 可以借您的电话用一下儿吗？
Kěyǐ jiè nín de diànhuà yòng yíxiàr ma?

② 我给家里打了好几个电话都没人接。
Wǒ gěi jiā lǐ dǎle hǎojǐ gè diànhuà dōu méi rén jiē.

公用电话 gōngyòng diànhuà

public telephone

① 请问，哪里有公用电话？
Qǐngwèn, nǎlǐ yǒu gōngyòng diànhuà?

② 公用电话多少钱一分钟？
Gōngyòng diànhuà duōshao qián yì fēnzhōng?

2 打篮球 dǎ lánqiú

play basketball

① 我最喜欢的运动是打篮球。
Wǒ zuì xǐhuan de yùndòng shì dǎ lánqiú.

② 昨天他来的时候，我们正在打篮球。
Zuótiān tā lái de shíhou, wǒmen zhèngzài dǎ lánqiú.

③ 他们每周都要打一次篮球。
Tāmen měi zhōu dōu yào dǎ yí cì lánqiú.

打球
dǎ qiú

Do You Know

play ball games

① 今天下午我想和爸爸去打球。
Jīntiān xiàwǔ wǒ xiǎng hé bàba qù dǎ qiú.

② 你会打什么球？
Nǐ huì dǎ shénme qiú?

篮球
lánqiú

（n.） **1** a basketball

① 这种篮球多少钱？
Zhè zhǒng lánqiú duōshao qián?

② 我把篮球放到桌子下面了。
Wǒ bǎ lánqiú fàngdào zhuōzi xiàmiàn le.

2 basketball game

① 今天下午我要参加篮球比赛。
Jīntiān xiàwǔ wǒ yào cānjiā lánqiú bǐsài.

② 你喜欢看篮球节目吗？
Nǐ xǐhuan kàn lánqiú jiémù ma?

球 qiú

（n.） **1** ball; ballgame

① 你会玩儿什么球？
Nǐ huì wánr shénme qiú?

② 我昨天晚上去看球了。
Wǒ zuótiān wǎnshang qù kàn qiú le.

2 anything shaped like a ball

① 我们一会儿去玩儿雪球吧。
Wǒmen yíhuìr qù wánr xuěqiú ba.

② Jim 都快胖成球了。
Jim dōu kuài pàngchéng qiú le.

球场
qiúchǎng

（n.） ground for ball games

① Peter 不在家，他去球场了。
Peter bú zài jiā, tā qù qiúchǎng le.

② 刚下过雨，球场里一个人都没有。
Gāng xiàguo yǔ, qiúchǎng lǐ yí ge rén dōu méiyǒu.

球鞋
qiúxié

（n.） gym shoes; tennis shoes; sneakers

① 我有很多双球鞋，但是我觉得这一双最舒服。
Wǒ yǒu hěn duō shuāng qiúxié, dànshì wǒ juéde zhè yì shuāng zuì shūfu.

打球 篮球 球 球场 球鞋 打扫 打算 大

② 我只找到一只球鞋，那只放到哪儿了？
Wǒ zhǐ zhǎodào yì zhī qiúxié, nà zhī fàng dào nǎr le？

打扫 dǎsǎo

（v.）sweep；clean

① 我喜欢自己打扫房间。
Wǒ xǐhuan zìjǐ dǎsǎo fángjiān.

② 我希望你打扫打扫自己的房间。
Wǒ xīwàng nǐ dǎsǎo dǎsǎo zìjǐ de fángjiān.

③ 老师让大家明天下午打扫教室。
Lǎoshī ràng dàjiā míngtiān xiàwǔ dǎsǎo jiàoshì.

打算 dǎsuàn

（v.）plan；intend

① 我打算做自己想要做的事情。
Wǒ dǎsuàn zuò zìjǐ xiǎng yào zuò de shìqing.

② 我已经打算好了，下个月去中国学习汉语。
Wǒ yǐjīng dǎsuàn hǎo le, xià ge yuè qù Zhōngguó xuéxí Hànyǔ.

（n.）plan；intention

① 我已经做了最坏的打算。
Wǒ yǐjīng zuòle zuì huài de dǎsuàn.

② 我觉得以前的打算是对的，我应该开一家公司。
Wǒ juéde yǐqián de dǎsuàn shì duì de, wǒ yīnggāi kāi yì jiā gōngsī.

¹大 dà

（adj.）**1** big；old；great

① 那件衬衫我穿太大。
Nà jiàn chènshān wǒ chuān tài dà.

② 他比我大很多。
Tā bǐ wǒ dà hěn duō.

③ 你别着急，这不是什么大问题。
Nǐ bié zháo jí, zhè bú shì shénme dà wèntí.

④ Fannie 长了一双大大的眼睛。
Fannie zhǎngle yì shuāng dàdà de yǎnjing.

2 [used before time] expressing for emphasis

大早上的，你给谁打电话呢？
Dà zǎoshang de, nǐ gěi shéi dǎ diànhuà ne？

大小 dàxiǎo

(n.) size; age

① 这两个房间一样大。
Zhè liǎng ge fángjiān yíyàng dà.

② 你的孩子多大了?
Nǐ de háizi duō dà le?

(adv.) [used after 不] quite

① 他不大看电视。
Tā bú dà kàn diànshì.

② 他最近不大来。
Tā zuìjìn bú dà lái.

③ Bill 不大喜欢他的新同事。
Bill bú dà xǐhuan tā de xīn tóngshì.

 Do You Know

(n.) size

① 这双鞋大小还可以。
Zhè shuāng xié dàxiǎo hái kěyǐ.

② 这些西瓜大小一样。
Zhèxiē xīguā dàxiǎo yíyàng.

2 大家 dàjiā

(pron.) all; everybody

① 这不是你一个人的事情,这是大家的事情。
Zhè bú shì nǐ yí ge rén de shìqing, zhè shì dàjiā de shìqing.

② 请大家安静,Jennifer 要为大家跳舞。
Qǐng dàjiā ānjìng, Jennifer yào wèi dàjiā tiào wǔ.

③ 公司的每一个决定对我们大家都是非常重要的。
Gōngsī de měi yí ge juédìng duì wǒmen dàjiā dōu shì fēicháng zhòngyào de.

带 dài

(v.) **1** take; bring

① 我带的钱都花完了。
Wǒ dài de qián dōu huāwán le.

② 去旅游的时候,我忘记带照相机了。
Qù lǚyóu de shíhou, wǒ wàngjì dài zhàoxiàngjī le.

大小　大家　带　带来

2 lead; head

① Marry，你发烧了，我带你去医院吧。
Marry, nǐ fā shāo le, wǒ dài nǐ qù yīyuàn ba.

② 我不希望你和George一起玩儿，他会把你带坏的。
Wǒ bù xīwàng nǐ hé George yìqǐ wánr, tā huì bǎ nǐ dàihuài de.

3 do something incidentally

① 你出去的时候把门带上。
Nǐ chūqu de shíhou bǎ mén dàishang.

② 如果你去超市，能给我带点儿香蕉吗？
Rúguǒ nǐ qù chāoshì, néng gěi wǒ dàidiǎnr xiāngjiāo ma？

4 show; bear

Fannie说话的时候总是带着笑。
Fannie shuō huà de shíhou zǒngshì dàizhe xiào.

5 contain

① 这儿的水带点儿蓝颜色。
Zhèr de shuǐ dàidiǎnr lán yánsè.

② 伞上带着点儿水。
Sǎn shang dàizhe diǎnr shuǐ.

6 look after

① 我不喜欢带孩子。
Wǒ bù xǐhuan dài háizi.

② Lee是奶奶带大的。
Lee shì nǎinai dàidà de.

　Do You Know

bring

① 你把书带来了吗？
Nǐ bǎ shū dàilai le ma？

② 妈妈从中国给我带来了生日礼物。
Māma cóng Zhōngguó gěi wǒ dàilai le shēngrì lǐwù.

带来
dài lái

担心 dān xīn
worry

① Gary 一直担心奶奶的健康。
Gary yìzhí dān xīn nǎinai de jiànkāng.

② 别担心,我会帮助你的。
Bié dān xīn, wǒ huì bāngzhù nǐ de.

③ 你去哪了?我们都为你担着心呢。
Nǐ qù nǎr le? Wǒmen dōu wèi nǐ dānzhe xīn ne.

蛋糕 dàngāo
(n.) cake

① 这是世界上最小的蛋糕。
Zhè shì shìjiè shang zuì xiǎo de dàngāo.

② Betty 把桌子上的最后一块儿蛋糕给了我。
Betty bǎ zhuōzi shang de zuì hòu yí kuàir dàngāo gěile wǒ.

③ Andy 两岁了,妈妈为他的生日准备了一个大蛋糕。
Andy liǎng suì le, māma wèi tā de shēngrì zhǔnbèile yí ge dà dàngāo.

当然 dāngrán
(adv.) certainly; without doubt

① 如果天气好,你当然可以去打篮球。
Rúguǒ tiānqì hǎo, nǐ dāngrán kěyǐ qù dǎ lánqiú.

② 你是我的丈夫,我当然爱你。
Nǐ shì wǒ de zhàngfu, wǒ dāngrán ài nǐ.

③ A:你相信他吗?
Nǐ xiāngxìn tā ma?

B:当然。
Dāngrán.

到 dào
(v.) **1** arrive; reach

① 公共汽车已经到站了。
Gōnggòng qìchē yǐjīng dào zhàn le.

② 时间到了,我应该回学校了。
Shíjiān dào le, wǒ yīnggāi huí xuéxiào le.

2 go to; leave for

① Elizabeth 总是第一个到学校。
Elizabeth zǒngshì dì yī ge dào xuéxiào.

② 1949 年,我到过北京。
Yījiǔsìjiǔ nián, wǒ dàoguo Běijīng.

担心 蛋糕 当然 到 得到 感到 地

3 [used as a verb complement] expressing the result of an action

① 老师希望我把考试成绩提高到八十分。
Lǎoshī xīwàng wǒ bǎ kǎoshì chéngjì tígāo dào bāshí fēn.

② 我会一直等到他来再走。
Wǒ huì yìzhí děngdào tā lái zài zǒu.

③ 妈妈对我的要求太高了，我做不到。
Māma duì wǒ de yāoqiú tài gāo le, wǒ zuò bu dào.

Do You Know

得到 dédào

(v.) get; obtain; gain; receive

① 这几年我得到了很多人的帮助。
Zhè jǐ nián wǒ dédàole hěn duō rén de bāngzhù.

② 虽然工作很累，但我得到了快乐。
Suīrán gōngzuò hěn lèi, dàn wǒ dédàole kuàilè.

③ 我想要的东西都已经得到了。
Wǒ xiǎng yào de dōngxi dōu yǐjīng dédào le.

感到 gǎndào

(v.) feel; sense

① 认识你，我感到很高兴。
Rènshi nǐ, wǒ gǎndào hěn gāoxìng.

② 你感到我对你的爱了吗？
Nǐ gǎndào wǒ duì nǐ de ài le ma?

地 de

(part.) [used after an adverbial phrase]

① 做学生的时候应该认真地学习，上班了就应该努力地工作。
Zuò xuésheng de shíhou yīnggāi rènzhēn de xuéxí, shàng bān le jiù yīnggāi nǔlì de gōngzuò.

② 你的这条裙子非常地漂亮。
Nǐ de zhè tiáo qúnzi fēicháng de piàoliang.

③ Iris 很关心地问我奶奶生病的事情。
Iris hěn guānxīn de wèn wǒ nǎinai shēng bìng de shìqing.

HSK（三级）

1 的 de

(part.) **1** [used after an attribute]

① 公园里的花都开了。
Gōngyuán lǐ de huā dōu kāi le.

② Charles 是一家电脑公司的经理。
Charles shì yì jiā diànnǎo gōngsī de jīnglǐ.

③ 我的皮鞋小了，我打算再买一双。
Wǒ de píxié xiǎo le, wǒ dǎsuàn zài mǎi yì shuāng.

2 [used at the end of a nominal structure]

① 我是卖菜的，不是买菜的。
Wǒ shì mài cài de, bú shì mǎi cài de.

② 这本书是我的。
Zhè běn shū shì wǒ de.

③ 花开了，红的、白的、蓝的，真漂亮。
Huā kāi le, hóng de, bái de, lán de, zhēn piàoliang.

3 [used after a predicative verb] expressing an action

① 我妈妈做的菜特别好吃。
Wǒ māma zuò de cài tèbié hǎochī.

② 我买的鱼被小猫吃了。
Wǒ mǎi de yú bèi xiǎo māo chī le.

4 [used at the end of a sentence] expressing certainty

① 他一会儿就会来的。
Tā yíhuìr jiù huì lái de.

② 他在学习上是很努力的。
Tā zài xuéxí shang shì hěn nǔlì de.

 Do You Know

……的话 ……dehuà

(part.) if; or

① 如果您今天没有时间的话，我们明天再见。
Rúguǒ nín jīntiān méiyǒu shíjiān dehuà, wǒmen míngtiān zài jiàn.

② 这个星期如果找不到工作的话，我就准备离开这个城市。
Zhè ge xīngqī rúguǒ zhǎo bu dào gōngzuò dehuà, wǒ jiù zhǔnbèi líkāi zhè ge chéngshì.

的 ……的话 得 灯 等

2 得 de

(part.) **1** [used between a verb and its complemetnt] expressing possibility

① 这本书我今天看得完。
Zhè běn shū wǒ jīntiān kàn de wán.

② 我现在听得懂中国人说话了。
Wǒ xiànzài tīng de dǒng Zhōngguórén shuō huà le.

③ A：老师对你的要求很高，你做得到吗？
Lǎoshī duì nǐ de yāoqiú hěn gāo, nǐ zuò de dào ma？

B：我做不到。
Wǒ zuò bu dào.

2 [used after a verb or an adjective] introducing the result or degree

① 奶奶走得慢，大家等一会儿吧。
Nǎinai zǒu de màn, dàjiā děng yíhuìr ba.

② 我知道我能做得更好。
Wǒ zhīdào wǒ néng zuò de gèng hǎo.

③ A：我觉得你吃得太少了。
Wǒ juéde nǐ chī de tài shǎo le.

B：我吃得不少，我已经饱了。
Wǒ chī de bù shǎo, wǒ yǐjīng bǎo le.

灯 dēng

(n.) lamp

① 我去超市买了几个灯。
Wǒ qù chāoshì mǎile jǐ ge dēng.

② 办公室的灯可能坏了。
Bàngōngshì de dēng kěnéng huài le.

③ 我走的时候老师办公室里的灯是开着的。
Wǒ zǒu de shíhou lǎoshī bàngōngshì lǐ de dēng shì kāizhe de.

2 等 děng

(v.) wait

① 我在办公室等你。
Wǒ zài bàngōngshì děng nǐ.

② 经理在打电话，你等一等吧。
Jīnglǐ zài dǎ diànhuà, nǐ děng yi děng ba.

③ 你们等等我，我马上就来。
Nǐmen děngděng wǒ, wǒ mǎshàng jiù lái.

地方¹ dìfāng

(n.) local; locality

① 我很少看地方新闻节目。
Wǒ hěn shǎo kàn dìfāng xīnwén jiémù.

② 我买不到地方报纸。
Wǒ mǎi bu dào dìfāng bàozhǐ.

③ 我在地方工作了二十多年。
Wǒ zài dìfāng gōngzuòle èrshí duō nián.

地方² dìfang

(n.) **1** place; position

① 医生一直在问我:"什么地方疼?"
Yīshēng yìzhí zài wèn wǒ: "shénme dìfang téng?"

② 地方太小了,桌子都放不下。
Dìfang tài xiǎo le, zhuōzi dōu fàng bu xià.

③ 北京一直是我想去的地方。
Běijīng yìzhí shì wǒ xiǎng qù de dìfang.

2 part; respect

① 我什么地方做得不好请告诉我。
Wǒ shénme dìfang zuò de bù hǎo qǐng gàosu wǒ.

② 那本书里有很多地方写错了。
Nà běn shū lǐ yǒu hěn duō dìfang xiěcuò le.

 Do You Know

地点 dìdiǎn

(n.) place; site; location

① 比赛的时间和地点已经告诉大家了。
Bǐsài de shíjiān hé dìdiǎn yǐjīng gàosu dàjiā le.

② 经理让我去选择开会的地点。
Jīnglǐ ràng wǒ qù xuǎnzé kāi huì de dìdiǎn.

地铁 dìtiě

(n.) railway; subway

① 地铁里的人真多。
Dìtiě lǐ de rén zhēn duō.

② 坐地铁比坐公共汽车方便多了。
Zuò dìtiě bǐ zuò gōnggòng qìchē fāngbiàn duō le.

③ 我想买一张地铁票。
wǒ xiǎng mǎi yì zhāng dìtiěpiào.

地方 地点 地铁 地图 弟弟 第一 第 点

地图 dìtú
(n.) map
① 你知道哪儿有卖北京地图的吗?
Nǐ zhīdào nǎr yǒu mài Běijīng dìtú de ma?
② 这是一张汉语地图,我们看不懂。
Zhè shì yì zhāng Hànyǔ dìtú, wǒmen kàn bu dǒng.
③ 我有两张地图,一张世界地图,一张中国地图。
Wǒ yǒu liǎng zhāng dìtú, yì zhāng shìjiè dìtú, yì zhāng Zhōngguó dìtú.

2 **弟弟** dìdi
(n.) younger brother
① 这是我的弟弟,那是我的爸爸。
Zhè shì wǒ de dìdi, nà shì wǒ de bàba.
② 今天是弟弟的生日,我给他买了一件礼物。
Jīntiān shì dìdi de shēngrì, wǒ gěi tā mǎile yí jiàn lǐwù.
③ 弟弟特别爱吃妈妈做的蛋糕。
Dìdi tèbié ài chī māma zuò de dàngāo.

2 **第一** dì yī
first
① 这是我第一次来中国。
Zhè shì wǒ dì yī cì lái Zhōngguó.
② Elizabeth 总是第一个到公司。
Elizabeth zǒngshì dì yī ge dào gōngsī.
③ Gary 到学校做的第一件事情是去找历史老师。
Gary dào xuéxiào zuò de dì yī jiàn shìqing shì qù zhǎo lìshǐ lǎoshī.

 Do You Know

第 dì
(pref.) [used before numerals to form ordinal numbers]
① 我家住在第十五层。
Wǒ jiā zhù zài dì shíwǔ céng.
② 请同学们打开课本的第十三课。
Qǐng tóngxuémen dǎkāi kèběn de dì shísān kè.

1 **点** diǎn
(m.w.) 1 o'clock
① 现在几点了?
Xiànzài jǐ diǎn le?

② 现在是晚上十点三十分，你应该去睡觉了。
Xiànzài shì wǎnshang shí diǎn sānshí fēn, nǐ yīnggāi qù shuì jiào le.

2 a little；some；a bit

① 你喝点儿水，吃点儿东西再去玩儿。
Nǐ hēdiǎnr shuǐ, chīdiǎnr dōngxi zài qù wánr.

② 我可以为你做点儿什么吗？
Wǒ kěyǐ wèi nǐ zuòdiǎnr shénme ma?

3 aspect；part

① 她长得漂亮，这一点我是同意的。
Tā zhǎng de piàoliang, zhè yì diǎn wǒ shì tóngyì de.

② 我刚才一共讲了三点，大家都听懂了吗？
Wǒ gāngcái yígòng jiǎngle sān diǎn, dàjiā dōu tīngdǒng le ma?

(n.) **1** decimal point

① A：这张桌子有多长？
Zhè zhāng zhuōzi yǒu duō cháng?

B：一点四米。
Yī diǎn sì mǐ.

② 房间的门高一点八米。
Fángjiān de mén gāo yī diǎn bā mǐ.

2 speck；spot

① 我的衣服上有个小黑点儿。
Wǒ de yīfu shang yǒu ge xiǎo hēi diǎnr.

② 门上有一个红点儿。
Mén shang yǒu yí ge hóng diǎnr.

(v.) **1** choose；select

① 你点菜吧，这家饭店你经常来。
Nǐ diǎn cài ba, zhè jiā fàndiàn nǐ jīngcháng lái.

② 今天的菜点得太多了。
Jīntiān de cài diǎn de tài duō le.

2 check；count

① 他正在点钱。
Tā zhèngzài diǎn qián.

② 点到名字的同学请离开教室。
Diǎndào míngzi de tóngxué qǐng líkāi jiàoshì.

3 put a dot

① 我在门上点了一个红点儿。
Wǒ zài mén shang diǎnle yí ge hóng diǎnr.

② 你可以在不会的字上点一个点儿。
Nǐ kěyǐ zài bú huì de zì shang diǎn yí ge diǎnr.

4 drip

① 点药的时候别着急。
Diǎn yào de shíhou bié zháo jí.

② 我在眼睛里点了药。
Wǒ zài yǎnjing lǐ diǎnle yào.

5 point out; hint

① Gaelic 很聪明，学习上一点就会。
Gaelic hěn cōngming, xuéxí shang yì diǎn jiù huì.

② 这件事情经理如果能点一点他就好了。
Zhè jiàn shìqing jīnglǐ rúguǒ néng diǎn yi diǎn tā jiù hǎo le.

Do You Know

有点儿
(adv.)
yǒudiǎnr

有一点儿
yǒu yìdiǎnr

somewhat; rather; a bit

① 这个题有点儿（/有一点儿）难。
Zhè ge tí yǒudiǎnr (/yǒu yìdiǎnr) nán.

② 这几天我有点儿（/有一点儿）忙。
Zhè jǐ tiān wǒ yǒudiǎnr (/yǒu yìdiǎnr) máng.

¹电脑
diànnǎo

(n.) computer

① 电脑游戏真好玩儿。
Diànnǎo yóuxì zhēn hǎowánr.

② 我的电脑出问题了，不能用了。
Wǒ de diànnǎo chū wèntí le, bù néng yòng le.

③ 我把电脑借给 Smart 了。
Wǒ bǎ diànnǎo jiègěi Smart le.

¹电视
diànshì

(n.) 1 television programme

① 他总是坐在桌子上看电视。
Tā zǒngshì zuò zài zhuōzi shang kàn diànshì.

② 虽然我不喜欢看电视,但是我的妈妈很喜欢。
Suīrán wǒ bù xǐhuan kàn diànshì, dànshì wǒ de māma hěn xǐhuan.

2 television set

① 这是我家新买的电视。
Zhè shì wǒ jiā xīn mǎi de diànshì.

② 教室里的电视坏了,不能用了。
Jiàoshì lǐ de diànshì huài le, bù néng yòng le.

 Do You Know

电视机
diànshìjī

(n.) television set

① 三十年前,电视机卖得特别贵。
Sānshí nián qián, diànshìjī mài de tèbié guì.

② 爷爷习惯开着电视机睡觉。
Yéye xíguàn kāizhe diànshìjī shuì jiào.

电梯
diàntī

(n.) lift; elevator

① 我坐电梯上了第八十八层。
Wǒ zuò diàntī shàngle dì bāshíbā céng.

② 这不是你的房间,这是电梯。
Zhè bú shì nǐ de fángjiān, zhè shì diàntī.

③ 电梯坏了,我们被关在电梯里了。
Diàntī huài le, wǒmen bèi guān zài diàntī lǐ le.

1 电影
diànyǐng

(n.) film; movie

① 你想去看电影吗?
Nǐ xiǎng qù kàn diànyǐng ma?

② 这是我最喜欢的电影。
Zhè shì wǒ zuì xǐhuan de diànyǐng.

③ 电影结束了,Susan 还在哭。
Diànyǐng jiéshù le, Susan hái zài kū.

电影院
diànyǐngyuàn

 Do You Know

（n.）cinema；movie theatre

① 星期六的晚上，电影院里的人总是很多。
Xīngqīliù de wǎnshang, diànyǐngyuàn lǐ de rén zǒngshì hěn duō.

② 我已经很多年没有去电影院看电影了。
Wǒ yǐjīng hěn duō nián méiyǒu qù diànyǐngyuàn kàn diànyǐng le.

电子邮件
diànzǐ yóujiàn

E-mail

① 我会写电子邮件给你的。
Wǒ huì xiě diànzǐ yóujiàn gěi nǐ de.

② 我不会看电子邮件。
Wǒ bú huì kàn diànzǐ yóujiàn.

③ 看完 Jennifer 的电子邮件，Jim 哭了。
Kànwán Jennifer de diànzǐ yóujiàn, Jim kū le.

东 dōng

（n.）east

① 从我们学校向东走两百米就有一家医院。
Cóng wǒmen xuéxiào xiàng dōng zǒu liǎngbǎi mǐ jiù yǒu yì jiā yīyuàn.

② 这条路是东西向的。
Zhè tiáo lù shì dōngxī xiàng de.

③ 我总是分不清楚东西南北。
Wǒ zǒngshì fēn bu qīngchu dōng xī nán běi.

 Do You Know

东边
dōngbian
东面
dōngmiàn

（n.）east；eastern；east side

① 我们学校在北京的东边（/东面）。
Wǒmen xuéxiào zài Běijīng de dōngbian (/dōngmiàn).

② 公园的东边（/东面）是一个小花园。
Gōngyuán de dōngbian (/dōngmiàn) shì yí ge xiǎo huāyuán.

东方 dōngfāng

(n.) **1** east

① 日出东方。
Rì chū dōngfāng.

② 太阳已经从东方出来了。
Tàiyáng yǐjīng cóng dōngfāng chūlai le.

2 the East; the Orient

① 我是东方人。
Wǒ shì Dōngfāngrén.

② 很多西方人喜欢东方文化。
Hěn duō Xīfāngrén xǐhuan Dōngfāng wénhuà.

东西 dōngxi

(n.) thing

① 这是我要买的东西,你别忘记了。
Zhè shì wǒ yào mǎi de dōngxi, nǐ bié wàngjì le.

② 我去商店买了很多东西。
Wǒ qù shāngdiàn mǎile hěn duō dōngxi.

③ 我现在什么东西也看不见。
Wǒ xiànzài shénme dōngxi yě kàn bu jiàn.

冬 dōng

(n.) winter

① 从秋到冬,天气开始冷了。
Cóng qiū dào dōng, tiānqì kāishǐ lěng le.

② 秋冬季节,我很少运动。
Qiū dōng jìjié, wǒ hěn shǎo yùndòng.

 Do You Know

冬天 dōngtiān

(n.) winter

① 北京的冬天很冷。
Běijīng de dōngtiān hěn lěng.

② 我们国家没有冬天。
Wǒmen guójiā méiyǒu dōngtiān.

² 懂 dǒng

（v.）understand; know

① 我们学校没有人懂汉语。
Wǒmen xuéxiào méiyǒu rén dǒng Hànyǔ.

② 我不懂你的意思。
Wǒ bù dǒng nǐ de yìsi.

③ 我听不懂北京人说话。
Wǒ tīng bu dǒng Běijīngrén shuō huà.

动物 dòngwù

（n.）animal

① 这是一本介绍动物的书。
Zhè shì yì běn jièshào dòngwù de shū.

② A：你最喜欢什么动物？
Nǐ zuì xǐhuan shénme dòngwù？

B：我最喜欢猫,我认为它是一种可爱的动物。
Wǒ zuì xǐhuan māo, wǒ rènwéi tā shì yì zhǒng kě'ài de dòngwù.

 Do You Know

动物园 dòngwùyuán

（n.）zoo

① 下个周末,我打算带孩子去动物园玩儿。
Xià ge zhōumò, wǒ dǎsuàn dài háizi qù dòngwùyuán wánr.

② 今天的天气不好,动物园里的人特别少。
Jīntiān de tiānqì bù hǎo, dòngwùyuán lǐ de rén tèbié shǎo.

¹ 都 dōu

（adv.） **1** all

① 这次旅游你都去了什么地方？
Zhè cì lǚyóu nǐ dōu qùle shénme dìfang？

② 我们大家都不知道他是做什么工作的。
Wǒmen dàjiā dōu bù zhīdào tā shì zuò shénme gōngzuò de.

2 already

① 都几点了还不去睡觉！
Dōu jǐ diǎn le hái bú qù shuì jiào！

② 都什么时候了,你还在上网！
Dōu shénme shíhou le, nǐ hái zài shàng wǎng！

3 even

① 我都不知道应该怎么回答他。
Wǒ dōu bù zhīdào yīnggāi zěnme huídá tā.

② Jenny 感冒了,她什么都不想吃。
Jenny gǎnmào le, tā shénme dōu bù xiǎng chī.

---

¹ 读 dú

(v.) **1** read; read aloud

① 这是我读过的最好的故事。
Zhè shì wǒ dúguo de zuì hǎo de gùshi.

② 如果你有时间,我希望你能读一读这本书。
Rúguǒ nǐ yǒu shíjiān, wǒ xīwàng nǐ néng dú yi dú zhè běn shū.

③ Ann 喜欢给奶奶读报纸。
Ann xǐhuan gěi nǎinai dú bàozhǐ.

2 attend school

A:你读几年级?
Nǐ dú jǐ niánjí?

B:我读三年级。
Wǒ dú sān niánjí.

 Do You Know

1 read aloud or silently

① 从早上到现在,哥哥一直在房间里读书。
Cóng zǎoshang dào xiànzài, gēge yìzhí zài fángjiān lǐ dú shū.

② 我读过这本书,里面的故事很有意思。
Wǒ dúguo zhè běn shū, lǐmiàn de gùshi hěn yǒu yìsi.

2 study one's lessons

Bill 读书很认真。
Bill dú shū hěn rènzhēn.

3 attend a school or university

① 我想去中国读书。
Wǒ xiǎng qù Zhōngguó dú shū.

② 我想多读几年书再去找工作。
Wǒ xiǎng duō dú jǐ nián shū zài qù zhǎo gōngzuò.

读书 dú shū

短 duǎn

(adj.) short

① 他的头发又短又白。
Tā de tóufa yòu duǎn yòu bái.

② 这条裤子已经太短了，你已经穿不了了。
Zhè tiáo kùzi yǐjīng tài duǎn le, nǐ yǐjīng chuān bu liǎo le.

③ 短时间完成这件工作几乎是不可能的。
Duǎn shíjiān wánchéng zhè jiàn gōngzuò jīhū shì bù kěnéng de.

段 duàn

(m.w.) section; period; distance

① 我会在中国学习一段时间的汉语。
Wǒ huì zài Zhōngguó xuéxí yí duàn shíjiān de Hànyǔ.

② 这一段里少了两个字。
Zhè yí duàn lǐ shǎole liǎng ge zì.

③ 这段路我们走了三个小时。
Zhè duàn lù wǒmen zǒule sān ge xiǎoshí.

锻炼 duànliàn

(v.) take exercise

① 你应该多参加体育锻炼。
Nǐ yīnggāi duō cānjiā tǐyù duànliàn.

② 游泳是一种很好的锻炼。
Yóu yǒng shì yì zhǒng hěn hǎo de duànliàn.

③ 我希望自己能有更多的时间锻炼身体。
Wǒ xīwàng zìjǐ néng yǒu gèng duō de shíjiān duànliàn shēntǐ.

2 对¹ duì

(adj.) right; correct

① 您是对的，这件事情是我们做错了。
Nín shì duì de, zhè jiàn shìqing shì wǒmen zuòcuò le.

② 老师问的问题有三个同学回答对了。
Lǎoshī wèn de wèntí yǒu sān ge tóngxué huídá duì le.

2 对² duì

(prep.) **1** towards

Jenny 正在对我笑。
Jenny zhèngzài duì wǒ xiào.

2 with regard to

① 对这件事情，Helen 最清楚。
Duì zhè jiàn shìqing, Helen zuì qīngchu.

② 对新同事，我了解的不多。
Duì xīn tóngshì, wǒ liǎojiě de bù duō.

③ 我对学习数学不感兴趣。
Wǒ duì xuéxí shùxué bù gǎn xìngqù.

 Do You Know

不对
bú duì

incorrect; wrong

① 你这样做是不对的。
Nǐ zhèyàng zuò shì bú duì de.

② 你讲得不对，我还是去问问老师吧。
Nǐ jiǎng de bú duì, wǒ háishi qù wènwen lǎoshī ba.

---

¹ 对不起
duìbuqǐ

(v.) sorry; pardon me

① 对不起，让您久等了。
Duìbuqǐ, ràng nín jiǔ děng le.

② 真对不起大家，我来晚了。
Zhēn duìbuqǐ dàjiā, wǒ láiwǎn le.

③ 请大家放心，我不会做对不起朋友的事情。
Qǐng dàjiā fàng xīn, wǒ bú huì zuò duìbuqǐ péngyou de shìqing.

---

¹ 多 duō

(adj.) many; much

① 公园里来了很多人。
Gōngyuán lǐ láile hěn duō rén.

② 你比以前胖多了。
Nǐ bǐ yǐqián pàngduō le.

(v.) exceed the correct or required number

① 教室里多出两个人。
Jiàoshì lǐ duōchū liǎng ge rén.

② 桌上多了一本书。
Zhuō shang duōle yì běn shū.

不对　对不起　多　好多　多么　多少

③ 你多给了我两个苹果。
　 Nǐ duō gěile wǒ liǎng ge píngguǒ.

(adv.) expressing degree or extent

① 你女儿多大了？
　 Nǐ nǚ'ér duō dà le?

② 今天的天气多好！
　 Jīntiān de tiānqì duō hǎo!

(num.) [used after a numeral or a measure word] expressing approximate number

① 爷爷八十多岁了。
　 Yéye bāshí duō suì le.

② 这本书有一百多年的历史了。
　 Zhè běn shū yǒu yìbǎi duō nián de lìshǐ le.

③ 这张桌子四米多长。
　 Zhè zhāng zhuōzi sì mǐ duō cháng.

 Do You Know

好多 hǎoduō

(num.) a good many; a lot of; a good deal

① 今天的水果真便宜，我买了好多。
　 Jīntiān de shuǐguǒ zhēn piányi, wǒ mǎile hǎoduō.

② 爷爷种了好多的花。
　 Yéye zhòngle hǎoduō de huā.

多么 duōme

(adv.) how; what

① 你不知道你对我是多么重要。
　 Nǐ bù zhīdào nǐ duì wǒ shì duōme zhòngyào.

② 知道你生病了，我是多么担心你啊。
　 Zhīdào nǐ shēng bìng le, wǒ shì duōme dān xīn nǐ a.

③ Betty，你知道我是多么爱你吗？
　 Betty, nǐ zhīdào wǒ shì duōme ài nǐ ma?

1 多少 duōshao

(pron.) **1** how many; how much

① 香蕉多少钱一公斤？
　 Xiāngjiāo duōshao qián yì gōngjīn?

② 杯子里有多少水？
　 Bēizi lǐ yǒu duōshao shuǐ?

2 expressing an unspecified amount or number

① 今天是星期六,教室里没有多少人。
Jīntiān shì xīngqīliù, jiàoshì lǐ méiyǒu duōshao rén.

② 这种衣服来多少卖多少。
Zhè zhǒng yīfu lái duōshao mài duōshao.

E

饿 è

(adj.) hungry

① 从早上到现在，我什么东西都没有吃，真饿。
Cóng zǎoshang dào xiànzài, wǒ shénme dōngxi dōu méiyǒu chī, zhēn è.

② 我不饿，什么都不想吃。
Wǒ bú è, shénme dōu bù xiǎng chī.

③ 工作了一晚上，他觉得又饿又累。
Gōngzuòle yì wǎnshang, tā juéde yòu è yòu lèi.

(v.) starve

① 我都饿了一天了，快给我点儿吃的。
wǒ dōu èle yì tiān le, kuài gěi wǒ diǎnr chī de.

② 你带孩子去公园玩儿的时候给他带点儿吃的，别饿着他。
Nǐ dài háizi qù gōngyuán wánr de shíhou gěi tā dàidiǎnr chī de, bié èzhe tā.

¹儿子 érzi

(n.) son

① 我给儿子买了一件漂亮的衬衫。
Wǒ gěi érzi mǎile yí jiàn piàoliang de chènshān.

② 儿子两岁了，他已经会自己穿衣服了。
érzi liǎng suì le, tā yǐjīng huì zìjǐ chuān yīfu le.

③ 我的儿子叫 Tony，他已经三岁了。
Wǒ de érzi jiào Tony, tā yǐjīng sān suì le.

耳朵 ěrduo

(n.) ear

① Peter 的耳朵很大。
Peter de ěrduo hěn dà.

② 太冷了，我的耳朵已经红了。
Tài lěng le, wǒ de ěrduo yǐjīng hóng le.

③ 那只小狗长着三只耳朵。
Nà zhī xiǎo gǒu zhǎngzhe sān zhī ěrduo.

1 二 èr （num.）two

① 这是我第二次来中国。
Zhè shì wǒ dì èr cì lái Zhōngguó.

② 我买了二十二个苹果。
Wǒ mǎile èrshí'èr ge píngguǒ.

③ 您可以坐二路公共汽车到银行。
Nín kěyǐ zuò èr lù gōnggòng qìchē dào yínháng.

二　发　发烧　发现

F

发 fā

(v.) **1** send out; give out

① 我现在不想给 Peter 发电子邮件。
Wǒ xiànzài bù xiǎng gěi Peter fā diànzǐ yóujiàn.

② 老师给每一个学生发了一个笔记本。
Lǎoshī gěi měi yí ge xuésheng fāle yí ge bǐjìběn.

2 become rich; make a fortune

① 这几年 John 卖电脑卖发了。
Zhè jǐ nián John mài diànnǎo mài fā le.

② 因为旁边开了一家新学校,所以那家饭店发了。
Yīnwèi pángbiān kāile yì jiā xīn xuéxiào, suǒyǐ nà jiā fàndiàn fā le.

3 become; get into a certain state

① 草发绿了。
Cǎo fā lǜ le.

② 喝了啤酒,Peter 的脸发红了。
Hēle píjiǔ, Peter de liǎn fā hóng le.

发烧 fā shāo

have a fever; have a temperature

① 她周末一直在发烧。
Tā zhōumò yìzhí zài fā shāo.

② 发烧的时候要多喝水。
Fā shāo de shíhou yào duō hē shuǐ.

③ 这孩子发烧了,我带他去医院吧。
Zhè háizi fā shāo le, wǒ dài tā qù yīyuàn ba.

④ 她发了一个星期烧了,什么都不想吃。
Tā fāle yí ge xīngqī shāo le, shénme dōu bù xiǎng chī.

发现 fāxiàn

(v.) **1** discover

① 我们发现了一条路。
Wǒmen fāxiànle yì tiáo lù.

② 我发现黑板后面有一个门。
Wǒ fāxiàn hēibǎn hòumiàn yǒu yí ge mén.

2 find; be aware of

① 老师发现 Ann 最近学习不认真。
Lǎoshī fāxiàn Ann zuìjìn xuéxí bú rènzhēn.

②他到结婚的时候也没有发现,他不爱她。
Tā dào jié hūn de shíhou yě méiyǒu fāxiàn, tā bú ài tā.

饭店 fàndiàn

(n.) **1** hotel

①旅游的时候,我很少住大饭店,我喜欢住小宾馆。
Lǚyóu de shíhou, wǒ hěn shǎo zhù dà fàndiàn, wǒ xǐhuan zhù xiǎo bīnguǎn.

②您知道北京饭店怎么走吗?
Nín zhīdào Běijīng Fàndiàn zěnme zǒu ma?

2 restaurant

①Louis 是这家饭店的服务员。
Louis shì zhè jiā fàndiàn de fúwùyuán.

②这家饭店做的中国菜太好吃了。
Zhè jiā fàndiàn zuò de Zhōngguócài tài hǎochī le.

 Do You Know

饭馆儿 fànguǎnr

(n.) restaurant

①我家旁边有好几家饭馆儿。
Wǒ jiā pángbiān yǒu hǎojǐ jiā fànguǎnr.

②饭店比饭馆儿大。
Fàndiàn bǐ fànguǎnr dà.

③我住的宾馆旁边有很多家饭馆儿。
Wǒ zhù de bīnguǎn pángbiān yǒu hěn duō jiā fànguǎnr.

方便 fāngbiàn

(adj.) **1** convenient

①我坐地铁上班特别方便。
Wǒ zuò dìtiě shàng bān tèbié fāngbiàn.

②图书馆里书很多,学习很方便。
Túshūguǎn lǐ shū hěn duō, xuéxí hěn fāngbiàn.

2 appropriate; suitable

①我会在你方便的时候打电话给你。
Wǒ huì zài nǐ fāngbiàn de shíhou dǎ diànhuà gěi nǐ.

②办公室里说话不方便,一会儿我去找你。
Bàngōngshì lǐ shuō huà bù fāngbiàn, yíhuìr wǒ qù zhǎo nǐ.

饭店　饭馆儿　方便　方便面　房间　房子

(v.) **1** make things convenient for

① 今天晚上教室不关灯，方便大家看书。
Jīntiān wǎnshang jiàoshì bù guān dēng, fāngbiàn dàjiā kàn shū.

② 公司给大家准备了一个房间，方便大家中午休息。
Gōngsī gěi dàjiā zhǔnbèile yí ge fángjiān, fāngbiàn dàjiā zhōngwǔ xiūxi.

2 go to the lavatory

① 我方便完了，我们走吧。
Wǒ fāngbiàn wán le, wǒmen zǒu ba.

② 对不起，我要去方便方便。
Duìbuqǐ, wǒ yào qù fāngbiàn fāngbiàn.

 Do You Know

方便面
fāngbiànmiàn

(n.) instant noodles

① 我去超市买了两包方便面。
Wǒ qù chāoshì mǎile liǎng bāo fāngbiànmiàn.

② 坐火车的时候，我觉得吃一碗方便面很舒服。
Zuò huǒchē de shíhou, wǒ juéde chī yì wǎn fāngbiànmiàn hěn shūfu.

² **房间**
fángjiān

(n.) room

① 这是我的房间，您走错了。
Zhè shì wǒ de fángjiān, nín zǒucuò le.

② Gary 很少自己打扫房间。
Gary hěn shǎo zìjǐ dǎsǎo fángjiān.

③ 他房间里的灯还没有关。
Tā fángjiān lǐ de dēng hái méiyǒu guān.

 Do You Know

房子
fángzi

(n.) house; building

① 现在房子太贵了，我和妻子都不想买。
Xiànzài fángzi tài guì le, wǒ hé qīzi dōu bù xiǎng mǎi.

② 这个房子的旁边有一个小花园。
Zhè ge fángzi de pángbiān yǒu yí ge xiǎo huāyuán.

放 fàng

(v.) **1** let go; release

① 我把爸爸买的小鸟放走了。
Wǒ bǎ bàba mǎi de xiǎo niǎo fàngzǒu le.

② Henry 把买的鱼放了。
Henry bǎ mǎi de yú fàng le.

2 put; place

① 我把铅笔放桌子上了。
Wǒ bǎ qiānbǐ fàng zhuōzi shang le.

② 你把书放我房间里吧。
Nǐ bǎ shū fàng wǒ fángjiān lǐ ba.

3 put in; add

① 我习惯在咖啡里放点儿牛奶。
Wǒ xíguàn zài kāfēi lǐ fàngdiǎnr niúnǎi.

② 妈妈做蛋糕的时候忘记放牛奶了。
Māma zuò dàngāo de shíhou wàngjì fàng niúnǎi le.

4 show

① 我会放电影。
Wǒ huì fàng diànyǐng.

② 我放音乐给你听吧。
Wǒ fàng yīnyuè gěi nǐ tīng ba.

5 enlarge; expand

① 这条裤子太短,你帮我放长点儿吧。
Zhè tiáo kùzi tài duǎn, nǐ bāng wǒ fàngcháng diǎnr ba.

② 这张照片看不清楚,你把它放大些。
Zhè zhāng zhàopiàn kàn bu qīngchu, nǐ bǎ tā fàngdà xiē.

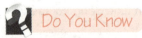 Do You Know

放到 fàng dào

put on; put in

① 刚才我把手机放到桌子上了,现在怎么没有了?
Gāngcái wǒ bǎ shǒujī fàngdào zhuōzi shang le, xiànzài zěnme méiyǒu le?

② 你不要把什么事情都放到心里,说出来大家可以帮助你。
Nǐ búyào bǎ shénme shìqing dōu fàngdào xīn lǐ, shuō chulai dàjiā kěyǐ bāngzhù nǐ.

放心 fàng xīn

set one's mind at rest

① 您放心，这件事情我会解决好的。
Nín fàng xīn, zhè jiàn shìqing wǒ huì jiějué hǎo de.

② 你放心好了，如果下雨，他会来接你的。
Nǐ fàng xīn hǎo le, rúguǒ xià yǔ, tā huì lái jiē nǐ de.

③ 公司的事情我来解决，你放心工作吧。
Gōngsī de shìqing wǒ lái jiějué, nǐ fàng xīn gōngzuò ba.

1 飞机 fēijī

(n.) airplane

① 你到中国是坐船还是坐飞机？
Nǐ dào Zhōngguó shì zuò chuán háishi zuò fēijī?

② 这是我第一次坐飞机，我很害怕。
Zhè shì wǒ dì yī cì zuò fēijī, wǒ hěn hàipà.

③ 在您上飞机以前，我需要检查您的护照。
Zài nín shàng fēijī yǐqián, wǒ xūyào jiǎnchá nín de hùzhào.

飞 fēi

(v.) fly

① 一只小鸟飞过来了。
Yì zhī xiǎo niǎo fēi guolai le.

② 飞机已经飞了四个小时了。
Fēijī yǐjīng fēile sì ge xiǎoshí le.

2 非常 fēicháng

(adv.) very; extremely; highly

① 这是一次非常重要的会议，每一个人都要参加。
Zhè shì yí cì fēicháng zhòngyào de huìyì, měi yí ge rén dōu yào cānjiā.

② 过生日的时候，Lucy 非常高兴。
Guò shēngrì de shíhou, Lucy fēicháng gāoxìng.

③ Charles 一直非常努力地学习。
Charles yìzhí fēicháng nǔlì de xuéxí.

④ 他非常希望周末能和 Africa 一起去公园。
Tā fēicháng xīwàng zhōumò néng hé Africa yìqǐ qù gōngyuán.

分 fēn

(n.) fraction

① 这次考试，我比 Nick 少了六分。
Zhè cì kǎoshì, wǒ bǐ Nick shǎole liù fēn.

② 这次考试如果能再多五分就好了。
Zhè cì kǎoshì rúguǒ néng zài duō wǔ fēn jiù hǎo le.

(m.w.) **1** minute

① A：现在几点了？
Xiànzài jǐ diǎn le？

B：六点五分。
Liù diǎn wǔ fēn.

② 已经九点十分了，你迟到了。
Yǐjīng jiǔ diǎn shí fēn le, nǐ chídào le.

2 fen，a fractional unit of money in China

① 你有一分钱吗？
Nǐ yǒu yì fēn qián ma？

② 现在两分钱能买什么东西？
Xiànzài liǎng fēn qián néng mǎi shénme dōngxi？

(v.) **1** divide；separate

① Rogers 正在给大家分蛋糕。
Rogers zhèngzài gěi dàjiā fēn dàngāo.

② 他的名字和中国的历史是分不开的。
Tā de míngzi hé Zhōngguó de lìshǐ shì fēn bu kāi de.

2 distribute

① 让经理给大家分一分工作。
Ràng jīnglǐ gěi dàjiā fēn yi fēn gōngzuò.

② 这件事情分给我来做了。
Zhè jiàn shìqing fēngěi wǒ lái zuò le.

3 distinguish；differentiate

① 这件事情你能分出谁对谁错吗？
Zhè jiàn shìqing nǐ néng fēnchū shéi duì shéi cuò ma？

② Liza 分不清楚这两个人谁好谁坏。
Liza fēn bu qīngchu zhè liǎng ge rén shéi hǎo shéi huài.

分 分数 分钟 服务员 服务

分数
fēnshù

 Do You Know

(n.) mark; score; point

① 我这次汉语考试的分数是 89 分。
Wǒ zhè cì Hànyǔ kǎoshì de fēnshù shì bāshíjiǔ fēn.

② 这次游泳比赛，Heidi 的分数最高。
Zhè cì yóu yǒng bǐsài, Heidi de fēnshù zuì gāo.

1 分钟
fēnzhōng

(n.) minute

① 您先忙，我过几分钟再来找您。
Nín xiān máng, wǒ guò jǐ fēnzhōng zài lái zhǎo nín.

② 我已经等了二十分钟了，他还是没有到。
Wǒ yǐjīng děngle èrshí fēnzhōng le, tā háishi méi yǒu dào.

③ 你能用十分钟的时间把房间打扫干净吗？
Nǐ néng yòng shí fēnzhōng de shíjiān bǎ fángjiān dǎsǎo gānjìng ma?

2 服务员
fúwùyuán

(n.) waiter; waitress; attendant

① 服务员，请给我一个杯子。
Fúwùyuán, qǐng gěi wǒ yí ge bēizi.

② 服务员已经打扫过您的房间了。
Fúwùyuán yǐjīng dǎsǎoguo nín de fángjiān le.

③ 我不想做饭店服务员了，我想去银行上班。
Wǒ bù xiǎng zuò fàndiàn fúwùyuán le, wǒ xiǎng qù yínháng shàng bān.

 Do You Know

服务
fúwù

(v.) give service to; be in the service of; serve

① 这家饭店真应该提高提高服务水平。
Zhè jiā fàndiàn zhēn yīnggāi tígāo tígāo fúwù shuǐpíng.

② 我在银行服务了三十年。
Wǒ zài yínháng fúwùle sānshí nián.

附近 fùjìn

(adj.) nearby; neighbouring

① 很多附近国家的人都来中国学习汉语。
Hěn duō fùjìn guójiā de rén dōu lái Zhōngguó xuéxí Hànyǔ.

② 这家饭店很多吃的东西都是从附近城市送来的。
Zhè jiā fàndiàn hěn duō chī de dōngxi dōu shì cóng fùjìn chéngshì sònglai de.

(n.) vicinity; neighbourhood

① 你在附近住吗?
Nǐ zài fùjìn zhù ma?

② 我家附近有一个公园。
Wǒ jiā fùjìn yǒu yí ge gōngyuán.

③ 附近的饭店我都去吃过了。
Fùjìn de fàndiàn wǒ dōu qù chīguo le.

复习 fùxí

(v.) revise; review

① 大家都在教室里复习,准备明天的考试。
Dàjiā dōu zài jiàoshì lǐ fùxí, zhǔnbèi míngtiān de kǎoshì.

② 你先去睡觉吧,我还想再复习一会儿。
Nǐ xiān qù shuì jiào ba, wǒ hái xiǎng zài fùxí yíhuìr.

③ 马上要考试了,我应该复习复习了。
Mǎshàng yào kǎoshì le, wǒ yīnggāi fùxí fùxí le.

附近 复习 干净 感冒 感兴趣

G

干净 gānjìng

(adj.) **1** clean

① 她的房间总是很干净。
Tā de fángjiān zǒngshì hěn gānjìng.

② 下过雨的街道干净了很多。
Xiàguo yǔ de jiēdào gānjìngle hěn duō.

③ 我会把家打扫得干干净净的。
Wǒ huì bǎ jiā dǎsǎo de gāngānjìngjìng de.

2 all gone; with nothing left

① Jim 把妈妈给他的钱都花干净了。
Jim bǎ māma gěi tā de qián dōu huā gānjìng le.

② 菜已经被吃得干干净净了。
Cài yǐjīng bèi chī de gāngānjìngjìng le.

感冒 gǎnmào

(n.) cold

① 感冒让我很不舒服。
Gǎnmào ràng wǒ hěn bù shūfu.

② 这种感冒吃一星期药就能好。
Zhè zhǒng gǎnmào chī yì xīngqī yào jiù néng hǎo.

(v.) catch a cold

① 我今天感冒了,不能和你去打篮球了。
Wǒ jīntiān gǎnmào le, bù néng hé nǐ qù dǎ lánqiú le.

② 感冒了要多喝水,多休息。
Gǎnmào le yào duō hē shuǐ, duō xiūxi.

感兴趣 gǎn xìngqù

be interested in

① Mary 最近对什么都不感兴趣。
Mary zuìjìn duì shénme dōu bù gǎn xìngqù.

② 开火车是 George 最感兴趣的工作。
Kāi huǒchē shì George zuì gǎn xìngqù de gōngzuò.

兴趣 xìngqù

Do You Know

(n.) interest; taste

① 你有什么兴趣?
Nǐ yǒu shénme xìngqù?

② 我对音乐没兴趣。
Wǒ duì yīnyuè méi xìngqù.

刚才 gāngcái

(n.) just now; a moment ago

① 他把刚才的事情都忘记了。
Tā bǎ gāngcái de shìqing dōu wàngjì le.

② 你刚才去哪儿了?
Nǐ gāngcái qù nǎr le?

③ 休息了一会儿,我比刚才好多了。
Xiūxile yíhuìr, wǒ bǐ gāngcái hǎo duō le.

刚 gāng

Do You Know

(adv.) **1** only a short while ago

① 你打电话的时候,他刚走。
Nǐ dǎ diànhuà de shíhou, tā gāng zǒu.

② 我刚到公司,一会儿我去找你。
Wǒ gāng dào gōngsī, yíhuìr wǒ qù zhǎo nǐ.

2 barely; only just

① 我进教室的时候刚九点。
Wǒ jìn jiàoshì de shíhou gāng jiǔ diǎn.

② 弟弟刚一岁,还不会说话。
Dìdi gāng yí suì, hái bú huì shuō huà.

3 just; exactly

① 我带的钱刚能买一本词典。
Wǒ dài de qián gāng néng mǎi yì běn cídiǎn.

② 这把椅子很小,我刚可以坐下。
Zhè bǎ yǐzi hěn xiǎo, wǒ gāng kěyǐ zuòxia.

4 [used in a compound sentence, followed by 就] as soon as

① David 刚走你就来了。
David gāng zǒu nǐ jiù lái le.

② 我刚准备去找你，你就给我打电话了。
Wǒ gāng zhǔnbèi qù zhǎo nǐ, nǐ jiù gěi wǒ dǎ diànhuà le.

③ Betty 刚走，David 就来了。
Betty gāng zǒu, David jiù lái le.

④ 我刚从超市出来就遇到了 Jessie。
Wǒ gāng cóng chāoshì chūlai jiù yùdàole Jessie.

2 高 gāo

（n.）height; altitude

① 我家的门高两米二。
Wǒ jiā de mén gāo liǎng mǐ èr.

② A：你有多高？
Nǐ yǒu duō gāo?

B：一米八。
Yì mǐ bā.

（adj.）**1** tall; high

① 妹妹比姐姐高多了。
Mèimei bǐ jiějie gāo duō le.

② 站得高，看得远。
Zhàn de gāo, kàn de yuǎn.

③ 公园里有高高的树，绿绿的草。
Gōngyuán lǐ yǒu gāogāo de shù, lǜlǜ de cǎo.

2 (of class) upper

① Peter 是高年级的学生。
Peter shì gāo niánjí de xuésheng.

② 我比 Tony 高一年级。
Wǒ bǐ Tony gāo yì niánjí.

3 above the average

Susan 的汉语水平很高，长得也很像中国人。
Susan de Hànyǔ shuǐpíng hěn gāo, zhǎng de yě hěn xiàng Zhōngguórén.

Do You Know

高中 gāozhōng

（n.）senior middle school

① 我现在上高中二年级。
Wǒ xiànzài shàng gāozhōng èr niánjí.

HSK（三级）

② 读高中的时候，我是班长。
   Dú gāozhōng de shíhou, wǒ shì bānzhǎng.

1 高兴 gāoxìng

（adj.）happy; glad

① 姐姐要结婚了，爷爷特别高兴。
   Jiějie yào jié hūn le, yéye tèbié gāoxìng.

② 周末我和几个朋友一起去爬山，大家玩儿得都很高兴。
   Zhōumò wǒ hé jǐ ge péngyou yìqǐ qù pá shān, dàjiā wánr de dōu hěn gāoxìng.

③ 星期六早上，Kate 高高兴兴地去奶奶家了。
   Xīngqīliù zǎoshang, Kate gāogāoxìngxìng de qù nǎinai jiā le.

④ 我给你买了一件礼物，让你高兴高兴。
   Wǒ gěi nǐ mǎile yí jiàn lǐwù, ràng nǐ gāoxìng gāoxìng.

2 告诉 gàosu

（v.）tell; let know

① 我告诉医生 Eric 开始发烧了。
   Wǒ gàosu yīshēng Eric kāishǐ fā shāo le.

② 爸爸告诉我，奶奶生病了，我很难过。
   Bàba gàosu wǒ, nǎinai shēng bìng le, wǒ hěn nánguò.

③ 这件事情我已经告诉 William 很多次了。
   Zhè jiàn shìqing wǒ yǐjīng gàosu William hěn duō cì le.

2 哥哥 gēge

（n.）elder brother

① 他十岁的时候就已经长得比他哥哥高了。
   Tā shí suì de shíhou jiù yǐjīng zhǎng de bǐ tā gēge gāo le.

② 我和哥哥都非常喜欢爬山。
   Wǒ hé gēge dōu fēicháng xǐhuan pá shān.

③ 他一直像大哥哥一样关心我，照顾我。
   Tā yìzhí xiàng dà gēge yíyàng guānxīn wǒ, zhàogu wǒ.

 Do You Know

哥 gē

（n.）elder brother {usually used for addressing}

① 哥，你慢点儿走，等等我。
   Gē, nǐ màn diǎnr zǒu, děngděng wǒ.

高兴　告诉　哥哥　哥　个　个子　给

② 我哥今年二十岁，我十二岁。
Wǒ gē jīnnián èrshí suì, wǒ shí'èr suì.

1 个 gè

(m.w.) **1** [used before a noun without a particular classifier]

① 昨天我自己吃了一个西瓜。
Zuótiān wǒ zìjǐ chīle yí ge xīguā.

② 我已经结婚两个月了。
Wǒ yǐjīng jié hūn liǎng ge yuè le.

③ 这几个苹果都坏了。
zhè jǐ ge píngguǒ dōu huài le.

2 [used between a verb and an approximate number]

① 这本书再看个两三天就能看完了。
Zhè běn shū zài kàn ge liǎng sān tiān jiù néng kànwán le.

② 我每星期都去个一两次。
Wǒ měi xīngqī dōu qù ge yì liǎng cì.

3 [used between a verb and its object to indicate momentum]

① Fiona 生病了，我们得去找个医生。
Fiona shēng bìng le, wǒmen děi qù zhǎo ge yīshēng.

② 你给我们唱个歌吧。
Nǐ gěi wǒmen chàng ge gē ba.

4 [used between a verb and its complement]

我不把事情问个清楚是不会走的。
Wǒ bù bǎ shìqing wèn ge qīngchu shì bú huì zǒu de.

个子 gèzi

(n.) stature; build; height

① Jones 的个子很高，他哥哥的个子很矮。
Jones de gèzi hěn gāo, tā gēge de gèzi hěn ǎi.

② Henry 的个子真不小。
Henry de gèzi zhēn bù xiǎo.

③ Jessie 是个大个子。
Jessie shì ge dà gèzi.

2 给 gěi

(v.) **1** give

① 我把那本书给了 George。
Wǒ bǎ nà běn shū gěile George.

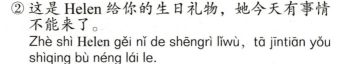

② 这是 Helen 给你的生日礼物，她今天有事情不能来了。
Zhè shì Helen gěi nǐ de shēngrì lǐwù, tā jīntiān yǒu shìqing bù néng lái le.

2 let; allow

① 我不想给你看那张照片。
Wǒ bù xiǎng gěi nǐ kàn nà zhāng zhàopiàn.

② 你的衣服给我穿不给我穿？
Nǐ de yīfu gěi wǒ chuān bù gěi wǒ chuān?

(prep.) **1** [used after a verb to introduce the receiver] pass; pay

① Louis 把他的自行车卖给我了。
Louis bǎ tā de zìxíngchē mài gěi wǒ le.

② Gaelic 借给他一百元钱。
Gaelic jiè gěi tā yìbǎi yuán qián.

2 [used to introduce the object of the verb] to

① 他给老师打了个电话。
Tā gěi lǎoshī dǎle ge diànhuà.

② 上个月，我给她发了三次电子邮件。
Shàng ge yuè, wǒ gěi tā fāle sān cì diànzǐ yóujiàn.

3 in the interest of; for

① 爷爷生病了，医生给他开了三种药。
Yéye shēng bìng le, yīshēng gěi tā kāile sān zhǒng yào.

② 你能给我介绍介绍中国文化吗？
Nǐ néng gěi wǒ jièshào jièshào Zhōngguó wénhuà ma?

③ 今天的课我没有听懂，你再给我讲讲吧。
Jīntiān de kè wǒ méiyǒu tīngdǒng, nǐ zài gěi wǒ jiǎngjiang ba.

4 [used in a passive sentence] by

① 自行车给他骑走了。
Zìxíngchē gěi tā qízǒu le.

② 妈妈买的香蕉都给他吃了。
māma mǎi de xiāngjiāo dōu gěi tā chī le.

5 [used in an imperative sentence, followed by 我] expressing a strong mood

① 你给我走！
Nǐ gěi wǒ zǒu!

② 你给我站好了！
Nǐ gěi wǒ zhànhǎo le!

(part.) [used before a verb] expressing emphasis

① 那件事情我给忘记了。
Nà jiàn shìqing wǒ gěi wàngjì le.

② 谁把西瓜给吃了？
Shéi bǎ xīguā gěi chī le?

根据 gēnjù

(prep.) on the basis of; according to

① 根据你的了解，我能相信 Richard 说的话吗？
Gēnjù nǐ de liǎojiě, wǒ néng xiāngxìn Richard shuō de huà ma?

② 根据公司的要求，上班的时候不能吃东西。
Gēnjù gōngsī de yāoqiú, shàng bān de shíhou bù néng chī dōngxi.

(n.) basis; foundation; grounds

① 说话要有根据。
Shuō huà yào yǒu gēnjù.

② 你认为这次会有三百万人参加汉语水平考试，根据是什么？
Nǐ rènwéi zhè cì huì yǒu sānbǎi wàn rén cānjiā Hànyǔ Shuǐpíng Kǎoshì, gēnjù shì shénme?

(v.) depend on; rely on

选择学校要根据自己的学习成绩。
Xuǎnzé xuéxiào yào gēnjù zìjǐ de xuéxí chéngjì.

跟 gēn

(conj.) and

① 我跟 Kate 都喜欢游泳。
Wǒ gēn Kate dōu xǐhuan yóu yǒng.

② 词典跟铅笔都拿给我吧。
Cídiǎn gēn qiānbǐ dōu nágěi wǒ ba.

(prep.) **1** with

① 这么晚了，你跟他一起走吧。
Zhème wǎn le, nǐ gēn tā yìqǐ zǒu ba.

② 我想跟你说一会儿话。
Wǒ xiǎng gēn nǐ shuō yíhuìr huà.

2 [introduce the object of a comparison] as

① 虽然弟弟比我小三岁，但是他跟我一样高。
Suīrán dìdi bǐ wǒ xiǎo sān suì, dànshì tā gēn wǒ yíyàng gāo.

② 我的跳舞水平哪儿能跟你比啊。
Wǒ de tiào wǔ shuǐpíng nǎr néng gēn nǐ bǐ a.

3 towards

① 你必须跟大家讲清楚这件事情。
Nǐ bìxū gēn dàjiā jiǎng qīngchu zhè jiàn shìqing.

② 我想跟他借一件衬衫。
Wǒ xiǎng gēn tā jiè yí jiàn chènshān.

(v.) follow

① 想爬山的同学跟我来。
Xiǎng pá shān de tóngxué gēn wǒ lái.

② 有一个人一直跟着我，我很害怕。
Yǒu yí ge rén yìzhí gēnzhe wǒ, wǒ hěn hàipà.

更 gèng

(adv.) more; still more

① 公司相信你会做得更好。
Gōngsī xiāngxìn nǐ huì zuò de gèng hǎo.

② 他说的话很难懂，他写的书就更难懂了。
Tā shuō de huà hěn nán dǒng, tā xiě de shū jiù gèng nán dǒng le.

¹ 工作 gōngzuò

(v.) work

① 你什么时候开始工作？
Nǐ shénme shíhou kāishǐ gōngzuò?

② 虽然我在一家小公司工作，但是我喜欢这家公司的工作环境。
Suīrán wǒ zài yì jiā xiǎo gōngsī gōngzuò, dànshì wǒ xǐhuan zhè jiā gōngsī de gōngzuò huánjìng.

(n.) **1** job

① 你现在打算换工作吗？
Nǐ xiànzài dǎsuàn huàn gōngzuò ma?

② 我要找新工作了。
Wǒ yào zhǎo xīn gōngzuò le.

2 work

① 周末我不能休息了，我有很多工作要做。
Zhōumò wǒ bù néng xiūxi le, wǒ yǒu hěn duō gōngzuò yào zuò.

² 公共汽车 gōnggòng qìchē

② 换了新经理，我们的工作时间更长了。
Huànle xīn jīnglǐ, wǒmen de gōngzuò shíjiān gèng cháng le.

---

bus

① 我们已经等了一个多小时的公共汽车了。
Wǒmen yǐjīng děngle yí ge duō xiǎoshí de gōnggòng qìchē le.

② 我上班坐地铁比坐公共汽车方便。
Wǒ shàng bān zuò dìtiě bǐ zuò gōnggòng qìchē fāngbiàn.

③ 这路公共汽车经过我家。
Zhè lù gōnggòng qìchē jīngguò wǒ jiā.

 Do You Know

车 chē

(n.) vehicle

① 你坐的车什么时候到北京？我去接你。
Nǐ zuò de chē shénme shíhou dào Běijīng? Wǒ qù jiē nǐ.

② 这辆车我刚买没几天就坏了。
Zhè liàng chē wǒ gāng mǎi méi jǐ tiān jiù huài le.

汽车 qìchē

(n.) car; automobile; motor car

① 我不会开汽车，只会骑自行车。
Wǒ bú huì kāi qìchē, zhǐ huì qí zìxíngchē.

② 一辆汽车开了过来。
Yí liàng qìchē kāile guolai.

上车 shàng chē

get on (a bus)

① 大家上车吧，车快开了。
Dàjiā shàng chē ba, chē kuài kāi le.

② 上车请买票。
Shàng chē qǐng mǎi piào.

下车 xià chē

get off (a bus)

① 到站了，我们应该下车了。
Dào zhàn le, wǒmen yīnggāi xià chē le.

② 从这里下车就有一家银行。
Cóng zhèlǐ xià chē jiù yǒu yì jiā yínháng.

打车 dǎ chē

take a taxi

① 快迟到了，我打车去了公司。
Kuài chídào le, wǒ dǎ chē qùle gōngsī.

② 天气不好的时候，我家附近很难打到车。
Tiānqì bù hǎo de shíhou, wǒ jiā fùjìn hěn nán dǎdào chē.

开车 kāi chē

drive

① 你会开车吗？
Nǐ huì kāi chē ma?

② 这个周末我们开车去玩儿吧。
Zhè ge zhōumò wǒmen kāi chē qù wánr ba.

公斤 gōngjīn

(m.w.) kilogram

① 我买了两公斤苹果。
Wǒ mǎile liǎng gōngjīn píngguǒ.

② 香蕉每公斤十五元。
Xiāngjiāo měi gōngjīn shíwǔ yuán.

③ 这本书有三公斤。
Zhè běn shū yǒu sān gōngjīn.

 Do You Know

斤 jīn

(m.w.) 1/2 kilogram, a traditional unit of weight in China

① 五两是半斤。
Wǔ liǎng shì bàn jīn.

② A：苹果多少钱一斤？
Píngguǒ duōshao qián yì jīn?

B：六块钱一斤。
Liù kuài qián yì jīn.

2 公司 gōngsī

(n.) company; corporation

① 我希望能到这家公司工作。
Wǒ xīwàng néng dào zhè jiā gōngsī gōngzuò.

② 我想向您介绍介绍我们公司。
Wǒ xiǎng xiàng nín jièshào jièshào wǒmen gōngsī.

打车 开车 公斤 斤 公司 公园 狗 故事 刮风

③ 公司里的人告诉我,从下个星期开始,早上九点半上班。
Gōngsī lǐ de rén gàosu wǒ, cóng xià ge xīngqī kāishǐ, zǎoshang jiǔ diǎn bàn shàng bān.

公园 gōngyuán
(n.) park

① 爸爸妈妈经常去公园锻炼身体。
Bàba māma jīngcháng qù gōngyuán duànliàn shēntǐ.

② 这条街道上有一个公园、一家银行。
Zhè tiáo jiēdào shang yǒu yí ge gōngyuán, yì jiā yínháng.

③ 公园里的花都开了。
Gōngyuán lǐ de huā dōu kāi le.

¹ 狗 gǒu
(n.) dog

① 狗是我最喜欢的一种动物。
Gǒu shì wǒ zuì xǐhuan de yì zhǒng dòngwù.

② 邻居家有一条大狗,我每次遇到那条狗都很害怕。
Línjū jiā yǒu yì tiáo dà gǒu, wǒ měi cì yùdào nà tiáo gǒu dōu hěn hàipà.

③ 我家有一只小狗,它很可爱。
Wǒ jiā yǒu yì zhī xiǎo gǒu, tā hěn kě'ài.

故事 gùshi
(n.) story

① 睡觉以前,妈妈会给儿子讲故事。
Shuì jiào yǐqián, māma huì gěi érzi jiǎng gùshi.

② 每一张照片都是一个故事。
Měi yì zhāng zhàopiàn dōu shì yí ge gùshi.

③ 下午我想去买几本故事书,你去吗?
Xiàwǔ wǒ xiǎng qù mǎi jǐ běn gùshishū, nǐ qù ma?

刮风 guā fēng
blow

① 今天会刮风吗?
Jīntiān huì guā fēng ma?

② 出租车司机最喜欢刮风的天气。
Chūzūchē sījī zuì xǐhuan guā fēng de tiānqì.

③ 三月到五月北京经常刮大风。
Sānyuè dào wǔyuè Běijīng jīngcháng guā dà fēng.

风 fēng

Do You Know

(n.) wind

① 今天没有风，太热了！
Jīntiān méiyǒu fēng, tài rè le!

② 关上门吧，外面的风太大了。
Guānshang mén ba, wàimiàn de fēng tài dà le.

关 guān

(v.) **1** close; shut

① 请关门。
Qǐng guān mén.

② 刚才你忘记关冰箱门了。
Gāngcái nǐ wàngjì guān bīngxiāngmén le.

2 shut in

① 考完试，他把自己关在了房间里。
Kǎowán shì, tā bǎ zìjǐ guān zài le fángjiān lǐ.

② 快把这只狗关好。
Kuài bǎ zhè zhī gǒu guānhǎo.

3 close; close down

A：银行几点关门？
Yínháng jǐ diǎn guān mén?

B：下午五点。
Xiàwǔ wǔ diǎn.

4 turn off

① 爷爷奶奶家九点就关灯睡觉了。
Yéye nǎinai jiā jiǔ diǎn jiù guān dēng shuì jiào le.

② 你还看电视吗？不看我就关了。
Nǐ hái kàn diànshì ma? Bú kàn wǒ jiù guān le.

5 involve; concern

① 这不关我的事情。
Zhè bù guān wǒ de shìqing.

② 关你什么事情？
Guān nǐ shénme shìqing?

风 关 关上 关系 关心 关于

关上
guān shàng

 *Do You Know*

shut; close

① 会议马上开始，请大家关上手机。
Huìyì mǎshàng kāishǐ, qǐng dàjiā guānshang shǒujī.

② 这个门坏了，关不上了。
Zhè ge mén huài le, guān bu shàng le.

关系
guānxi

(n.) relation; relationship

① 你和这件事情有什么关系？
Nǐ hé zhè jiàn shìqing yǒu shénme guānxi?

② 人和人的关系如果能简单些，我们会更快乐。
Rén hé rén de guānxi rúguǒ néng jiǎndān xiē, wǒmen huì gèng kuàilè.

(v.) concern; have to do with

① 环境的变化关系着我们的健康。
Huánjìng de biànhuà guānxizhe wǒmen de jiànkāng.

② 这件事情关系到公司的决定。
Zhè jiàn shìqing guānxi dào gōngsī de juédìng.

关心
guānxīn

(v.) be concerned about

① 我现在最关心的事情是您什么时候去医院检查身体。
Wǒ xiànzài zuì guānxīn de shìqing shì nín shénme shíhou qù yīyuàn jiǎnchá shēntǐ.

② 经理一直在关心帮助我。
Jīnglǐ yìzhí zài guānxīn bāngzhù wǒ.

③ 你应该多关心关心妈妈。
Nǐ yīnggāi duō guānxīn guānxīn māma.

④ 我的成绩离不开老师的关心和帮助。
Wǒ de chéngjì lí bu kāi lǎoshī de guānxīn hé bāngzhù.

⑤ 谢谢您对我的关心。
Xièxiè nín duì wǒ de guānxīn.

关于
guānyú

(prep.) about; on; with regard to

① 她想写一本关于咖啡文化的书。
Tā xiǎng xiě yì běn guānyú kāfēi wénhuà de shū.

② 关于中国音乐，我知道的很少。
Guānyú Zhōngguó yīnyuè, wǒ zhīdào de hěn shǎo.

贵 guì

(adj.) expensive; costly

① 真奇怪，东西越贵，买的人越多。
Zhēn qíguài, dōngxi yuè guì, mǎi de rén yuè duō.

② 这件衣服太贵了，我不想买了。
Zhè jiàn yīfu tài guì le, wǒ bù xiǎng mǎi le.

(pol.) your

① 您贵姓？
Nín guì xìng?

② 我愿意到贵公司工作。
Wǒ yuànyì dào guì gōngsī gōngzuò.

国家 guójiā

(n.) country; state

① 我爱我的国家。
Wǒ ài wǒ de guójiā.

② 我们应该多了解自己国家的文化。
Wǒmen yīnggāi duō liǎojiě zìjǐ guójiā de wénhuà.

③ 世界上有多少个国家？
Shìjiè shang yǒu duōshao ge guójiā?

 Do You Know

国 guó

(n.) country; state; nation

A：你是哪国人？
Nǐ shì nǎ guó rén?

B：我是英国人。
Wǒ shì Yīngguórén.

过¹ guò

(v.) ❶ go through (time or space); cross; pass

① 下个周末，我要去北京给爸爸过生日。
Xià ge zhōumò, wǒ yào qù Běijīng gěi bàba guò shēngrì.

② 我和 Peter 过得很好。
Wo hé Peter guò de hěn hǎo.

贵 国家 国 过

③ 哪儿有能过黄河的船？
Nǎr yǒu néng guò Huáng Hé de chuán？

④ 过了这条街道，你就能看见我们学校了。
Guòle zhè tiáo jiēdào, nǐ jiù néng kànjiàn wǒmen xuéxiào le.

2 exceed；go beyond (time or space)

① 现在是十点过三分，你应该起床了。
Xiànzài shì shí diǎn guò sān fēn, nǐ yīnggāi qǐ chuáng le.

② 过了下午五点，银行就关门了。
Guòle xiàwǔ wǔ diǎn, yínháng jiù guān mén le.

③ 因为我坐过了站，所以我迟到了。
Yīnwèi wǒ zuòguòle zhàn, suǒyǐ wǒ chídào le.

3 undergo a process

节目开始以前，大家又过了一次。
Jiémù kāishǐ yǐqián, dàjiā yòu guòle yí cì.

4 [used after a verb] cross；pass

穿过这条路就有一家银行。
Chuānguo zhè tiáo lù jiù yǒu yì jiā yínháng.

5 [used after a verb] turn

她回过身体坐在椅子上。
Tā huíguo shēntǐ zuò zài yǐzi shang.

过² guò (part.) [used after a verb] expressing an action or a state in the past or a completion of an action

① 1949年，我去过北京。
Yījiǔsìjiǔ nián, wǒ qùguo Běijīng.

② 昨天我告诉过你我会来的。
Zuótiān wǒ gàosuguo nǐ wǒ huì lái de.

③ 这本书我看过了。
Zhè běn shū wǒ kànguo le.

④ 我已经去过图书馆了。
Wǒ yǐjīng qùguo túshūguǎn le.

新汉语水平考试（HSK）词汇学习手册　　　三级

过来
guò lái

 Do You Know

1 come over; come up

① 快过来，我找你有事情。
Kuài guòlai, wǒ zhǎo nǐ yǒu shìqing.

② 大家都过来吧，经理要给大家送礼物。
Dàjiā dōu guòlai ba, jīnglǐ yào gěi dàjiā sòng lǐwù.

③ 如果你过不来，我可以把东西给你送过去。
Rúguǒ nǐ guò bu lái, wǒ kěyǐ bǎ dōngxi gěi nǐ sòng guoqu.

2 [used after a verb] expressing a movement toward somebody or somewhere

George 向我们走过来了。
George xiàng wǒmen zǒu guolai le.

3 [used after a verb] expressing something facing oneself

他回过脸来看了一下经理。
Tā huíguo liǎn lai kànle yíxià jīnglǐ.

4 [used after a verb] expressing coming round to the original state

我觉得这段时间一直休息不过来。
Wǒ juéde zhè duàn shíjiān yìzhí xiūxi bú guòlái.

5 [used after a verb] expressing a sufficiency of time, ability or amount

今天的工作太多了，我做不过来。
Jīntiān de gōngzuò tài duō le, wǒ zuò bu guòlái.

过去¹
guòqù

(n.) past; former

① 过去的事情就别再说了。
Guòqù de shìqing jiù bié zài shuō le.

② 过去我身体很健康。
Guòqù wǒ shēntǐ hěn jiànkāng.

③ 这是我过去工作的地方，我已经很多年没有来过了。
Zhè shì wǒ guòqù gōngzuò de dìfang, wǒ yǐjīng hěn duō nián méiyǒu láiguo le.

过去² guò qù

1 go over; pass by

① 刚才从我旁边过去一辆出租车。
Gāngcái cóng wǒ pángbiān guòqu yí liàng chūzūchē.

② 你等我,我过去买点儿东西。
Nǐ děng wǒ, wǒ guòqu mǎidiǎnr dōngxi.

③ 路中间有一条狗,我们过不去。
Lù zhōngjiān yǒu yì tiáo gǒu, wǒmen guò bu qù.

2 [used after a verb] expressing a movement away from somebody or somewhere

① 我走过去给 Helen 拿了一个碗。
Wǒ zǒu guoqu gěi Helen nále yí ge wǎn.

② 你把足球踢过去。
Nǐ bǎ zúqiú tī guoqu.

3 [used after a verb] expressing turning the back of something towards the speaker

你把脸回过去,别看我。
Nǐ bǎ liǎn huí guoqu, bié kàn wǒ.

H

² 还 hái
(huán 见 102 页)

(adv.) **1** still

① 她还和以前一样可爱。
Tā hái hé yǐqián yíyàng kě'ài.

② 爷爷虽然已经八十岁了，但是身体还非常健康。
Yéye suīrán yǐjīng bāshí suì le, dànshì shēntǐ hái fēicháng jiànkāng.

2 even more; still more

① 房间里比房间外还冷。
Fángjiān lǐ bǐ fángjiān wài hái lěng.

② 跑完步他还想去打篮球。
Pǎowán bù tā hái xiǎng qù dǎ lánqiú.

3 but also; in addition

① 没有人知道 George 还会打篮球。
Méiyǒu rén zhīdào George hái huì dǎ lánqiú.

② 除了唱歌，你还会什么？
Chúle chàng gē, nǐ hái huì shénme?

4 fairly

① Heidi 的学习成绩还过得去。
Heidi de xuéxí chéngjì hái guò de qù.

② 你别担心我，我的身体还可以。
Nǐ bié dān xīn wǒ, wǒ de shēntǐ hái kěyǐ.

5 unexpectedly

① 吃了药，我的感冒还真好了。
Chīle yào, wǒ de gǎnmào hái zhēn hǎo le.

② 你还真有办法。
Nǐ hái zhēn yǒu bànfǎ.

6 expressing a rhetorical tone

① 这还不容易吗？
Zhè hái bù róngyì ma?

② 你要相信我啊，我还能不还钱吗？
Nǐ yào xiāngxìn wǒ a, wǒ hái néng bù huán qián ma?

还有
hái yǒu

 Do You Know

also; in addition to

① 教室里还有几个人？
Jiàoshì lǐ hái yǒu jǐ ge rén?

② 我家有爸爸、妈妈，还有妹妹。
Wǒ jiā yǒu bàba、māma, hái yǒu mèimei.

还是
háishi

(adv.) **1** still

① 上个星期我遇到了 Selina，她还是和以前一样漂亮。
Shàng ge xīngqī wǒ yùdàole Selina, tā háishi hé yǐqián yíyàng piàoliang.

② 老师都讲完了，我还是没有听懂。
Lǎoshī dōu jiǎngwán le, wǒ háishi méiyǒu tīngdǒng.

2 had better

① 快下雨了，你还是带上伞吧。
Kuài xià yǔ le, nǐ háishi dàishang sǎn ba.

② 银行可能已经关门了，你还是明天再去吧。
Yínháng kěnéng yǐjīng guān mén le, nǐ háishi míngtiān zài qù ba.

3 unexpectedly

① Elizabeth 还是很聪明的。
Elizabeth háishi hěn cōngming de.

② Kitty 还是真有办法。
Kitty háishi zhēn yǒu bànfǎ.

(conj.) or

① 你喝牛奶还是茶？
Nǐ hē niúnǎi háishi chá?

② 明天你打算去爬山还是去游泳？
Míngtiān nǐ dǎsuàn qù pá shān háishi qù yóu yǒng?

2 孩子
háizi

(n.) **1** child

① 公园里有很多孩子在做游戏。
Gōngyuán lǐ yǒu hěn duō háizi zài zuò yóuxì.

② 那几个孩子在玩儿什么？
Nà jǐ ge háizi wá wánr shénme?

2 son or daughter

① 他结过两次婚，一共有五个孩子。
   Tā jiéguo liǎng cì hūn, yígòng yǒu wǔ ge háizi.

② 我丈夫带着孩子去公园玩儿了，我可以休息休息了。
   Wǒ zhàngfu dàizhe háizi qù gōngyuán wánr le, wǒ kěyǐ xiūxi xiūxi le.

Do You Know

小孩儿 xiǎoháir

(n.) 1 child; kid

① 姐姐很害怕生小孩儿。
   Jiějie hěn hàipà shēng xiǎoháir.

② 邻居家的小孩儿特别可爱。
   Línjū jiā de xiǎoháir tèbié kě'ài.

2 son or daughter

① 你有几个小孩儿？
   Nǐ yǒu jǐ ge xiǎoháir?

② 她的小孩儿才三个月大。
   Tā de xiǎoháir cái sān ge yuè dà.

害怕 hài pà

be afraid of; fear

① 她害怕去看医生。
   Tā hàipà qù kàn yīshēng.

② 昨天晚上去爬山的时候，我觉得很害怕。
   Zuótiān wǎnshang qù pá shān de shíhou, wǒ juéde hěn hàipà.

③ 我小的时候一个人睡觉都没有害过怕。
   Wǒ xiǎo de shíhou yí ge rén shuì jiào dōu méiyǒu hàiguo pà.

Do You Know

怕 pà

(v.) 1 fear

① John 很怕他的爸爸。
   John hěn pà tā de bàba.

② 这件事情你没有做错，你怕什么？
Zhè jiàn shìqing nǐ méiyǒu zuòcuò, nǐ pà shénme?

2 be worried

① Nick 怕考试成绩不好，这几天一直睡不好觉。
Nick pà kǎoshì chéngjì bù hǎo, zhè jǐ tiān yìzhí shuì bu hǎo jiào.

② 我们怕她难过，那件事情一直没有告诉她。
Wǒmen pà tā nánguò, nà jiàn shìqing yìzhí méiyǒu gàosu tā.

¹ 汉语 Hànyǔ

(n.) Chinese language

① 大家都认为 Philip 的汉语讲得最好。
Dàjiā dōu rènwéi Philip de Hànyǔ jiǎng de zuì hǎo.

② 我想去中国学习汉语。
Wǒ xiǎng qù Zhōngguó xuéxí Hànyǔ.

③ 你准备参加汉语水平考试吗？
Nǐ zhǔnbèi cānjiā Hànyǔ Shuǐpíng Kǎoshì ma?

 Do You Know

汉字 Hànzì

(n.) Chinese character

① 我会说汉语，但不会写汉字。
Wǒ huì shuō Hànyǔ, dàn bú huì xiě Hànzì.

② 来中国半年，我就已经认识一千个汉字了。
Lái Zhōngguó bàn nián, wǒ jiù yǐjīng rènshi yì qiān ge Hànzì le.

外语 wàiyǔ

(n.) foreign language

① Fannie 会好几门外语。
Fannie huì hǎojǐ mén wàiyǔ.

② 在中国，外语好的学生比较容易找到工作。
Zài Zhōngguó, wàiyǔ hǎo de xuésheng bǐjiào róngyì zhǎodào gōngzuò.

¹ 好 hǎo

(adj.) **1** good；fine

① 早上好。
Zǎoshang hǎo.

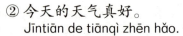

② 今天的天气真好。
Jīntiān de tiānqì zhēn hǎo.

2 friendly; kind

① Susan 是我的好朋友。
Susan shì wǒ de hǎo péngyou.

② 我们的关系一直都很好。
Wǒmen de guānxi yìzhí dōu hěn hǎo.

3 be in good health

① 身体好是最重要的，钱不重要。
Shēntǐ hǎo shì zuì zhòngyào de, qián bú zhòngyào.

② 上个星期我感冒了，现在已经好了。
Shàng ge xīngqī wǒ gǎnmào le, xiànzài yǐjīng hǎo le.

4 suitable

① 经理的问题我应该怎么回答好呢？
Jīnglǐ de wèntí wǒ yīnggāi zěnme huídá hǎo ne?

② 我穿这件衬衫好还是那件衬衫好？
Wǒ chuān zhè jiàn chènshān hǎo háishi nà jiàn chènshān hǎo?

5 [used before verbs] be easy to

① 他的问题很好回答。
Tā de wèntí hěn hǎo huídá.

② 放心吧，这件事情好解决。
Fàng xīn ba, zhè jiàn shìqing hǎo jiějué.

6 OK

① A：周末我们去看电影吧。
　　Zhōumò wǒmen qù kàn diànyǐng ba.

　B：好。
　　Hǎo.

② A：Peter，你来我办公室吧。
　　Peter, nǐ lái wǒ bàngōngshì ba.

　B：好的，我马上就去。
　　Hǎo de, wǒ mǎshàng jiù qù.

7 [used after verbs to indicate finishing or finishing satisfactorily]

① 你别着急，等我穿好衣服就走。
Nǐ bié zháo jí, děng wǒ chuānhǎo yīfu jiù zǒu.

② 准备好了吗？
Zhǔnbèi hǎo le ma?

（adv.） **1** very; quite

① 这几个苹果好大啊。
Zhè jǐ ge píngguǒ hǎo dà a.

② 十二月的北京好冷啊。
Shí'èryuè de Běijīng hǎo lěng a.

2 quite a few

① 我们已经好长时间没有一起去旅游了。
Wǒmen yǐjīng hǎo cháng shíjiān méiyǒu yìqǐ qù lǚyóu le.

② 我有好几个星期都没有给 Roberts 打电话了。
Wǒ yǒu hǎo jǐ ge xīngqī dōu méiyǒu gěi Roberts dǎ diànhuà le.

（v.） so as to; so that

① 你带点儿钱，一会儿好买东西。
Nǐ dàidiǎnr qián, yíhuìr hǎo mǎi dōngxi.

② 你到了北京给我们打个电话，好让我们放心。
Nǐ dàole Běijīng gěi wǒmen dǎ ge diànhuà, hǎo ràng wǒmen fàng xīn.

² 好吃 hǎochī

（adj.） delicious

① 中国菜真好吃。
Zhōngguócài zhēn hǎochī.

② 这种水果不好吃。
Zhè zhǒng shuǐguǒ bù hǎochī.

③ 好吃的菜都被他吃完了。
Hǎochī de cài dōu bèi tā chīwán le.

 Do You Know

好看 hǎokàn

（adj.） good-looking; look nice

① 你穿上这件衣服真好看。
Nǐ chuānshang zhè jiàn yīfu zhēn hǎokàn.

② Tina 越长越好看了。
Tina yuè zhǎng yuè hǎokàn le.

好听 hǎotīng

（adj.） pleasant to hear

① 我有一个好听的名字。
Wǒ yǒu yí ge hǎotīng de míngzi.

② Heidi 说话的声音好听，唱歌更好听。
Heidi shuō huà de shēngyīn hǎotīng, chàng gē gèng hǎotīng.

好玩儿
hǎowánr

(adj.) amusing; interesting

① 邻居家的孩子很好玩儿。
Línjū jiā de háizi hěn hǎowánr.

② 我带你去一个好玩儿的地方。
Wǒ dài nǐ qù yí ge hǎowánr de dìfang.

---

¹ 号 hào

(n.) **1** order; number

① 我先去银行拿个号。
Wǒ xiān qù yínháng ná ge hào.

② 你的号是多少？
Nǐ de hào shì duōshao?

2 size

① 我现在穿最小号的衣服。
Wǒ xiànzài chuān zuì xiǎo hào de yīfu.

② 这件衣服有大号的吗？
Zhè jiàn yīfu yǒu dà hào de ma?

(m.w.) **1** number

A：你住几号房间？
Nǐ zhù jǐ hào fángjiān?

B：我住 203 号房间。
Wǒ zhù èr líng sān hào fángjiān.

2 date

① 最近太忙了，我都不知道今天几号了。
Zuìjìn tài máng le, wǒ dōu bù zhīdào jīntiān jǐ hào le.

② Jennifer 的生日是十二月九号。
Jennifer de shēngrì shì shí'èryuè jiǔ hào.

---

¹ 喝 hē

(v.) drink

① 我喜欢喝咖啡，不喜欢喝茶。
Wǒ xǐhuan hē kāfēi, bù xǐhuan hē chá.

② 喝完水我就去睡觉。
Hēwán shuǐ wǒ jiù qù shuìjiào.

③ 这种啤酒我特别喜欢喝。
Zhè zhǒng píjiǔ wǒ tèbié xǐhuan hē.

1 和 hé

(conj.) and

① 我有一个弟弟、两个妹妹和一个哥哥。
Wǒ yǒu yí ge dìdi, liǎng ge mèimei hé yí ge gēge.

② William 和 Gary 是好朋友。
William hé Gary shì hǎo péngyou.

③ 我喜欢游泳和唱歌。
Wǒ xǐhuan yóu yǒng hé chàng gē.

(prep.) with; to

① 你和 Mike 一样高。
Nǐ hé Mike yíyàng gāo.

② 和孩子说话的时候,我们的声音别太大。
Hé háizi shuō huà de shíhou, wǒmen de shēngyīn bié tài dà.

2 黑 hēi

(adj.) **1** black

① Charles 的头发真黑啊。
Charles de tóufa zhēn hēi a.

② Selina 今天穿了一条黑裙子。
Selina jīntiān chuānle yì tiáo hēi qúnzi.

③ Liza 长了一双黑黑的大眼睛。
Liza zhǎngle yì shuāng hēihēi de dà yǎnjing.

2 dark

① 房间里很黑,我什么也看不见。
Fángjiān lǐ hěn hēi, wǒ shénme yě kàn bu jiàn.

② 有一次,我一个人在黑黑的办公室里坐了很长时间。
Yǒu yí cì, wǒ yí ge rén zài hēihēi de bàngōngshì lǐ zuòle hěn cháng shíjiān.

 Do You Know

黑色 hēisè

(n.) black colour

① Jennifer 不喜欢穿黑色的衣服。
Jennifer bù xǐhuan chuān hēisè de yīfu.

② 我的头发是黑色的,眼睛是蓝色的。
Wǒ de tóufa shì hēisè de, yǎnjing shì lánsè de.

黑板 hēibǎn

(n.) blackboard

① 黑板在教室的前面。
Hēibǎn zài jiàoshì de qiánmiàn.

② 请大家看黑板!
Qǐng dàjiā kàn hēibǎn!

③ 我把我们参加唱歌比赛的时间写在了黑板上。
Wǒ bǎ wǒmen cānjiā chàng gē bǐsài de shíjiān xiě zài le hēibǎn shang.

1 很 hěn

(adv.) very; quite; awfully

① 我对现在的工作很满意。
Wǒ duì xiànzài de gōngzuò hěn mǎnyì.

② 这次比赛是一个很好的机会,我要认真准备。
Zhè cì bǐsài shì yí ge hěn hǎo de jīhuì, wǒ yào rènzhēn zhǔnbèi.

③ 天气热得很,我哪儿也不想去。
Tiānqì rè de hěn, wǒ nǎr yě bù xiǎng qù.

2 红 hóng

(adj.) **1** red

① 我的自行车是红的。
Wǒ de zìxíngchē shì hóng de.

② Kate 哭了,眼睛红红的。
Kate kū le, yǎnjing hónghóng de.

2 symbol of success or luck

① Lee 经理现在在公司很红。
Lee jīnglǐ xiànzài zài gōngsī hěn hóng.

② 希望你在工作上一年更比一年红。
Xīwàng nǐ zài gōngzuò shang yì nián gèng bǐ yì nián hóng.

 Do You Know

红色 hóngsè

(n.) red colour

① 过生日的时候,我穿了一条红色的裙子。
Guò shēngrì de shíhou, wǒ chuānle yì tiáo hóngsè de qúnzi.

② 这两件衬衫你喜欢哪件? 红色的还是蓝色的?
Zhè liǎng jiàn chènshān nǐ xǐhuan nǎ jiàn? Hóngsè de háishi lánsè de?

黑板 很 红 红色 后来 后面 后边 后

后来 hòulái

(n.) later; afterwards

① 我只知道他星期三去学校了,后来的事情我就不清楚了。
Wǒ zhǐ zhīdào tā xīngqīsān qù xuéxiào le, hòulái de shìqing wǒ jiù bù qīngchu le.

② Jim 在我们公司工作了两年,后来去北京学习汉语了。
Jim zài wǒmen gōngsī gōngzuòle liǎng nián, hòulái qù Běijīng xuéxí Hànyǔ le.

¹ **后面** hòumiàn
(**后边**) (hòubian)

(n.) **1** at the back; in the rear

① 我家后面(/后边)有一家医院。
Wǒ jiā hòumiàn(/hòubian) yǒu yì jiā yīyuàn.

② 有一个人一直跟在我后面(/后边),我很害怕。
Yǒu yí ge rén yìzhí gēn zài wǒ hòumiàn(/hòubian), wǒ hěn hàipà.

2 later

① Jenny 没有听完后面(/后边)的故事就去玩儿了。
Jenny méiyǒu tīngwán hòumiàn(/hòubian) de gùshi jiù qù wánr le.

② 后面(/后边)的问题我们下一次再解决。
Hòumiàn(/Hòubian) de wèntí wǒmen xià yí cì zài jiějué.

Do You Know

后 hòu

(n.) **1** behind; back; rear

① 请大家向后站。
Qǐng dàjiā xiàng hòu zhàn.

② 我把伞放到门后了。
Wǒ bǎ sǎn fàngdào mén hòu le.

2 after; later

① 三天后我们在老地方见。
Sān tiān hòu wǒmen zài lǎo dìfang jiàn.

② 下课后,我和同学们去踢足球。
Xià kè hòu, wǒ hé tóngxuémen qù tī zúqiú.

护照 hùzhào

(n.) passport

① 我找不到护照了。
Wǒ zhǎo bu dào hùzhào le.

② 我可以检查您的护照吗?
Wǒ kěyǐ jiǎnchá nín de hùzhào ma?

③ 这本护照上的照片不是 Richard。
Zhè běn hùzhào shang de zhàopiàn bú shì Richard.

花¹ huā

(n.) flower

① 你喜欢什么颜色的花?
Nǐ xǐhuan shénme yánsè de huā?

② Bill 给 Helen 送了很多花。
Bill gěi Helen sòngle hěn duō huā.

花² huā

(v.) expend; spend

① John 把带的钱都花了。
John bǎ dài de qián dōu huā le.

② 我愿意花更多的时间跟你和你的朋友在一起。
Wǒ yuànyì huā gèng duō de shíjiān gēn nǐ hé nǐ de péngyou zài yìqǐ.

 Do You Know

鲜花 xiānhuā

(n.) fresh flower

① Philip 拿着鲜花在 Fannie 的公司外面等她。
Philip názhe xiānhuā zài Fannie de gōngsī wàimiàn děng tā.

② 我买了很多鲜花放到家里。
Wǒ mǎile hěn duō xiānhuā fàngdào jiā lǐ.

花园 huāyuán

(n.) garden

① 花园里的花都开了。
Huāyuán lǐ de huā dōu kāi le.

② 我希望这条街道上能有一个小花园。
Wǒ xīwàng zhè tiáo jiēdào shang néng yǒu yí ge xiǎo huāyuán.

画 huà

(v.) draw; paint

① Charles 在桌子上画了一辆公共汽车。
Charles zài zhuōzi shang huàle yí liàng gōnggòng qìchē.

② 你画的是什么动物？是猫吗？
Nǐ huà de shì shénme dòngwù? Shì māo ma?

(n.) drawing; painting

① 我买了一张很有名的画。
Wǒ mǎile yì zhāng hěn yǒu míng de huà.

② 那张画卖多少钱？
Nà zhāng huà mài duōshao qián?

(m.w.) [used for a Chinese character] stroke

① "口"字三画。
"Kǒu" zì sān huà.

② "日"比"口"多一画。
"Rì" bǐ "kǒu" duō yí huà.

坏 huài

(adj.) **1** bad; harmful; evil

① 今天是个坏天气，又下雨又刮风。
Jīntiān shì ge huài tiānqì, yòu xià yǔ yòu guā fēng.

② 我和 Richard 的关系不好也不坏。
Wǒ hé Richard de guānxi bù hǎo yě bú huài.

2 awfully; badly

① 最近这段时间真把我给忙坏了。
Zuìjìn zhè duàn shíjiān zhēn bǎ wǒ gěi mánghuài le.

② Peter 知道自己能去北京工作高兴坏了。
Peter zhīdào zìjǐ néng qù Běijīng gōngzuò gāoxìng huài le.

(v.) go bad; spoil

① 我的自行车坏了，我需要买一辆新的。
Wǒ de zìxíngchē huài le, wǒ xūyào mǎi yí liàng xīn de.

② 你现在离开公司会坏了经理的事情的。
Nǐ xiànzài líkāi gōngsī huì huàile jīnglǐ de shìqing de.

欢迎 huānyíng

(v.) welcome

① 欢迎你来我们公司工作。
Huānyíng nǐ lái wǒmen gōngsī gōngzuò.

② 让我们大家欢迎新同学 Jim！
Ràng wǒmen dàjiā huānyíng xīn tóngxué Jim !

③ A：你明天有时间吗？我想去找你玩儿。
Nǐ míngtiān yǒu shíjiān ma? Wǒ xiǎng qù zhǎo nǐ wánr.

B：欢迎欢迎！
Huānyíng huānyíng !

还 huán
(hái 见 90 页)

(v.) give back

① 我把铅笔还给了弟弟。
Wǒ bǎ qiānbǐ huán gěi le dìdi.

② 我一会儿要去图书馆，我有一本书没有还。
Wǒ yíhuìr yào qù túshūguǎn, wǒ yǒu yì běn shū méiyǒu huán.

③ 你放心，我不会不还钱的。
Nǐ fàng xīn, wǒ bú huì bù huán qián de.

环境 huánjìng

(n.) **1** environment; surroundings

① 最近几年，北京的城市环境有了很大的变化。
Zuìjìn jǐ nián, Běijīng de chéngshì huánjìng yǒule hěn dà de biànhuà.

② 我知道这附近有一家环境很好的宾馆。
Wǒ zhīdào zhè fùjìn yǒu yì jiā huánjìng hěn hǎo de bīnguǎn.

2 conditions

① 我们需要一个安静的学习环境。
Wǒmen xūyào yí ge ānjìng de xuéxí huánjìng.

② 我想换一个新环境，从新开始。
Wǒ xiǎng huàn yí ge xīn huánjìng, cóng xīn kāishǐ.

 Do You Know

环 huán

(n.) ring; hoop

① 你拿着几个环？
Nǐ názhe jǐ ge huán ?

② 我做了一个漂亮的花环。
Wǒ zuòle yí ge piàoliang de huāhuán.

换 huàn

(v.) **1** exchange

① 我用一辆自行车换了 Richard 的手机。
Wǒ yòng yí liàng zìxíngchē huànle Richard de shǒujī.

② 钱是换不来健康的。
Qián shì huàn bu lái jiànkāng de.

2 change

① 这张桌子太小了，我打算换一张大的。
Zhè zhāng zhuōzi tài xiǎo le, wǒ dǎsuàn huàn yì zhāng dà de.

② 请你等一会儿，Jessie 正在换衣服。
Qǐng nǐ děng yíhuìr, Jessie zhèngzài huàn yīfu.

黄河 Huáng Hé

Yellow River

① 黄河有多长？
Huáng Hé yǒu duō cháng?

② 我们打算明天去看一看黄河。
Wǒmen dǎsuàn míngtiān qù kàn yi kàn Huáng Hé.

 Do You Know

黄 huáng

(adj.) yellow; sallow

① 公园里的花真漂亮，有红的，黄的，白的。
Gōngyuán lǐ de huā zhēn piàoliang, yǒu hóng de, huáng de, bái de.

② 他长着黄头发，黑眼睛。
Tā zhǎngzhe huáng tóufa, hēi yǎnjing.

(v.) fizzle out; fall through; fail

① 那件事情已经黄了。
Nà jiàn shìqing yǐjīng huáng le.

② 你别担心，公司黄不了。
Nǐ bié dān xīn, gōngsī huáng bu liǎo.

黄色 huángsè

(n.) yellow colour

① 香蕉是黄色的。
Xiāngjiāo shì huángsè de.

② 昨天我买了一辆黄色的自行车。
Zuótiān wǒ mǎile yí liàng huángsè de zìxíngchē.

河 hé

（n.）river

① 我家旁边有一条河。
Wǒ jiā pángbiān yǒu yì tiáo hé.

② 世界上最长的河叫什么名字？
Shìjiè shang zuì cháng de hé jiào shénme míngzi？

③ 小的时候，我经常去河里游泳。
Xiǎo de shíhou，wǒ jīngcháng qù hé lǐ yóu yǒng.

河边 hé biān

riverside；river bank

① 我们学校就在河边。
Wǒmen xuéxiào jiù zài hé biān.

② 有几个孩子正在河边玩儿。
Yǒu jǐ ge háizi zhèng zài hé biān wánr.

1 回 huí

（v.）**1** return；go back

① 昨天晚上七点我就回房间睡觉了。
Zuótiān wǎnshang qī diǎn wǒ jiù huí fángjiān shuì jiào le.

② 我下个星期回北京。
Wǒ xià ge xīngqī huí Běijīng.

2 answer；reply

① 刚才我给 Liza 打电话的时候她没有接，一会儿她会给我回的。
Gāngcái wǒ gěi Liza dǎ diànhuà de shíhou tā méi yǒu jiē，yíhuìr tā huì gěi wǒ huí de.

② 虽然我给 Mary 发了很多电子邮件，但是她都没有回。
Suīrán wǒ gěi Mary fāle hěn duō diànzǐ yóujiàn，dànshì tā dōu méiyǒu huí.

（m.w.）time

① 真不知道为什么，每一回去旅游，我都会生病。
Zhēn bù zhīdào wèi shénme，měi yì huí qù lǚyóu，wǒ dōu huì shēng bìng.

② 我去过两回中国，过一段时间还打算再去。
Wǒ qùguo liǎng huí Zhōngguó，guò yí duàn shíjiān hái dǎsuàn zài qù.

河　河边　回　回到　回来　回去

 Do You Know

回到
huí dào

go back

① 回到家以后，我没洗澡就睡觉了。
Huídào jiā yǐhòu, wǒ méi xǐ zǎo jiù shuì jiào le.

② Mary 回到房间以后给 Louis 打了一个电话。
Mary huídào fángjiān yǐhòu gěi Louis dǎle yí ge diànhuà.

回来
huí lái

1 come back

① 我回来了。
Wǒ huílai le.

② 你快点儿回来吧，经理找你。
Nǐ kuài diǎnr huílai ba, jīnglǐ zhǎo nǐ.

③ A：七点以前你回得来吗？
Qī diǎn yǐqián nǐ huí de lái ma?

B：我可能回不来。
Wǒ kěnéng huí bu lái.

2 [used after a verb] expressing a movement towards the speaker

① 我从商店买回来很多东西。
Wǒ cóng shāngdiàn mǎi huilai hěn duō dōngxi.

② 我从公司走回来需要一个小时。
Wǒ cóng gōngsī zǒu huilai xūyào yí ge xiǎoshí.

③ A：你不认识路，自己出去可能找不回来。
Nǐ bú rènshi lù, zìjǐ chūqu kěnéng zhǎo bu huílái.

B：我拿上地图，能找回学校来。
Wǒ náshang dìtú, néng zhǎo huí xuéxiào lai.

回去
huí qù

1 go back

① A：周末你回去吗？
Zhōumò nǐ huíqu ma?

B：我没买到飞机票，回不去了。
Wǒ méi mǎidào fēijīpiào, huí bu qù le.

② A：周末你回去吗？
Zhōumò nǐ huíqu ma?

B：我不回去，我打算去图书馆看书。
Wǒ bù huíqu, wǒ dǎsuàn qù túshūguǎn kàn shū.

③A：周末你回家去了吗？
Zhōumò nǐ huí jiā qù le ma?

B：我没回去，我去图书馆看书了。
Wǒ méi huíqu, wǒ qù túshūguǎn kàn shū le.

2 [used after a verb] expressing a movement away from the speaker

① 你能帮我把这些东西带回去吗？
Nǐ néng bāng wǒ bǎ zhèxiē dōngxi dài huiqu ma?

② 这些书放到这里吧，我不带回房间去了。
Zhèxiē shū fàngdào zhèlǐ ba, wǒ bú dài huí fángjiān qu le.

③A：东西太多了，你一个人拿得回去吗？
Dōngxi tài duō le, nǐ yí ge rén ná de huíqù ma?

B：我拿不回去。
Wǒ ná bu huíqù.

回答 huídá

(v.) answer; reply

① 数学老师很少给我回答问题的机会。
Shùxué lǎoshī hěn shǎo gěi wǒ huídá wèntí de jīhuì.

② 我不知道怎么回答他的问题。
Wǒ bù zhīdào zěnme huídá tā de wèntí.

③ 这个问题我回答不出来。
Zhè ge wèntí wǒ huídá bù chūlái.

④ Kitty 的回答老师很满意。
Kitty de huídá lǎoshī hěn mǎnyì.

⑤ 对老师的问题，John 的回答是："我不知道。"
Duì lǎoshī de wèntí, John de huídá shì: "Wǒ bù zhīdào."

1 会 huì

(n.) meeting; party

① 经理让我明天上午参加一个会。
Jīnglǐ ràng wǒ míngtiān shàngwǔ cānjiā yí ge huì.

② 明天的会我不想参加。
Míngtiān de huì wǒ bù xiǎng cānjiā.

回答 会 开会 总会

(v.) **1** can; be able to

① 大家都不知道他会开飞机。
Dàjiā dōu bù zhīdào tā huì kāi fēijī.

② 我不会唱歌，我可以跳舞吗？
Wǒ bú huì chàng gē, wǒ kěyǐ tiào wǔ ma?

2 be likely to; be sure to

① 明天不会下雨的，我们去爬山吧。
Míngtiān bú huì xià yǔ de, wǒmen qù pá shān ba.

② 考试开始以前他一定会到的。
Kǎoshì kāishǐ yǐqián tā yídìng huì dào de.

3 be good at

① Lucy 是一个很会说话的人。
Lucy shì yí ge hěn huì shuō huà de rén.

② Gary 很会考试。
Gary hěn huì kǎoshì.

4 meet; see

① 我喜欢在饭店会朋友。
Wǒ xǐhuan zài fàndiàn huì péngyou.

② 你会完客人了吗？
Nǐ huìwán kèrén le ma?

 Do You Know

开会
kāi huì

hold a meeting; have a meeting

① 现在开会，请大家安静。
Xiànzài kāi huì, qǐng dàjiā ānjìng.

② 下午开什么会？
Xiàwǔ kāi shénme huì?

总会
zǒng huì

bound to; inevitable

① 女儿总会让我给她买漂亮裙子。
Nǚ'ér zǒng huì ràng wǒ gěi tā mǎi piàoliang qúnzi.

② 考试的时候总会有学生迟到。
Kǎoshì de shíhou zǒng huì yǒu xuésheng chídào.

会议
huìyì

(n.) meeting; conference

① 下个星期的会议大家都要参加，请别迟到。
Xià ge xīngqī de huìyì dàjiā dōu yào cānjiā, qǐng bié chídào.

② 我不知道谁会来参加这次会议。
Wǒ bù zhīdào shéi huì lái cānjiā zhè cì huìyì.

 Do You Know

会议室
huìyìshì

(n.) meeting room; council chamber

① 请大家到会议室开会。
Qǐng dàjiā dào huìyìshì kāi huì.

② 公司里有两个会议室，一个在二层，一个在六层。
Gōngsī lǐ yǒu liǎng ge huìyìshì, yí ge zài èr céng, yí ge zài liù céng.

---

2 火车站
huǒchēzhàn

(n.) railway station

① 你能告诉我去火车站怎么走吗？
Nǐ néng gàosu wǒ qù huǒchēzhàn zěnme zǒu ma?

② 您可以坐地铁到火车站。
Nín kěyǐ zuò dìtiě dào huǒchēzhàn.

③ 火车站就在我家旁边。
Huǒchēzhàn jiù zài wǒ jiā pángbiān.

 Do You Know

火车
huǒchē

(n.) train

① 我在火车上遇到了老同学 Charles。
Wǒ zài huǒchē shang yùdàole lǎo tóngxué Charles.

② 我爸爸是开火车的。
Wǒ bàba shì kāi huǒchē de.

车站
chēzhàn

(n.) station; depot; stop

① 车站上一个人也没有。
Chēzhàn shang yí ge rén yě méiyǒu.

② 你在车站等我，我一会儿就到。
Nǐ zài chēzhàn děng wǒ, wǒ yíhuìr jiù dào.

或者
huòzhě

(conj.) or; either...or...

① 他想做医生或者做音乐老师。
Tā xiǎng zuò yīshēng huòzhě zuò yīnyuè lǎoshī.

② 我们一起爬山吧，或者一起去踢足球。
Wǒmen yìqǐ pá shān ba, huòzhě yìqǐ qù tī zúqiú.

③ 这次的游泳比赛，或者让 Jim 参加，或者让 Andy 参加。
Zhè cì de yóu yǒng bǐsài, huòzhě ràng Jim cānjiā, huòzhě ràng Andy cānjiā.

J

几乎 jīhū

(adv.) **1** nearly; close to

① 我在这个学校工作了几乎三十年。
Wǒ zài zhè ge xuéxiào gōngzuòle jīhū sānshí nián.

② 我几乎和爸爸一样高了。
Wǒ jīhū hé bàba yíyàng gāo le.

③ 我的手表几乎快了十分钟。
Wǒ de shǒubiǎo jīhū kuàile shí fēnzhōng.

2 all but; almost

① 他变化太大了，我几乎不认识他了。
Tā biànhuà tài dà le, wǒ jīhū bú rènshi tā le.

② 工作太忙了，我几乎没有时间照顾孩子。
Gōngzuò tài máng le, wǒ jīhū méiyǒu shíjiān zhàogu háizi.

机场 jīchǎng

(n.) airport

① 我会到机场接你。
Wǒ huì dào jīchǎng jiē nǐ.

② 我在机场工作。
Wǒ zài jīchǎng gōngzuò.

③ 从你家坐出租车去机场需要多少钱？
Cóng nǐ jiā zuò chūzūchē qù jīchǎng xūyào duōshao qián?

机会 jīhuì

(n.) chance; opportunity

① Charles 明天要来我家，这是你和他见面的好机会。
Charles míngtiān yào lái wǒ jiā, zhè shì nǐ hé tā jiàn miàn de hǎo jīhuì.

② 这次比赛每一个人都有机会参加。
Zhè cì bǐsài měi yí ge rén dōu yǒu jīhuì cānjiā.

③ 我们见面的机会多得很。
Wǒmen jiàn miàn de jīhuì duō de hěn.

鸡蛋 jīdàn

(n.) egg

① 今天早上我吃了两个鸡蛋和一个面包。
Jīntiān zǎoshang wǒ chīle liǎng ge jīdàn hé yí ge miànbāo.

② 鸡蛋多少钱一公斤？
Jīdàn duōshao qián yì gōngjīn？

③ 这可能是世界上最大的鸡蛋了。
Zhè kěnéng shì shìjiè shang zuì dà de jīdàn le.

 Do You Know

鸡 jī

(n.) chicken; hen; cock

① 我去给小鸡准备点儿吃的。
Wǒ qù gěi xiǎo jī zhǔnbèi diǎnr chī de.

② 今天有三只鸡下了蛋。
Jīntiān yǒu sān zhī jī xiàle dàn.

③ 这只鸡很漂亮。
Zhè zhī jī hěn piàoliang.

蛋 dàn

(n.) egg

① 这只鸡今天没下蛋。
Zhè zhī jī jīntiān méi xià dàn.

② 这些蛋放的时间太长了，已经坏了。
Zhèxiē dàn fàng de shíjiān tài cháng le, yǐjīng huài le.

极 jí

(adv.) extremely

① 这是一个极重要的决定。
Zhè shì yí ge jí zhòngyào de juédìng.

② 老师对大家的考试成绩极不满意。
Lǎoshī duì dàjiā de kǎo shì chéngjì jí bù mǎnyì.

③ Susan 觉得做蛋糕是一件极简单的事情。
Susan juéde zuò dàngāo shì yí jiàn jí jiǎndān de shìqing.

极了 jí le

 Do You Know

extremely

① 看到你回来，妈妈高兴极了。
Kàndào nǐ huílai, māma gāoxìng jí le.

② 你刚才讲的故事有意思极了，大家都喜欢听。
Nǐ gāngcái jiǎng de gùshi yǒu yìsi jí le, dàjiā dōu xǐhuan tīng.

1 几 jǐ

(num.) **1** how many

① 今天几号？
Jīntiān jǐ hào？

② 你儿子几岁了？
Nǐ érzi jǐ suì le？

2 a few；some

① 上个周末我去买了几本学习汉语的书。
Shàng ge zhōumò wǒ qù mǎile jǐ běn xuéxí Hànyǔ de shū.

② John 已经走了十几天了。
John yǐjīng zǒule shí jǐ tiān le.

③ 教室里坐着一个老师和几十个学生。
Jiàoshì lǐ zuòzhe yí ge lǎoshī hé jǐ shí ge xuésheng.

④ 参加游泳比赛的有我、David、Rogers 和 Peter 几个人。
Cānjiā yóu yǒng bǐsài de yǒu wǒ、David、Rogers hé Peter jǐ ge rén.

记得 jìde

(v.) remember

① 我已经不记得他了。
Wǒ yǐjīng bú jìde tā le.

② 我很高兴你还记得我的生日。
Wǒ hěn gāoxìng nǐ hái jìde wǒ de shēngrì.

③ 明天要下雨，记得带伞。
Míngtiān yào xià yǔ，jìde dài sǎn.

 Do You Know

记 jì

(v.) **1** remember；commit to memory

① 如果我没记错的话，你是 Jessie 的哥哥。
Rúguǒ wǒ méi jìcuò dehuà，nǐ shì Jessie de gēge.

② 中国人的名字很难记。
Zhōngguórén de míngzi hěn nán jì.

2 write down；record；take down

① 我把大家的想法都记在纸上了。
Wǒ bǎ dàjiā de xiǎngfǎ dōu jì zài zhǐ shang le.

② 老师上课讲的我都记下来了。
Lǎoshī shàng kè jiǎng de wǒ dōu jì xialai le.

记住 jì zhù

remember; learn by heart

① 你记住那几个女孩儿的名字了吗？
Nǐ jìzhù nà jǐ ge nǚháir de míngzi le ma?

② A：老师讲了那么多东西，你记得住吗？
Lǎoshī jiǎngle nàme duō dōngxi, nǐ jì de zhù ma?

B：我一点儿也记不住。
Wǒ yìdiǎnr yě jì bu zhù.

季节 jìjié

(n.) season

① 你喜欢什么季节？
Nǐ xǐhuan shénme jìjié?

② 在中国，一年有四个季节。
Zài Zhōngguó, yì nián yǒu sì ge jìjié.

③ 季节变化的时候，孩子容易感冒。
Jìjié biànhuà de shíhou, háizi róngyì gǎnmào.

¹家 jiā

(n.) **1** family

① 我家有五口人。
Wǒ jiā yǒu wǔ kǒu rén.

② 我爱我家。
Wǒ ài wǒ jiā.

2 home

① 我家在北京，你家在哪儿？
Wǒ jiā zài Běijīng, nǐ jiā zài nǎr?

② 我家旁边有一家商店。
Wǒ jiā pángbiān yǒu yì jiā shāngdiàn.

(m.w.) [used for families or enterprises]

① 我会在中国开一家新公司。
Wǒ huì zài Zhōngguó kāi yì jiā xīn gōngsī.

② 那家饭店做的中国菜特别好吃。
Nà jiā fàndiàn zuò de Zhōngguócài tèbié hǎochī.

 Do You Know

家里 jiā lǐ

home

① 你家里有几个人？
Nǐ jiā lǐ yǒu jǐ ge rén?

② 家里来客人了，我现在不能和你们出去玩儿。
Jiā lǐ lái kèrén le, wǒ xiànzài bù néng hé nǐmen chūqu wánr.

家人 jiārén
家里人 jiālǐrén

(n.) family

① 我觉得家人（/家里人）能在一起是最快乐的事情。
Wǒ juéde jiārén (/jiālǐrén) néng zài yìqǐ shì zuì kuàilè de shìqing.

② 我的家人（/家里人）都在中国，我很想他们。
Wǒ de jiārén (/jiālǐrén) dōu zài Zhōngguó, wǒ hěn xiǎng tāmen.

在家 zài jiā

be at home; be in

① 周末的时候，我喜欢在家看书。
Zhōumò de shíhou, wǒ xǐhuan zài jiā kàn shū.

② 我打电话的时候，你不在家。
Wǒ dǎ diànhuà de shíhou, nǐ bú zài jiā.

回家 huí jiā

go home; return home

① 我的好孩子，快回家吧。
Wǒ de hǎo háizi, kuài huí jiā ba.

② Charles 让我很生气，今天晚上我不回家了。
Charles ràng wǒ hěn shēng qì, jīntiān wǎnshang wǒ bù huí jiā le.

搬家 bān jiā

move (house)

① 明天我打算搬家，你能来帮我吗？
Míngtiān wǒ dǎsuàn bān jiā, nǐ néng lái bāng wǒ ma?

② 我在这儿住得很好，不想搬家。
Wǒ zài zhèr zhù de hěn hǎo, bù xiǎng bān jiā.

③ 来中国以后，我搬了三次家。
Lái zhōngguó yǐhòu, wǒ bānle sān cì jiā.

检查 jiǎnchá

(v.) **1** check up

① 我需要检查您的护照。
Wǒ xūyào jiǎnchá nín de hùzhào.

② 我希望你最近这段时间能去检查检查身体。
Wǒ xīwàng nǐ zuìjìn zhè duàn shíjiān néng qù jiǎnchá jiǎnchá shēntǐ.

家人　家里人　在家　回家　搬家　检查　查　简单

查 chá

2 make a self criticism

① 你要认真地检查自己的问题。
Nǐ yào rènzhēn de jiǎnchá zìjǐ de wèntí.

② 你应该检查检查自己为什么做错了。
Nǐ yīnggāi jiǎnchá jiǎnchá zìjǐ wèi shénme zuòcuò le.

（n.）self-criticism

① 检查写完了吗？
Jiǎnchá xiěwán le ma?

② Jones 的检查写得很好。
Jones de jiǎnchá xiě de hěn hǎo.

 Do You Know

（v.）**1** check；examine

① 医生给你查清楚了吗？
Yīshēng gěi nǐ chá qīngchu le ma?

② 最近身体不舒服，我想去医院查一查。
Zuìjìn shēntǐ bù shūfu, wǒ xiǎng qù yīyuàn chá yi chá.

2 look up；consult

① 我还不会查词典。
Wǒ hái bú huì chá cídiǎn.

② 您能帮我查一下儿 David 的电话是多少吗？
Nín néng bāng wǒ chá yíxiàr David de diànhuà shì duōshao ma?

简单 jiǎndān

（adj.）**1** simple；uncomplicated

① 我觉得数学课很简单，汉语课很难。
Wǒ juéde shùxuékè hěn jiǎndān, Hànyǔkè hěn nán.

② 我觉得旅游不需要带太多东西，简简单单的最好。
Wǒ juéde lǚyóu bù xūyào dài tài duō dōngxi, jiǎnjiǎndāndān de zuì hǎo.

2 ordinary

① 你别把他看简单了，他是这家医院最好的医生。
Nǐ bié bǎ tā kàn jiǎndān le, tā shì zhè jiā yīyuàn zuì hǎo de yīshēng.

② Helen 是一个很不简单的人。
Helen shì yí ge hěn bù jiǎndān de rén.

见面
jiàn miàn

meet; see

① 这是我们第一次见面。
Zhè shì wǒmen dì yī cì jiàn miàn.

② 我和 Liza 上个星期见了一次面。
Wǒ hé Liza shàng ge xīngqī jiànle yí cì miàn.

③ 我一直很想和你见个面。
Wǒ yìzhí hěn xiǎng hé nǐ jiàn ge miàn.

 Do You Know

常见
cháng jiàn

common

① 猫是一种常见的动物。
Māo shì yì zhǒng cháng jiàn de dòngwù.

② 这种病不常见,很多医生都没有办法。
Zhè zhǒng bìng bù cháng jiàn, hěn duō yīshēng dōu méiyǒu bànfǎ.

² 件 jiàn

(m.w.) piece

① Susan 很少穿那件红衬衫。
Susan hěn shǎo chuān nà jiàn hóng chènshān.

② 我给妈妈买了几件礼物。
Wǒ gěi māma mǎile jǐ jiàn lǐwù.

③ 我不认为公司让他去中国工作是一件好事情。
Wǒ bú rènwéi gōngsī ràng tā qù Zhōngguó gōngzuò shì yí jiàn hǎo shìqing.

健康
jiànkāng

(adj.) **1** healthy

① 你放心吧,孩子的身体很健康。
Nǐ fàng xīn ba, háizi de shēntǐ hěn jiànkāng.

② 再多的钱也买不来健康。
Zài duō de qián yě mǎi bu lái jiànkāng.

2 wholesome

① 这本书里有很多不健康的小故事。
Zhè běn shū lǐ yǒu hěn duō bú jiànkāng de xiǎo gùshi.

② 我们不玩儿不健康的游戏。
Wǒmen bù wánr bú jiànkāng de yóuxì.

讲 jiǎng

（v.） **1** speak；say；tell

① Philip 很喜欢给大家讲故事。
Philip hěn xǐhuan gěi dàjiā jiǎng gùshi.

② Jennifer 的汉语讲得很好。
Jennifer de Hànyǔ jiǎng de hěn hǎo.

③ David，你把那件事情给大家讲一讲。
David, nǐ bǎ nà jiàn shìqing gěi dàjiā jiǎng yi jiǎng.

2 explain；interpret

① 这本书讲了五个问题，都是我最关心的。
Zhè běn shū jiǎngle wǔ ge wèntí, dōu shì wǒ zuì guānxīn de.

② 我们今天讲第一课。
Wǒmen jīntiān jiǎng dì yī kè.

（prep.） as far as something

① 讲学习成绩，他是我们班最好的。
Jiǎng xuéxí chéngjì, tā shì wǒmen bān zuì hǎo de.

② 讲工作环境，这家公司最好。
Jiǎng gōngzuò huánjìng, zhè jiā gōngsī zuì hǎo.

 Do You Know

讲话 jiǎng huà

speak；talk；address

① 现在开会，请经理讲话。
Xiànzài kāi huì, qǐng jīnglǐ jiǎng huà.

② 刚才我讲了很多话，现在有点儿渴了。
Gāngcái wǒ jiǎngle hěn duō huà, xiànzài yǒudiǎnr kě le.

（n.） speech；talk

① 大家对 Mike 的讲话没有兴趣。
Dàjiā duì Mike de jiǎnghuà méiyǒu xìngqù.

② 校长这次的讲话很重要，我都记下来了。
Xiàozhǎng zhè cì de jiǎnghuà hěn zhòngyào, wǒ dōu jì xialai le.

教 jiāo

(v.) teach; instruct

① 你教我汉语，我教你唱歌吧。
Nǐ jiāo wǒ Hànyǔ, wǒ jiāo nǐ chàng gē ba.

② 我是老师，教体育。
Wǒ shì lǎoshī, jiāo tǐyù.

③ 经理教给我很多东西。
Jīnglǐ jiāo gěi wǒ hěn duō dōngxi.

教学 jiàoxué

(n.) teaching; education

① 如果你在教学中遇到问题，可以去问 Susan 老师。
Rúguǒ nǐ zài jiàoxué zhōng yùdào wèntí, kěyǐ qù wèn Susan lǎoshī.

② Susan 老师的教学工作做得很好，学生们的成绩提高很快。
Susan lǎoshī de jiàoxué gōngzuò zuò de hěn hǎo, xuéshengmen de chéngjì tígāo hěn kuài.

角 jiǎo

(n.) corner

① 房间的每一角都放着一把椅子。
Fángjiān de měi yì jiǎo dōu fàngzhe yì bǎ yǐzi.

② 这是一张奇怪的桌子，它有五个角。
Zhè shì yì zhāng qíguài de zhuōzi, tā yǒu wǔ ge jiǎo.

(m.w.) jiao, a fractional unit of money in China

① 超市里，这种啤酒卖四元六角。
Chāoshì lǐ, zhè zhǒng píjiǔ mài sì yuán liù jiǎo.

② A：香蕉多少钱一公斤？
Xiāngjiāo duōshao qián yì gōngjīn?

B：十元五角。
Shí yuán wǔ jiǎo.

脚 jiǎo

(n.) foot

① George 的脚真大啊。
George de jiǎo zhēn dà a.

② Jim 一只脚大一只脚小。
Jim yì zhī jiǎo dà yì zhī jiǎo xiǎo.

③ 我脚疼，不能去爬山了。
Wǒ jiǎo téng, bù néng qù pá shān le.

¹叫 jiào

(v.) **1** shout; cry

① 那只大狗叫了一晚上。
Nà zhī dà gǒu jiàole yì wǎnshang.

② 今天中午邻居家的小猫一直在叫。
Jīntiān zhōngwǔ línjū jiā de xiǎo māo yìzhí zài jiào.

2 call; greet

① 你去把哥哥叫来，奶奶要送他一件礼物。
Nǐ qù bǎ gēge jiàolai, nǎinai yào sòng tā yí jiàn lǐwù.

② 已经九点了，我去叫 Jim 起床吧。
Yǐjīng jiǔ diǎn le, wǒ qù jiào Jim qǐ chuáng ba.

3 name; be called

① 这条路叫北京路。
Zhè tiáo lù jiào Běijīng Lù.

② A：你叫什么名字？
　　Nǐ jiào shénme míngzi?

　B：我叫 Tina。
　　Wǒ jiào Tina.

4 send for; hire

① 我多叫了几个菜，大家都要吃饱。
Wǒ duō jiàole jǐ ge cài, dàjiā dōu yào chībǎo.

② 现在已经没有公共汽车了，你叫一辆出租车吧。
Xiànzài yǐjīng méiyǒu gōnggòng qìchē le, nǐ jiào yí liàng chūzūchē ba.

5 ask; allow

① 老师叫我回答的问题我不会。
Lǎoshī jiào wǒ huídá de wèntí wǒ bú huì.

② 我不想叫 George 去那家公司工作。
Wǒ bù xiǎng jiào George qù nà jiā gōngsī gōngzuò.

(prep.) [used in a passive sentence to introduce the doer of the action]

① 妈妈给我买的蛋糕都叫弟弟吃了。
Māma gěi wǒ mǎi de dàngāo dōu jiào dìdi chī le.

② 那几本书叫 Helen 给卖了。
Nà jǐ běn shū jiào Helen gěi mài le.

叫作 jiàozuò

Do You Know

(v.) be called; be known as

① 我们把这种动物叫作猫。
  Wǒmen bǎ zhè zhǒng dòngwù jiàozuò māo.
② 汉语把 e-mail 叫作电子邮件。
  Hànyǔ bǎ e-mail jiàozuò diànzǐ yóujiàn.

2 教室 jiàoshì

(n.) classroom

① 大家一个接一个走进教室。
  Dàjiā yí gè jiē yí gè zǒujìn jiàoshì.
② 四年级三班的教室在五楼。
  Sì niánjí sān bān de jiàoshì zài wǔ lóu.
③ 教室里有很多学生,大家都在复习,准备明天的考试。
  Jiàoshì lǐ yǒu hěn duō xuésheng, dàjiā dōu zài fùxí, zhǔnbèi míngtiān de kǎoshì.

接 jiē

(v.) **1** connect; link

① 我打算把这两张桌子接在一起。
  Wǒ dǎsuàn bǎ zhè liǎng zhāng zhuōzi jiē zài yìqǐ.
② 这两张照片能接好吗?
  Zhè liǎng zhāng zhàopiàn néng jiēhǎo ma?

2 approach; border on

① 请大家一个人接一个人地站好。
  Qǐng dàjiā yí ge rén jiē yí ge rén de zhànhǎo.
② 你一个句子接着一个句子,慢点儿讲。
  Nǐ yí ge jùzi jiēzhe yí ge jùzi, màndiǎnr jiǎng.

3 catch; take hold of

① 行李箱是你的,接住。
  Xínglǐxiāng shì nǐ de, jiēzhù.
② 我正在接水。
  Wǒ zhèngzài jiē shuǐ.

4 receive; accept

① Henry 给你打电话,快来接。
  Henry gěi nǐ dǎ diànhuà, kuài lái jiē.

② 谁给我打电话我都不接。
Shéi gěi wǒ dǎ diànhuà wǒ dōu bù jiē.

5 meet; welcome

① 明天我去你家接你，我们一起去爬山。
Míngtiān wǒ qù nǐ jiā jiē nǐ, wǒmen yìqǐ qù pá shān.

② Mary第一次来北京，我要去火车站接一接她。
Mary dì yī cì lái Běijīng, wǒ yào qù huǒchēzhàn jiē yi jiē tā.

6 take over

Lucy要离开公司了，我去接她的工作。
Lucy yào líkāi gōngsī le, wǒ qù jiē tā de gōngzuò.

Do You Know

接到
jiē dào

received

① 一接到你的电话，我就马上回来了。
Yì jiēdào nǐ de diànhuà, wǒ jiù mǎshàng huílai le.

② 我要买一个大房子，把爸爸妈妈接到北京住。
Wǒ yào mǎi yí ge dà fángzi, bǎ bàba māma jiēdào Běijīng zhù.

接下来
jiē xialai

next

① 接下来请校长讲话。
Jiē xialai qǐng xiàozhǎng jiǎng huà.

② 经理，这件事情接下来怎么做？
Jīnglǐ, zhè jiàn shìqing jiē xialai zěnme zuò?

街道
jiēdào

(n.) street; road

① 这是我家附近最长的街道。
Zhè shì wǒ jiā fùjìn zuì cháng de jiēdào.

② 这条街道的一边是公园，一边是图书馆。
Zhè tiáo jiēdào de yì biān shì gōngyuán, yì biān shì túshūguǎn.

③ 我们把那几条街道打扫得很干净。
Wǒmen bǎ nà jǐ tiáo jiēdào dǎsǎo de hěn gānjìng.

街 jiē

Do You Know

(n.) street

① 这条街叫什么名字？
Zhè tiáo jiē jiào shénme míngzi？

② 那条街的两边种了很多花。
Nà tiáo jiē de liǎng biān zhòngle hěn duō huā.

街上 jiē shang

on the road；in the street

① 今天是春节，街上的人特别多。
Jīntiān shì Chūn Jié, jiē shang de rén tèbié duō.

② 我昨天在街上遇到了高中同学Jerry。
Wǒ zuótiān zài jiē shang yùdàole gāozhōng tóngxué Jerry.

道 dào

(n.) road；way

① 从我家到学校有一条近道。
Cóng wǒ jiā dào xuéxiào yǒu yì tiáo jìn dào.

② 公园里的小道两边都是花。
Gōngyuán lǐ de xiǎo dào liǎng biān dōu shì huā.

(m.w.) **1** [used for doors]

这道门我打不开。
Zhè dào mén wǒ dǎ bu kāi.

2 [used for questions]

老师出的三道题我都不会。
Lǎoshī chū de sān dào tí wǒ dōu bú huì.

3 [used for a meal]

服务员，还有几道菜没有上？
Fúwùyuán, hái yǒu jǐ dào cài méiyǒu shàng？

节目 jiémù

(n.) program

① 你在看什么电视节目呢？
Nǐ zài kàn shénme diànshì jiémù ne？

② 这是一个介绍中国文化的节目。
Zhè shì yí ge jièshào Zhōngguó wénhuà de jiémù.

节日 jiérì

(n.) festival

① 节日快乐！
Jiérì kuàilè！

街　街上　道　节目　节日　春节　结婚　结束　姐姐

② 六月一日是孩子的节日。
Liùyuè yī rì shì háizi de jiérì.

③ 你知道今天是什么节日吗？
Nǐ zhīdào jīntiān shì shénme jiérì ma?

 Do You Know

春节
Chūn Jié

the Spring Festival

① 明年我打算去中国过春节，我想一定很有意思。
Míngnián wǒ dǎsuàn qù Zhōngguó guò Chūn Jié, wǒ xiǎng yídìng hěn yǒu yìsi.

② 春节是中国人最重要的节日。
Chūn Jié shì Zhōngguórén zuì zhòngyào de jiérì.

结婚
jié hūn

marry; get married

① 虽然我爱你，但是我不能和你结婚。
Suīrán wǒ ài nǐ, dànshì wǒ bù néng hé nǐ jié hūn.

② 我和 Jenny 结婚已经十年了。
Wǒ hé Jenny jié hūn yǐjīng shí nián le.

③ Philip 结过两次婚，他现在已经不想再结婚了。
Philip jiéguo liǎng cì hūn, tā xiànzài yǐjīng bù xiǎng zài jié hūn le.

结束
jiéshù

(v.) finish; end

① 会议突然结束了，大家都不知道出了什么事情。
Huìyì tūrán jiéshù le, dàjiā dōu bù zhīdào chūle shénme shìqing.

② 比赛还没有结束，我们就走了。
Bǐsài hái méiyǒu jiéshù, wǒmen jiù zǒu le.

③ 考试结束的时间到了，你完成了吗？
Kǎoshì jiéshù de shíjiān dào le, nǐ wánchéng le ma?

2 姐姐
jiějie

(n.) elder sister

① 这本书不是我的，是我姐姐的。
Zhè běn shū bú shì wǒ de, shì wǒ jiějie de.

② 我给姐姐买的生日礼物是一辆自行车。
Wǒ gěi jiějie mǎi de shēngrì lǐwù shì yí liàng zìxíngchē.

③ 姐姐的房间总是很干净。
Jiějie de fángjiān zǒngshì hěn gānjìng.

 Do You Know

姐 jiě

(n.) elder sister[usually used for addressing]

① 姐，明天我们一起去爬山吧。
Jiě, míngtiān wǒmen yìqǐ qù pá shān ba.

② 我姐不想结婚这件事情让我爸妈很着急。
Wǒ jiě bù xiǎng jié hūn zhè jiàn shìqing ràng wǒ bàmā hěn zháojí.

解决 jiějué

(v.) solve; resolve

① 你这次旅游的吃住问题，我来解决。
Nǐ zhè cì lǚyóu de chī zhù wèntí, wǒ lái jiějué.

② 这不是解决问题的办法。
Zhè bú shì jiějué wèntí de bànfǎ.

③ 公司现在的问题太多了，我一个人解决不了。
Gōngsī xiànzài de wèntí tài duō le, wǒ yí ge rén jiějué bù liǎo.

² 介绍 jièshào

(v.) **1** introduce

① 我想把我的朋友介绍给你认识。
wǒ xiǎng bǎ wǒ de péngyou jièshào gěi nǐ rènshi.

② 我来介绍，这位是 Tina，这位是 Peter。
Wǒ lái jièshào, zhè wèi shì Tina, zhè wèi shì Peter.

2 recommend

① 我正在忙着给弟弟介绍工作。
Wǒ zhèngzài mángzhe gěi dìdi jièshào gōngzuò.

② 经过介绍，我去了那家很有名的公司工作。
Jīngguò jièshào, wǒ qùle nà jiā hěn yǒumíng de gōngsī gōngzuò.

3 let know

① 经理让我向大家介绍公司的工作环境。
Jīnglǐ ràng wǒ xiàng dàjiā jièshào gōngsī de gōngzuò huánjìng.

② 我想向您介绍介绍我们公司。
Wǒ xiǎng xiàng nín jièshào jièshào wǒmen gōngsī.

姐 解决 介绍 借 今天 前天

借 jiè

(v.) **1** borrow

① 有借有还，再借不难。
Yǒu jiè yǒu huán, zài jiè bù nán.

② 我可以借你的自行车用一用吗？
Wǒ kěyǐ jiè nǐ de zìxíngchē yòng yi yòng ma?

2 lend

① 我的词典让Louis借走了。
Wǒ de cídiǎn ràng Louis jièzǒu le.

② 十年以前我借给Jim两万元钱，他到现在都没有还给我，我不想再借钱给他了。
Shí nián yǐqián wǒ jiègěi Jim liǎng wàn yuán qián, tā dào xiànzài dōu méiyǒu huángěi wǒ, wǒ bù xiǎng zài jiè qián gěi tā le.

(prep.) make use of

① 借看电影的机会，我认识了那位很有名的音乐老师。
Jiè kàn diànyǐng de jīhuì, wǒ rènshile nà wèi hěn yǒumíng de yīnyuè lǎoshī.

② 借着工作的机会，Helen认识了一家大公司的经理。
Jièzhe gōngzuò de jīhuì, Helen rènshile yì jiā dà gōngsī de jīnglǐ.

¹ 今天 jīntiān

(n.) today

① 今天很冷。
Jīntiān hěn lěng.

② 今天我要和John结婚。
Jīntiān wǒ yào hé John jié hūn.

③ 今天是我的生日，妹妹给我买了一个很漂亮的生日蛋糕。
Jīntiān shì wǒ de shēngrì, mèimei gěi wǒ mǎile yí ge hěn piàoliang de shēngrì dàngāo.

④ 我今天不能和你去踢足球了。
Wǒ jīntiān bù néng hé nǐ qù tī zúqiú le.

 Do You Know

前天 qiántiān

(n.) the day before yesterday

① 前天早上，我去爬山了。
Qiántiān zǎoshang, wǒ qù pá shān le.

② 今天是五月二号，前天是四月三十号。
Jīntiān shì wǔyuè èr hào, qiántiān shì sìyuè sānshí hào.

后天
hòutiān

(n.) the day after tomorrow

① 后天我有一个很重要的会要参加。
Hòutiān wǒ yǒu yí ge hěn zhòngyào de huì yào cānjiā.

② 明天是星期三，后天是星期四。
Míngtiān shì xīngqīsān, hòutiān shì xīngqīsì.

²进 jìn

(v.) **1** enter；come into；go into

① 我不能进他的房间。
Wǒ bù néng jìn tā de fángjiān.

② 我没有进过你的房间。
Wǒ méiyǒu jìnguo nǐ de fángjiān.

2 order；recruit

① 这种啤酒好卖，可以多进点儿。
Zhè zhǒng píjiǔ hǎo mài, kěyǐ duō jìndiǎnr.

② 最近我们公司进了三个人。
Zuìjìn wǒmen gōngsī jìnle sān ge rén.

3 [used after a verb] in；into

① 老师走进教室的时候，教室里突然安静了。
Lǎoshī zǒujìn jiàoshì de shíhou, jiàoshì lǐ tūrán ānjìng le.

② 你可以把苹果放进冰箱里。
Nǐ kěyǐ bǎ píngguǒ fàngjìn bīngxiāng lǐ.

 Do You Know

进来
jìn lái

1 come in；enter

① 请大家都进来吧。
Qǐng dàjiā dōu jìnlai ba.

② 经理还没进来，会议不能开始。
Jīnglǐ hái méi jìnlai, huìyì bù néng kāishǐ.

③ 门开着，别人都进得来，你为什么进不来？
Mén kāi zhe, biérén dōu jìn de lái, nǐ wèi shénme jìn bu lái?

后天 进 进来 进去 近

2 [used after a verb expressing a movement towards the speaker] in

① 考试的时候，校长走了进来。
Kǎo shì de shíhou, xiàozhǎng zǒule jìnlái.

② A: 电视搬得进来吗？
Diànshì bān de jìnlái ma?

B: 门太小，搬不进来。
Mén tài xiǎo, bān bu jìnlái.

③ 你看见从外面走进一个人来吗？
Nǐ kànjiàn cóng wàimiàn zǒujìn yí ge rén lai ma?

进去 jìn qù

1 go in; enter

① 外面太冷了，快进去吧。
Wàimiàn tài lěng le, kuài jìnqu ba.

② 爷爷正在睡觉，你就不要进去了。
Yéye zhèngzài shuì jiào, nǐ jiù búyào jìnqu le.

③ A: 你进得去吗？
Nǐ jìn de qù ma?

B: 人太多，我进不去
Rén tài duō, wǒ jìn bu qù.

2 [used after a verb expressing a movement away from the speaker] in

① 图书馆是不能把自己的书带进去的。
Túshūguǎn shì bù néng bǎ zìjǐ de shū dài jinqu de.

② A: 这件衣服太小了，我穿不进去。
Zhè jiàn yīfu tài xiǎo le, wǒ chuān bu jìnqù.

B: 你换件大的就穿得进去了。
Nǐ huàn jiàn dà de jiù chuān de jìnqù le.

③ 我看见他走进图书馆去了。
Wǒ kànjiàn tā zǒujìn túshūguǎn qu le.

²近 jìn

(adj.) **1** near; close

① 银行离我们学校很近，走十分钟就能到。
Yínháng lí wǒmen xuéxiào hěn jìn, zǒu shí fēnzhōng jiù néng dào.

127

② 我的眼睛近看看不清楚，远看还可以。
Wǒ de yǎnjing jìn kàn kàn bu qīngchu, yuǎn kàn hái kěyǐ.

③ 近几年来，中国的小城市变化很大。
Jìn jǐ nián lái, Zhōngguó de xiǎo chéngshì biànhuà hěn dà.

2 intimate; closely related

① 我们两家的关系一直很近。
Wǒmen liǎng jiā de guānxi yìzhí hěn jìn.

② 我们两个人以前的关系不好，现在走得也不近。
Wǒmen liǎng ge rén yǐqián de guānxi bù hǎo, xiànzài zǒu de yě bú jìn.

（v.）approaching

① 我在这家公司的工作时间近三十年了。
Wǒ zài zhè jiā gōngsī de gōngzuò shíjiān jìn sānshí nián le.

② 奶奶已经年近八十了。
Nǎinai yǐjīng nián jìn bāshí le.

经常 jīngcháng

（adv.）frequently; constantly

① 我经常带孩子去公园玩儿。
Wǒ jīngcháng dài háizi qù gōngyuán wánr.

② 北京经常刮风。
Běijīng jīngcháng guā fēng.

③ John 上班经常迟到。
John shàng bān jīngcháng chídào.

（adj.）day-to-day; daily; everyday

① George 爱上网，玩儿一晚上是经常的。
George ài shàng wǎng, wánr yì wǎnshang shì jīngcháng de.

② 游泳是我最经常参加的体育运动。
Yóu yǒng shì wǒ zuì jīngcháng cānjiā de tǐyù yùndòng.

常 cháng

（adv.）frequently; often; usually

① 爸爸妈妈都老了，我们应该常回家看看他们。
Bàba māma dōu lǎo le, wǒmen yīnggāi cháng huí jiā kànkan tāmen.

经常　常　常常　经过　经理

常常
chángcháng

② 我和 Helen 关系很好，她常来我家玩儿。
Wǒ hé Helen guānxi hěn hǎo, tā cháng lái wǒ jiā wánr.

(adv.) frequently; often; usually

① 同学们常常来找我爷爷，让他讲故事。
Tóngxuémen chángcháng lái zhǎo wǒ yéye, ràng tā jiǎng gùshi.

② Jane 常常学习到很晚。
Jane chángcháng xuéxí dào hěn wǎn.

经过
jīngguò

(v.) **1** pass; go through

① 我去学校的时候经过那家商店。
Wǒ qù xuéxiào de shíhou jīngguò nà jiā shāngdiàn.

② 经过一段时间的学习，我的汉语水平有了很大的提高。
Jīngguò yí duàn shíjiān de xuéxí, wǒ de Hànyǔ shuǐpíng yǒule hěn dà de tígāo.

2 after; as the result of

① 房间经过打扫，干净多了。
Fángjiān jīngguò dǎsǎo, gānjìng duō le.

② 经过这件事情，Chris 开始努力学习了。
Jīngguò zhè jiàn shìqing, Chris kāishǐ nǔlì xuéxí le.

(n.) process; course

① 我把事情的经过告诉了大家。
Wǒ bǎ shìqing de jīngguò gàosule dàjiā.

② 你和 Tina 认识的经过还没有告诉我呢。
Nǐ hé Tina rènshi de jīngguò hái méiyǒu gàosu wǒ ne.

经理
jīnglǐ

(n.) manager

① 经理现在不在，您可以下午给他打电话。
Jīnglǐ xiànzài bú zài, nín kěyǐ xiàwǔ gěi tā dǎ diànhuà.

② 我们很奇怪为什么经理会让 Richard 来公司。
Wǒmen hěn qíguài wèi shénme jīnglǐ huì ràng Richard lái gōngsī.

③ Elizabeth 是我们公司的经理。
Elizabeth shì wǒmen gōngsī de jīnglǐ.

J HSK（三级）

1 九 jiǔ

（num.）nine

① A：你多大了？
Nǐ duō dà le?

B：我九岁了。
Wǒ jiǔ suì le.

② 教室里有九十张桌子。
Jiàoshì lǐ yǒu jiǔshí zhāng zhuōzi.

③ 他十九岁就开始工作了。
Tā shíjiǔ suì jiù kāishǐ gōngzuò le.

久 jiǔ

（adj.）for a long time

① 我认识他很久了，我相信他刚才说的话。
Wǒ rènshi tā hěn jiǔ le, wǒ xiāngxìn tā gāngcái shuō de huà.

② 站久了，脚会疼的。
Zhàn jiǔ le, jiǎo huì téng de.

③ 那是很久很久以前的事情了，我都忘记了。
Nà shì hěn jiǔ hěn jiǔ yǐqián de shìqing le, wǒ dōu wàngjì le.

 Do You Know

不久 bùjiǔ

（adj.）before long; not long ago; soon

① 我刚来不久。
Wǒ gāng lái bùjiǔ.

② 不久以后，我就要去中国学习了。
Bùjiǔ yǐhòu, wǒ jiù yào qù Zhōngguó xuéxí le.

好久 hǎojiǔ

（adj.）quite a long time

① 我和 Lucy 好久都没有见面了。
Wǒ hé Lucy hǎojiǔ dōu méiyǒu jiàn miàn le.

② 我等了你好久，你怎么不给我打个电话呢？
Wǒ děngle nǐ hǎojiǔ, nǐ zěnme bù gěi wǒ dǎ ge diànhuà ne?

旧 jiù

（adj.）**1** used; worn

① 我的裤子旧了，我要买一条新的。
Wǒ de kùzi jiù le, wǒ yào mǎi yì tiáo xīn de.

② 我想把那辆旧自行车送给妹妹。
Wǒ xiǎng bǎ nà liàng jiù zìxíngchē sòng gěi mèimei.

九 久 不久 好久 旧 就

2 past; bygone; old

Betty 很了解旧中国的文化。
Betty hěn liǎojiě jiù Zhōngguó de wénhuà.

---

2 就 jiù （adv.） **1** at once; right away

① 你等一会儿，我马上就来。
Nǐ děng yíhuìr, wǒ mǎshàng jiù lái.

② 我们快走吧，一会儿就会下雨的。
Wǒmen kuài zǒu ba, yíhuìr jiù huì xià yǔ de.

2 as early as

① 上个星期我就来北京了。
Shàng ge xīngqī wǒ jiù lái Běijīng le.

② 我去年就参加工作了。
Wǒ qùnián jiù cānjiā gōngzuò le.

3 as soon as; right after

① 他来了我就走。
Tā láile wǒ jiù zǒu.

② 我到学校就给你打电话。
Wǒ dào xuéxiào jiù gěi nǐ dǎ diànhuà.

4 only; merely

① 我就喜欢打篮球，不喜欢其他的体育运动。
Wǒ jiù xǐhuan dǎ lánqiú, bù xǐhuan qítā de tǐyù yùndòng.

② 我就爱吃妈妈做的菜。
Wǒ jiù ài chī māma zuò de cài.

5 just; simply

① 你让我做什么，我就不做什么。
Nǐ ràng wǒ zuò shénme, wǒ jiù bú zuò shénme.

② 不知道为什么，我就不喜欢 Bill。
Bù zhīdào wèi shénme, wǒ jiù bù xǐhuan Bill.

6 [used between two identical elements] expressing resignation or tolerance

① 我听你的，你让我去哪儿就去哪儿。
Wǒ tīng nǐ de, nǐ ràng wǒ qù nǎr jiù qù nǎr.

② 你愿意来就来，不愿意来也没有关系。
Nǐ yuànyì lái jiù lái, bú yuànyì lái yě méiyǒu guānxi.

7 in that case; then

① 如果你想提高考试成绩，现在就应该努力学习。
Rúguǒ nǐ xiǎng tígāo kǎoshì chéngjì, xiànzài jiù yīnggāi nǔlì xuéxí.

② 如果下午不下雨了，我们就去打篮球吧。
Rúguǒ xiàwǔ bú xià yǔ le, wǒmen jiù qù dǎ lánqiú ba.

8 as much as; as many as

① Elvis 一次就买了二十块手表。
Elvis yí cì jiù mǎile èrshí kuài shǒubiǎo.

② 其他三个人一共吃了三碗米饭，你一个人就吃了三碗。
Qítā sān ge rén yígòng chīle sān wǎn mǐfàn, nǐ yí ge rén jiù chīle sān wǎn.

（prep.） as far as; concerning; with regard to

① 就这件事情，大家有什么要求？
Jiù zhè jiàn shìqing, dàjiā yǒu shénme yāoqiú?

② 就这次考试，我什么也不想告诉你。
Jiù zhè cì kǎoshì, wǒ shénme yě bù xiǎng gàosu nǐ.

Do You Know

就是
jiùshì

（conj.） **1** even if; even

① David 就是来找我，我也不会见他。
David jiùshì lái zhǎo wǒ, wǒ yě bú huì jiàn tā.

② 这件事情就是你不说，我也会知道的。
Zhè jiàn shìqing jiùshì nǐ bù shuō, wǒ yě huì zhīdào de.

2 only; however

① 这块手表很漂亮，就是太贵了。
Zhè kuài shǒubiǎo hěn piàoliang, jiùshì tài guì le.

② 中国很好玩儿，就是汉语太难学。
Zhōngguó hěn hǎowánr, jiùshì Hànyǔ tài nán xué.

3 either...or...

① 周末的时候，我除了睡觉就是上网。
Zhōumò de shíhou, wǒ chúle shuì jiào jiùshì shàng wǎng.

② 教室里除了老师就是学生。
Jiàoshì lǐ chúle lǎoshī jiùshì xuésheng.

就要 jiù yào

be about to; be on the point of

① 天就要黑了，我们快回家吧。
Tiān jiù yào hēi le, wǒmen kuài huí jiā ba.

② 明天我就要结婚了。
Míngtiān wǒ jiù yào jié hūn le.

句子 jùzi

(n.) sentence

① 刚才你写的句子里有一个字写错了。
Gāngcái nǐ xiě de jùzi lǐ yǒu yí ge zì xiěcuò le.

② 你知道这几个句子的意思吗？
Nǐ zhīdào zhè jǐ ge jùzi de yìsi ma?

③ 那个句子用汉语怎么讲？
Nà ge jùzi yòng Hànyǔ zěnme jiǎng?

 Do You Know

句 jù

(m.w.) [used for sentences or remarks]

① 这一段的第二句是什么意思？
Zhè yí duàn de dì èr jù shì shénme yìsi?

② 请大家安静，我想说几句话。
Qǐng dàjiā ānjìng, wǒ xiǎng shuō jǐ jù huà.

决定 juédìng

(v.) **1** decide; resolve

① 经理决定让 Betty 去北京学习一个月。
Jīnglǐ juédìng ràng Betty qù Běijīng xuéxí yí ge yuè.

② 和 Philip 结婚的时间我自己决定不了。
Hé Philip jié hūn de shíjiān wǒ zìjǐ juédìng bù liǎo.

2 be the prerequisite; determine

① 我不认为学习时间决定学习成绩。
Wǒ bú rènwéi xuéxí shíjiān juédìng xuéxí chéngjì.

② 和 Philip 结婚这件事情决定了我要在北京工作。
Hé Philip jié hūn zhè jiàn shìqing juédìngle wǒ yào zài Běijīng gōngzuò.

(n.) decision; resolution

① 那件事情我还没有做出决定。
Nà jiàn shìqing wǒ hái méiyǒu zuòchū juédìng.

② 我认为这是一个非常重要的决定。
Wǒ rènwéi zhè shì yí ge fēicháng zhòngyào de juédìng.

2 觉得 juéde

(v.) **1** feel; be aware

① 上网时间久了，我觉得眼睛疼。
Shàng wǎng shíjiān jiǔ le, wǒ juéde yǎnjing téng.

② 昨天晚上我回家的时候，后面有个人一直跟着我，我觉得很害怕。
Zuótiān wǎnshang wǒ huí jiā de shíhou, hòumiàn yǒu ge rén yìzhí gēnzhe wǒ, wǒ juéde hěn hàipà.

2 think; find

① 我觉得你不应该去那家新公司工作。
Wǒ juéde nǐ bù yīnggāi qù nà jiā xīn gōngsī gōngzuò.

② 虽然我已经二十岁了，但是奶奶觉得我还是个孩子。
Suīrán wǒ yǐjīng èrshí suì le, dànshì nǎinai juéde wǒ hái shì ge háizi.

K

2 咖啡 kāfēi （n.）coffee

① 这种咖啡很贵。
Zhè zhǒng kāfēi hěn guì.

② 你喝咖啡还是喝茶？
Nǐ hē kāfēi háishi hē chá？

 Do You Know

咖啡馆儿 kāfēiguǎnr （n.）coffee bar

① 我在你公司旁边的咖啡馆儿等你。
Wǒ zài nǐ gōngsī pángbiān de kāfēiguǎnr děng nǐ.

② 这家咖啡馆儿的咖啡便宜又好喝。
Zhè jiā kāfēiguǎnr de kāfēi piányi yòu hǎohē.

1 开 kāi （v.）**1** open；switch on

① 请开门。
Qǐng kāi mén.

② 虽然大家都走了，但是电视还开着。
Suīrán dàjiā dōu zǒu le, dànshì diànshì hái kāi zhe.

2 unfold；detach

① 公园里的花开了。
Gōngyuán lǐ de huā kāi le.

② 这只皮鞋上开了一个口，我不想再穿了。
Zhè zhǐ píxié shang kāile yí ge kǒu, wǒ bù xiǎng zài chuān le.

3 operate；drive

① 没有人知道 Helen 会开飞机。
Méiyǒu rén zhīdào Helen huì kāi fēijī.

② 我是开出租车的，工作很累。
Wǒ shì kāi chūzūchē de, gōngzuò hěn lèi.

4 establish；run

① 如果我有钱，我会开一家医院。
Rúguǒ wǒ yǒu qián, wǒ huì kāi yì jiā yīyuàn.

② Jennifer 开了一家做中国菜的饭店。
Jennifer kāile yì jiā zuò Zhōngguócài de fàndiàn.

5 write out; make a list of

① 医生开的药太贵了。
Yīshēng kāi de yào tài guì le.

② 医生给我开了三种药。
Yīshēng gěi wǒ kāile sān zhǒng yào.

6 hold (a meeting, symposium and exhibition, etc.)

① 明天的会上午十点开，请大家别迟到。
Míngtiān de huì shàngwǔ shí diǎn kāi, qǐng dàjiā bié chídào.

② 今天晚上的会不开了。
Jīntiān wǎnshang de huì bù kāi le.

7 boil

① 水开了，可以下面条儿了。
Shuǐ kāi le, kěyǐ xià miàntiáor le.

② 别着急，水还没有开。
Bié zháo jí, shuǐ hái méiyǒu kāi.

8 open up; cut out

① 我打算在房间里再开一个门。
Wǒ dǎsuàn zài fángjiān lǐ zài kāi yí ge mén.

② 我家附近新开了一条路。
Wǒ jiā fùjìn xīn kāile yì tiáo lù.

9 [used after a verb] out of the way; accommodate

① 大家快让开，后面来了一只大狗。
Dàjiā kuài ràngkāi, hòumiàn láile yì zhī dà gǒu.

② 这辆出租车坐不开六个人。
Zhè liàng chūzūchē zuò bu kāi liù ge rén.

2 开始 kāishǐ

(v.) **1** begin; start

① 电影已经开始了，他还没有到。
Diànyǐng yǐjīng kāishǐ le, tā hái méiyǒu dào.

② 我也不知道是什么时候开始喜欢上他的。
Wǒ yě bù zhīdào shì shénme shíhou kāishǐ xǐhuan shang tā de.

2 set about doing something.

① 我们现在开始学习第三课。
Wǒmen xiànzài kāishǐ xuéxí dì sān kè.

开始　看

② 虽然考试时间是下个月二十号，但是我已经开始复习了。
Suīrán kǎoshì shíjiān shì xià ge yuè èrshí hào, dànshì wǒ yǐjīng kāishǐ fùxí le.

（n.）outset；beginning

① 一月一日是一年的开始。
Yīyuè yī rì shì yì nián de kāishǐ.

② 我从开始就明白经理的意思了。
Wǒ cóng kāishǐ jiù míngbai jīnglǐ de yìsi le.

1 看 kàn

（v.）**1** see；watch；look at

① 我喜欢看电影。
Wǒ xǐhuan kàn diànyǐng.

② 你别去爷爷的房间，他正在看书。
Nǐ bié qù yéye de fángjiān, tā zhèngzài kàn shū.

2 visit；call on

① 周末我要去看朋友。
Zhōumò wǒ yào qù kàn péngyou.

② 老师生病了，明天我和同学一起去看他。
Lǎoshī shēng bìng le, míngtiān wǒ hé tóngxué yìqǐ qù kàn tā.

3 treat a patient or an illness

① 你发烧了，还是去医院看医生吧。
Nǐ fā shāo le, háishi qù yīyuàn kàn yīshēng ba.

② 张医生看好了很多人。
Zhāng yīshēng kànhǎole hěn duō rén.

4 consider；judge

① 我看你不应该去参加比赛。
Wǒ kàn nǐ bù yīnggāi qù cānjiā bǐsài.

② 你看这件事情 Elizabeth 能做好吗？
Nǐ kàn zhè jiàn shìqing Elizabeth néng zuòhǎo ma？

（part.）[used after a verb] try and see

① 你再想想看昨天把钱放哪儿了。
Nǐ zài xiǎngxiang kàn zuótiān bǎ qián fàng nǎr le.

② A：我的手机找不到了。
Wǒ de shǒujī zhǎo bu dào le.

B：别着急，你再找找看。
Bié zháo jí, nǐ zài zhǎozhao kàn.

137

看到 kàn dào

 Do You Know

see; catch sight of

① 我已经很长时间没有看到 Kate 了。
Wǒ yǐjīng hěn cháng shíjiān méiyǒu kàndào Kate le.

② 前面太黑了，我什么也看不到。
Qiánmiàn tài hēi le, wǒ shénme yě kàn bu dào.

¹ 看见 kàn jiàn

catch sight of; see

① 我看见 Rogers 从你桌子上拿了一本词典。
Wǒ kànjiàn Rogers cóng nǐ zhuōzi shang nále yì běn cídiǎn.

② 我在哪儿？我怎么什么也看不见？
Wǒ zài nǎr? Wǒ zěnme shénme yě kàn bu jiàn?

见 jiàn

 Do You Know

(v.) **1** meet; call on; see

① 明天见！
Míngtiān jiàn!

② 星期五我打算去见一见 Philip。
Xīngqīwǔ wǒ dǎsuàn qù jiàn yi jiàn Philip.

2 see; catch sight of

① 邻居家的孩子太可爱了，人见人爱。
Línjū jiā de háizi tài kě'ài le, rén jiàn rén ài.

② 见他正在忙着打电话，我就走了。
Jiàn tā zhèngzài mángzhe dǎ diànhuà, wǒ jiù zǒu le.

见到 jiàn dào

see

① 昨天见到了 Philip，我真高兴。
Zuótiān jiàndàole Philip, wǒ zhēn gāoxìng.

② 我以后可能再也见不到你了。
Wǒ yǐhòu kěnéng zài yě jiàn bu dào nǐ le.

见过 jiàn guò

seen

① 这种花我没有见过。
Zhè zhǒng huā wǒ méiyǒu jiànguo.

看到 看见 见 见到 见过 考试 考 可爱 可能

② 请问，您见没见过照片上的这两个人？
Qǐngwèn, nín jiàn méi jiànguo zhàopiàn shang de zhè liǎng ge rén?

2 考试 kǎo shì

have an exam

① 请大家注意，现在开始考试。
Qǐng dàjiā zhùyì, xiànzài kāishǐ kǎo shì.

② 考完试我们去打篮球吧。
Kǎowán shì wǒmen qù dǎ lánqiú ba.

 Do You Know

考 kǎo

(v.) examine

① 这次体育考试，我考了第一。
Zhè cì tǐyù kǎoshì, wǒ kǎole dì yī.

② 我来考考你吧。
Wǒ lái kǎokao nǐ ba.

可爱 kě'ài

(adj.) lovable; lovely

① 我有一个可爱的儿子。
Wǒ yǒu yí ge kě'ài de érzi.

② 熊猫太可爱了。
Xióngmāo tài kě'ài le.

③ 我家有一只小狗，它长得非常可爱，我很喜欢它。
Wǒ jiā yǒu yì zhī xiǎo gǒu, tā zhǎng de fēicháng kě'ài, wǒ hěn xǐhuan tā.

2 可能 kěnéng

(adj.) possible

① 我觉得 George 离开公司是有可能的。
Wǒ juéde George líkāi gōngsī shì yǒu kěnéng de.

② 刚才 David 讲的事情，我觉得不可能。
Gāngcái David jiǎng de shìqing, wǒ juéde bù kěnéng.

(adv.) possibly; maybe

① 我觉得 Richard 可能知道这件事情，你可以去问他。
Wǒ juéde Richard kěnéng zhīdào zhè jiàn shìqing, nǐ kěyǐ qù wèn tā.

② 今天的天气多好啊，怎么可能下雨呢？
Jīntiān de tiānqì duō hǎo a, zěnme kěnéng xià yǔ ne?

(n.) possiblity

① 你觉得 George 离开公司的可能有多大？
Nǐ juéde George líkāi gōngsī de kěnéng yǒu duō dà?

② 现在有两种可能，一种是公司搬到北京去，一种是在北京再开一家公司。
Xiànzài yǒu liǎng zhǒng kěnéng, yì zhǒng shì gōngsī bāndào Běijīng qù, yì zhǒng shì zài Běijīng zài kāi yì jiā gōngsī.

2 可以 kěyǐ

(v.) can; may

① 你可以把自行车借给我吗？
Nǐ kěyǐ bǎ zìxíngchē jiègěi wǒ ma?

② 今天的考试已经结束了，大家可以离开教室了。
Jīntiān de kǎoshì yǐjīng jiéshù le, dàjiā kěyǐ líkāi jiàoshì le.

③ 如果您有什么问题，可以给我打电话。
Rúguǒ nín yǒu shénme wèntí, kěyǐ gěi wǒ dǎ diànhuà.

(adj.) **1** not bad

① 老师觉得我们这次数学考试的成绩还可以。
Lǎoshī juéde wǒmen zhè cì shùxué kǎoshì de chéngjì hái kěyǐ.

② 大家都认为 Mary 长得还可以。
Dàjiā dōu rènwéi Mary zhǎng de hái kěyǐ.

2 awful; terrible

① 八月的北京真是热得可以。
Bāyuè de Běijīng zhēn shì rè de kěyǐ.

② 我们经理真可以，周末还让我们上班。
Wǒmen jīnglǐ zhēn kěyǐ, zhōumò hái ràng wǒmen shàng bān.

渴 kě

(adj.) thirsty

① 我今天一直都没有喝水，现在觉得非常渴。
Wǒ jīntiān yìzhí dōu méiyǒu hē shuǐ, xiànzài juéde fēicháng kě.

② 我渴了，我想喝水。
Wǒ kě le, wǒ xiǎng hē shuǐ.

③ A：你渴不渴？
　　　Nǐ kě bu kě?

　B：我不渴。
　　　Wǒ bù kě.

刻 kè

(v.) carve

① 我在西瓜上刻了一只小狗。
　Wǒ zài xīguā shang kèle yì zhī xiǎo gǒu.

② 桌子上刻着一条鱼。
　Zhuōzi shang kèzhe yì tiáo yú.

③ Richard 刻的字很漂亮。
　Richard kè de zì hěn piàoliang.

(m.w.) quarter of an hour

① A：现在几点了？
　　　Xiànzài jǐ diǎn le?

　B：差一刻四点。
　　　Chà yí kè sì diǎn.

② 明天上午九点一刻开始比赛，请大家别迟到。
　Míngtiān shàngwǔ jiǔ diǎn yí kè kāishǐ bǐsài, qǐng dàjiā bié chídào.

客人 kèrén

(n.) guest; visitor

① 等了很久，客人终于来了。
　Děngle hěn jiǔ, kèrén zhōngyú lái le.

② 爸爸过生日的时候，我们请了很多客人。
　Bàba guò shēngrì de shíhou, wǒmen qǐngle hěn duō kèrén.

③ 我们给参加这次会议的客人准备了礼物。
　Wǒmen gěi cānjiā zhè cì huìyì de kèrén zhǔnbèile lǐwù.

² 课 kè

(n.) 1 class

① 最近这几天我没有课，可以和你去打篮球。
　Zuìjìn zhè jǐ tiān wǒ méiyǒu kè, kěyǐ hé nǐ qù dǎ lánqiú.

② 今天我有课，明天我们再见面吧。
　Jīntiān wǒ yǒu kè, míngtiān wǒmen zài jiàn miàn ba.

2 course; subject

① 我再也不想上汉语课了。
　Wǒ zài yě bù xiǎng shàng Hànyǔkè le.

② 你喜欢数学课还是喜欢历史课？
　　Nǐ xǐhuan shùxuékè háishi xǐhuan lìshǐkè？

3 lesson；passage

① 今天我们学习第二课。
　　Jīntiān wǒmen xuéxí dì èr kè.

② 这本书一共二十课。
　　Zhè běn shū yígòng èrshí kè.

Do You Know

课本 kèběn

（n.）textbook

① 请大家打开课本，今天我们学习第四课。
　　Qǐng dàjiā dǎkāi kèběn，jīntiān wǒmen xuéxí dì sì kè.

② 我忘记带数学课本了。
　　Wǒ wàngjì dài shùxué kèběn le.

课文 kèwén

（n.）text

① 这本书的每一课都有课文和练习。
　　Zhè běn shū de měi yí kè dōu yǒu kèwén hé liànxí.

② 这本书的课文很容易，我一学就会。
　　Zhè běn shū de kèwén hěn róngyì，wǒ yì xué jiù huì.

上课 shàng kè

attend class；conduct a class

① 昨天你为什么没有来上课？
　　Zuótiān nǐ wèi shénme méiyǒu lái shàng kè？

② 同学们正在上课，请你不要进去。
　　Tóngxuémen zhèngzài shàng kè，qǐng nǐ búyào jìnqu.

下课 xià kè

get out of class；finish class

① 下课以后，我们去打篮球吧。
　　Xià kè yǐhòu，wǒmen qù dǎ lánqiú ba.

② 一直到下课，我都没有明白老师讲的那道题是怎么做出来的。
　　Yìzhí dào xià kè，wǒ dōu méiyǒu míngbai lǎoshī jiǎng de nà dào tí shì zěnme zuò chūlai de.

课本　课文　上课　下课　空调　调　口

空调 kōngtiáo

(n.) air conditioner

① 今天不是很热，不需要开空调。
Jīntiān bú shì hěn rè, bù xūyào kāi kōngtiáo.

② 昨天晚上我忘记关空调了，所以今天感冒了。
Zuótiān wǎnshang wǒ wàngjì guān kōngtiáo le, suǒyǐ jīntiān gǎnmào le.

③ 服务员，请把空调开大些。
Fúwùyuán, qǐng bǎ kōngtiáo kāi dà xiē.

 Do You Know

调 tiáo

(v.) **1** adjust well

① 电视的声音太小了，请帮我调大一点儿。
Diànshì de shēngyīn tài xiǎo le, qǐng bāng wǒ tiáo dà yìdiǎnr.

② 我的手表快了，你给我调调。
Wǒ de shǒubiǎo kuài le, nǐ gěi wǒ tiáotiao.

2 mix

① 蓝色和黄色可以调成绿色。
Lánsè hé huángsè kěyǐ tiáochéng lǜsè.

② 这是用牛奶和茶调成的。
Zhè shì yòng niúnǎi hé chá tiáochéng de.

口 kǒu

(n.) **1** mouth

① Richard 终于能张开口了。
Richard zhōngyú néng zhāngkāi kǒu le.

② 请张开口，让我看一看。
Qǐng zhāngkāi kǒu, ràng wǒ kàn yi kàn.

2 opening (of a container)

① 这个碗的碗口没有洗干净。
zhè ge wǎn de wǎnkǒu méiyǒu xǐ gānjìng.

② 这个杯子口太小了，我们还是换一个吧。
zhè ge bēizi kǒu tài xiǎo le, wǒmen háishi huàn yí ge ba.

3 hole; tear

① 我的皮鞋上开了一个口儿。
Wǒ de píxié shang kāile yí ge kǒur.

143

② 那件衣服都是口儿。
Nà jiàn yīfu dōu shì kǒur.

(m.w.) **1** [used for people]

A：你家有几口人？
Nǐ jiā yǒu jǐ kǒu rén？

B：我家有三口人。
Wǒ jiā yǒu sān kǒu rén.

2 [used for mouth actions]

① William 还没有吃几口菜就被经理叫走了。
William hái méiyǒu chī jǐ kǒu cài jiù bèi jīnglǐ jiàozǒu le.

② 刚才我喝了一大口啤酒，真舒服。
Gāngcái wǒ hēle yí dà kǒu píjiǔ, zhēn shūfu.

哭 kū

(v.) cry; weep

① 出什么事情了？你怎么哭了？
Chū shénme shìqing le？Nǐ zěnme kū le？

② 我知道你现在很难过，想哭就哭吧。
Wǒ zhīdào nǐ xiànzài hěn nánguò, xiǎng kū jiù kū ba.

③ 别再哭了，我们会帮助你的。
Bié zài kū le, wǒmen huì bāngzhù nǐ de.

裤子 kùzi

(n.) trousers; pants

① William 今天穿了一件红衬衫，一条黑裤子。
William jīntiān chuānle yí jiàn hóng chènshān, yì tiáo hēi kùzi.

② 你的裤子在哪儿买的？真漂亮！
Nǐ de kùzi zài nǎr mǎi de？Zhēn piàoliang！

③ 这条裤子太瘦了，我穿不上。
Zhè tiáo kùzi tài shòu le, wǒ chuān bu shàng.

¹块 kuài

(m.w.) **1** piece; lump

① 妈妈买了六块蛋糕，我们一人一块。
Māma mǎile liù kuài dàngāo, wǒmen yì rén yí kuài.

② 请给我一块西瓜好吗？
Qǐng gěi wǒ yí kuài xīguā hǎo ma？

2 *yuan*, a fractional unit of money in China

① A：香蕉多少钱一公斤？
　　 Xiāngjiāo duōshao qián yì gōngjīn？

　　 B：十块钱。
　　 Shí kuài qián.

② 妈妈给了我三百块钱，让我自己去买衣服。
　 Māma gěile wǒ sānbǎi kuài qián, ràng wǒ zìjǐ qù mǎi yīfu.

 Do You Know

一块儿 yíkuàir

(n.) at the same place

① 我和Terry在一块儿工作了很多年。
　 Wǒ hé Terry zài yíkuàir gōngzuòle hěn duō nián.

② 老师让我把椅子都放到一块儿。
　 Lǎoshī ràng wǒ bǎ yǐzi dōu fàngdào yíkuàir.

(adv.) together

① 明天我要和经理一块儿去北京开会。
　 Míngtiān wǒ yào hé jīnglǐ yíkuàir qù Běijīng kāi huì.

② 在北京工作的时候，我和David一块儿住了三年。
　 Zài Běijīng gōngzuò de shíhou, wǒ hé David yíkuàir zhùle sān nián.

2 快 kuài

(adj.) fast; quick; rapid

① 你走得太快了，等我一会儿。
　 Nǐ zǒu de tài kuài, děng wǒ yíhuìr.

② 我的手表比Henry的快四分钟。
　 Wǒ de shǒubiǎo bǐ Henry de kuài sì fēnzhōng.

③ Louis的成绩提高得很快。
　 Louis de chéngjì tígāo de hěn kuài.

(adv.) **1** soon; be about to

① 我来北京快十年了。
　 Wǒ lái Běijīng kuài shí nián le.

② 今天的工作快结束了，一会儿我就可以去踢足球了。
Jīntiān de gōngzuò kuài jiéshù le, yíhuìr wǒ jiù kěyǐ qù tī zúqiú le.

2 hurry up; quickly

① 快起床，我们去爬山。
Kuài qǐ chuáng, wǒmen qù pá shān.

② 你快来，大家都在等你。
Nǐ kuài lái, dàjiā dōu zài děng nǐ.

③ 快走，一会儿要下雨。
Kuài zǒu, yíhuìr yào xià yǔ.

2 快乐 kuàilè

(adj.) happy; joyful

① 生日快乐！
Shēngrì kuàilè!

② 我和 Tina 过得很快乐。
Wǒ hé Tina guò de hěn kuàilè.

③ 我们应该快快乐乐地工作。
Wǒmen yīnggāi kuàikuàilèlè de gōngzuò.

筷子 kuàizi

(n.) chopsticks

① 我不会用筷子。
Wǒ bú huì yòng kuàizi.

② 服务员，请拿两双筷子。
Fúwùyuán, qǐng ná liǎng shuāng kuàizi.

③ Mary，筷子洗过了吗？
Mary, kuàizi xǐguo le ma?

L

¹ 来 lái

(v.) **1** come

① 302路公共汽车来了。
Sān líng èr lù gōnggòng qìchē lái le.

② 欢迎你来我家玩儿。
Huānyíng nǐ lái wǒ jiā wánr.

③ 这位同学是新来的，请大家多照顾他。
Zhè wèi tóngxué shì xīn lái de, qǐng dàjiā duō zhàogu tā.

2 occur; take place

① 工作还没有结束，问题就来了。
Gōngzuò hái méiyǒu jiéshù, wèntí jiù lái le.

② 这次感冒来得快去得慢。
Zhè cì gǎnmào lái de kuài qù de màn.

3 [used in place of a more specific verb] do

① 我不会做菜，你来吧。
Wǒ bú huì zuò cài, nǐ lái ba.

② A: 您还想吃点儿什么？
Nín hái xiǎng chīdiǎnr shénme?

B: 就来这几个菜吧。
Jiù lái zhè jǐ ge cài ba.

4 [used before a verb or verbal expression] will do something

① 现在公司遇到了问题，大家一起来想办法吧。
Xiànzài gōngsī yùdàole wèntí, dàjiā yìqǐ lái xiǎng bànfǎ ba.

② 我们请Nick来讲一讲他和Liza是怎么认识的。
Wǒmen qǐng Nick lái jiǎng yi jiǎng tā hé Liza shì zěnme rènshi de.

5 [used with 得 or 不] expressing possibility or impossibility

① 门太小了，我进不来。
Mén tài xiǎo le, wǒ jìn bu lái.

② 这种电脑你能买得来吗？
Zhè zhǒng diànnǎo nǐ néng mǎi de lái ma?

6 [used after a verb] expressing estimation

想来你做这件事情以前是有准备的。
Xiǎnglái nǐ zuò zhè jiàn shìqing yǐqián shì yǒu zhǔnbèi de.

7 [used after a verb expressing a movement toward the speaker] here

① 前面开来一辆出租车。
Qiánmiàn kāilai yí liàng chūzūchē.

② 他把词典拿来了。
Tā bǎ cídiǎn nálai le.

③ Jim 给我送来了生日礼物。
Jim gěi wǒ sònglaile shēngrì lǐwù.

8 [used between a verbal or prepositional phrase and a verb or its equivalent] the former expressing the way of doing things and the latter the purpose

① 你用什么办法来提高学习成绩?
Nǐ yòng shénme bànfǎ lái tígāo xuéxí chéngjì?

② 他喜欢用手机来听音乐。
Tā xǐhuan yòng shǒujī lái tīng yīnyuè.

(part.) **1** approximately

① 他有四十来岁。
Tā yǒu sìshí lái suì.

② 我买这块手表花了十来万。
Wǒ mǎi zhè kuài shǒubiǎo huāle shí lái wàn.

2 [used after the numerals] reeling off the points of an explanation or argument

我想去中国,一来是为了找工作,二来是为了学习汉语。
Wǒ xiǎng qù Zhōngguó, yī lái shì wèile zhǎo gōngzuò, èr lái shì wèile xuéxí Hànyǔ.

 Do You Know

来到
lái dào

arrive; come

① 我和 Jenny 一起骑自行车来到学校。
Wǒ hé Jenny yìqǐ qí zìxíngchē láidào xuéxiào.

② 来到中国以后,我得到了很多人的帮助。
Láidào Zhōngguó yǐhòu, wǒ dédàole hěn duō rén de bāngzhù.

蓝 lán

(adj.) blue

① Kate 今天穿了一条蓝裤子。
Kate jīntiān chuānle yì tiáo lán kùzi.

② Fiona 的眼睛真蓝啊。
Fiona de yǎnjing zhēn lán a.

③ 水蓝蓝的，草绿绿的，孩子们在快乐地做游戏。
Shuǐ lánlán de, cǎo lǜlǜ de, háizimen zài kuàilè de zuò yóuxì.

 Do You Know

蓝色 lánsè

(n.) blue colour

① 那块蓝色的手表多少钱？
Nà kuài lánsè de shǒubiǎo duōshao qián？

② 穿蓝色衬衫的那个人是我爸爸。
Chuān lánsè chènshān de nà ge rén shì wǒ bàba.

老 lǎo

(adj.) **1** aged; old

① 这只老猫已经十二岁了。
Zhè zhī lǎo māo yǐjīng shí'èr suì le.

② Liza 最近这几年老多了。
Liza zuìjìn zhè jǐ nián lǎo duō le.

③ Philip 长得特别老。
Philip zhǎng de tèbié lǎo.

2 of long standing

① 我和 Mary 是很多年的老朋友。
Wǒ hé Mary shì hěn duō nián de lǎo péngyou.

② 这已经是老问题了，很难解决的。
Zhè yǐjīng shì lǎo wèntí le, hěn nán jiějué de.

③ Jenny 是我的老邻居，我了解她。
Jenny shì wǒ de lǎo línjū, wǒ liǎojiě tā.

3 outdated; old fashioned

① 这几个包已经太老了，我不想要了。
Zhè jǐ ge bāo yǐjīng tài lǎo le, wǒ bù xiǎng yào le.

② 这本书已经老得不能用了。
Zhè běn shū yǐjīng lǎo de bù néng yòng le.

4 experienced

① 我开出租车已经二十年了，是老司机了。
Wǒ kāi chūzūchē yǐjīng èrshí nián le, shì lǎo sījī le.

② Ann 是一位很有名的老医生。
Ann shì yí wèi hěn yǒumíng de lǎo yīshēng.

5 original; former

① 明天我们还在老地方见面。
Míngtiān wǒmen hái zài lǎo dìfang jiàn miàn.

② 早上洗澡是我的老习惯。
Zǎoshang xǐ zǎo shì wǒ de lǎo xíguàn.

6 overgrown; over cooked

① 菜老了，不能吃了。
Cài lǎo le, bù néng chī le.

② 羊肉做老了，真难吃。
Yángròu zuòlǎo le, zhēn nánchī.

(pref.) **1** [used before a person's surname] expressing seniority

① 老张，有你的电话。
Lǎo Zhāng, yǒu nǐ de diànhuà.

② 老黄，一起去游泳吧。
Lǎo Huáng, yìqǐ qù yóu yǒng ba.

2 [used before 大，小 or a numeral] expressing order of birth or rank

哥哥是老大，姐姐是老二，我是我们家老小。
Gēge shì lǎo dà, jiějie shì lǎo èr, wǒ shì wǒmen jiā lǎo xiǎo.

(adv.) **1** for a long time; always

① 虽然我很想和 Philip 见面，但是他老没有时间。
Suīrán wǒ hěn xiǎng hé Philip jiàn miàn, dànshì tā lǎo méiyǒu shíjiān.

② Liza 可能去旅游了，老遇不到她。
Liza kěnéng qù lǚyóu le, lǎo yù bu dào tā.

2 often

① 你别老迟到，让经理知道就不好了。
Nǐ bié lǎo chídào, ràng jīnglǐ zhīdào jiù bù hǎo le.

② Kate 最近很有钱，老去买东西。
Kate zuìjìn hěn yǒu qián, lǎo qù mǎi dōngxi.

3 very

① 那几个西瓜长得老大了。
Nà jǐ ge xīguā zhǎng de lǎo dà le.

② 你还不起床，太阳已经老高了。
Nǐ hái bù qǐ chuáng, tàiyáng yǐjīng lǎo gāo le.

 Do You Know

老人 lǎorén

(n.) **1** old man or woman; the old

① 我们应该多关心老人。
Wǒmen yīnggāi duō guānxīn lǎorén.

② 这几位老人的身体都很健康。
Zhè jǐ wèi lǎorén de shēntǐ dōu hěn jiànkāng.

2 one's aged parents or grandparents

① 我家里有四位老人。
Wǒ jiā lǐ yǒu sì wèi lǎorén.

② 虽然我工作很累，但是我不想让老人帮我们照顾孩子。
Suīrán wǒ gōngzuò hěn lèi, dànshì wǒ bù xiǎng ràng lǎorén bāng wǒmen zhàogu háizi.

1 老师 lǎoshī

(n.) teacher

① Jennifer 是我们的汉语老师。
Jennifer shì wǒmen de Hànyǔ lǎoshī.

② 我是老师，教数学。
Wǒ shì lǎoshī, jiāo shùxué.

③ 老师的工作非常累。
Lǎoshī de gōngzuò fēicháng lèi.

 Do You Know

教师 jiàoshī

(n.) teacher; school teacher

① 这个学校里只有三位教师，六个学生。
Zhè ge xuéxiào lǐ zhǐ yǒu sān wèi jiàoshī, liù ge xuésheng.

② 很多国家都需要汉语教师。
Hěn duō guójiā dōu xūyào Hànyǔ jiàoshī.

L

1 了 le

(part.) **1** [used after a verb or an adjective] expressing the completion of a change or an action

① 我们都参加了上个星期的汉语水平考试。
Wǒmen dōu cānjiāle shàng ge xīngqī de Hànyǔ Shuǐpíng Kǎoshì.

② 我想等花开了再去公园玩儿。
Wǒ xiǎng děng huā kāile zài qù gōngyuán wánr.

③ 他比一年前胖了点儿。
Tā bǐ yì nián qián pàngle diǎnr.

2 [used at the end or in the middle of a sentence] expressing a change or a new situation

① 你怎么不高兴了，出什么事情了？
Nǐ zěnme bù gāoxìng le, chū shénme shìqing le?

② 这条裙子太漂亮了。
Zhè tiáo qúnzi tài piàoliang le.

③ 外面下雨了。
Wàimiàn xià yǔ le.

2 累 lèi

(adj.) tired; weary

① 这段时间工作太累了，我需要休息。
Zhè duàn shíjiān gōngzuò tài lèi le, wǒ xūyào xiūxi.

② 爷爷的身体真好，走了一上午都不觉得累。
Yéye de shēntǐ zhēn hǎo, zǒule yí shàngwǔ dōu bù juéde lèi.

(v.) tire; strain

① 休息一会儿吧，看书多了累眼睛。
Xiūxi yíhuìr ba, kàn shū duōle lèi yǎnjing.

② 这孩子真累人。
Zhè háizi zhēn lèi rén.

1 冷 lěng

(adj.) **1** cold

① 这段时间真冷啊。
Zhè duàn shíjiān zhēn lěng a.

② 我觉得很冷，可能要发烧了。
Wǒ juéde hěn lěng, kěnéng yào fā shāo le.

2 cold in manner; frosty

① 我们的关系一直都很冷。
Wǒmen de guānxi yìzhí dōu hěn lěng.

② David 对大家总是不冷不热的。
David duì dàjiā zǒngshì bù lěng bú rè de.

③ 他冷冷的回答着大家的问题。
Tā lěnglěng de huídázhe dàjiā de wèntí.

2 离 lí

(v.) **1** be away from; be at a distance away

① 我家离学校很近。
Wǒ jiā lí xuéxiào hěn jìn.

② 银行离我们公司有两百米。
Yínháng lí wǒmen gōngsī yǒu liǎngbǎi mǐ.

2 be without; lack

① 这件事情离了你就解决不了。
Zhè jiàn shìqing líle nǐ jiù jiějué bù liǎo.

② 我工作的时候离不了电脑。
Wǒ gōngzuò de shíhou lí bu liǎo diànnǎo.

离开 líkāi

(v.) leave; depart

① 别离开，我一会儿就到。
Bié líkāi, wǒ yíhuìr jiù dào.

② 我离开家已经十年了，现在很多地方都不认识了。
Wǒ líkāi jiā yǐjīng shí nián le, xiànzài hěn duō dìfang dōu bú rènshi le.

③ 离开了大家的帮助，我不会有现在的成绩。
Líkāile dàjiā de bāngzhù, wǒ bú huì yǒu xiànzài de chéngjì.

礼物 lǐwù

(n.) gift; present

① 我给你买了一件礼物，希望你能喜欢。
Wǒ gěi nǐ mǎile yí jiàn lǐwù, xīwàng nǐ néng xǐhuan.

② 这辆自行车是我的生日礼物，我很喜欢。
Zhè liàng zìxíngchē shì wǒ de shēngrì lǐwù, wǒ hěn xǐhuan.

③ 这件礼物虽然很小，但是它对我很重要。
Zhè jiàn lǐwù suīrán hěn xiǎo, dànshì tā duì wǒ hěn zhòngyào.

1 里 lǐ

(n.) in; inside

① 请向里走。
Qǐng xiàng lǐ zǒu.

② 你的手机在我包里。
Nǐ de shǒujī zài wǒ bāo lǐ.

③ 房间里有一张桌子和三把椅子。
Fángjiān lǐ yǒu yì zhāng zhuōzi hé sān bǎ yǐzi.

(m.w.) 1/2 kilometre, a traditional unit of length in China

① 一里是五百米。
Yì lǐ shì wǔbǎi mǐ.

② 从学校到我家有两里路。
Cóng xuéxiào dào wǒ jiā yǒu liǎng lǐ lù.

里边 lǐbian
里面 lǐmiàn
里头 lǐtou

(n.) in; inside; within

① 这个房间里边（/里面/里头）住着很多人。
Zhè ge fángjiān lǐbian (/lǐmiàn/lǐtou) zhùzhe hěn duō rén.

② 我把钱放到了包的最里边（/里面/里头）。
Wǒ bǎ qián fàngdàole bāo de zuì lǐbian (/lǐmiàn/lǐtou).

心里 xīnlǐ

(n.) in the heart; in (the) mind

① 帮我找工作的事情 George 一直记在心里。
Bāng wǒ zhǎo gōngzuò de shìqing George yìzhí jì zài xīnlǐ.

② 虽然 Elizabeth 心里很难过，但是她没有告诉我们。
Suīrán Elizabeth xīnlǐ hěn nánguò, dànshì tā méiyǒu gàosu wǒmen.

历史 lìshǐ

(n.) history

① 今天上午我们上历史课和数学课。
Jīntiān shàngwǔ wǒmen shàng lìshǐkè hé shùxuékè.

② 我们不能忘记历史。
Wǒmen bù néng wàngjì lìshǐ.

③ 这是一个历史问题，我们很难解决。
Zhè shì yí ge lìshǐ wèntí, wǒmen hěn nán jiějué.

④ 我对中国历史了解得不多。
Wǒ duì Zhōngguó lìshǐ liǎojiě de bù duō.

里边　里面　里头　心里　历史　脸　脸色　练习

脸 liǎn

(n.) **1** face

① 今天早上我忘记洗脸了。
Jīntiān zǎoshang wǒ wàngjì xǐ liǎn le.

② 看见 Richard 的时候，我的脸红了。
Kànjiàn Richard de shíhou, wǒ de liǎn hóng le.

2 reputation

① 你还要脸吗？
Nǐ hái yào liǎn ma？

② 我知道错了，我再也没有脸去他家了。
Wǒ zhīdào cuò le, wǒ zài yě méiyǒu liǎn qù tā jiā le.

3 facial expression

① John 画了一张笑脸。
John huàle yì zhāng xiào liǎn.

② 那家饭店有一个服务员，他的脸总是很难看。
Nà jiā fàndiàn yǒu yí ge fúwùyuán, tā de liǎn zǒngshì hěn nánkàn.

Do You Know

脸色 liǎnsè

(n.) **1** complexion; look

① 今天你的脸色不好，是不是生病了？
Jīntiān nǐ de liǎnsè bù hǎo, shì bu shì shēng bìng le？

② 休息了一会儿，我的脸色好多了。
Xiūxile yíhuìr, wǒ de liǎnsè hǎo duō le.

2 facial expression

① 知道那件事情以后，Jones 的脸色没什么变化。
Zhīdào nà jiàn shìqing yǐhòu, Jones de liǎnsè méi shénme biànhuà.

② 经理正在生气，脸色很难看。
Jīnglǐ zhèngzài shēng qì, liǎnsè hěn nánkàn.

练习 liànxí

(v.) practise

① 今天我花了三个小时练习跳舞。
Jīntiān wǒ huāle sān ge xiǎoshí liànxí tiào wǔ.

② 我练习过几年唱歌。
Wǒ liànxíguo jǐ nián chàng gē.

③ Roberts 在学习游泳，他练习得很认真。
Roberts zài xuéxí yóu yǒng, tā liànxí de hěn rènzhēn.

(n.) exercise

① 今天的练习太难了，我都不会做。
Jīntiān de liànxí tài nán le, wǒ dōu bú huì zuò.

② 老师让我们大家做练习。
Lǎoshī ràng wǒmen dàjiā zuò liànxí.

③ 我把练习做完再去打篮球。
Wǒ bǎ liànxí zuòwán zài qù dǎ lánqiú.

Do You Know

练 liàn

(v.) practise; train; drill

① 今天晚上，妈妈去公园练跳舞。
Jīntiān wǎnshang, māma qù gōngyuán liàn tiào wǔ.

② 骑自行车不难学，多练练就好了。
Qí zìxíngchē bù nán xué, duō liànlian jiù hǎo le.

③ 这几个词你再练一练。
Zhè jǐ ge cí nǐ zài liàn yi liàn.

---

2 两 liǎng

(num.) **1** two

① 我的儿子两岁了。
Wǒ de érzi liǎng suì le.

② 两个月以前，他去了北京。
Liǎng ge yuè yǐqián, tā qùle Běijīng.

③ 昨天我卖了两百多本书。
Zuótiān wǒ màile liǎngbǎi duō běn shū.

2 some; a few

① 你先让我吃两口。
Nǐ xiān ràng wǒ chī liǎng kǒu.

② 今天很冷，你多穿两件衣服。
Jīntiān hěn lěng, nǐ duō chuān liǎng jiàn yīfu.

(m.w.) 50 grams, a traditional unit of weight in China

① 请给我来二两茶。
Qǐng gěi wǒ lái èr liǎng chá.

练　两　辆　聊天　了解　邻居

② 我一次能吃六两米饭。
Wǒ yí cì néng chī liù liǎng mǐfàn.

辆 liàng

(m.w.) [used for vehicles]

① 我想买一辆自行车。
Wǒ xiǎng mǎi yí liàng zìxíngchē.

② 刚才从我旁边开过去一辆302路公共汽车。
Gāngcái cóng wǒ pángbiān kāi guoqu yí liàng sān líng èr lù gōnggòng qìchē.

③ 你知道北京有多少辆出租车吗？
Nǐ zhīdào Běijīng yǒu duōshao liàng chūzūchē ma?

聊天 liáo tiān

chat

① 上班时间不能聊天。
Shàng bān shíjiān bù néng liáo tiān.

② Lucy 喜欢和朋友一起聊聊天，喝喝茶。
Lucy xǐhuan hé péngyou yìqǐ liáoliao tiān, hēhe chá.

③ 昨天我和 John 聊了一会儿天。
Zuótiān wǒ hé John liáole yíhuìr tiān.

了解 liǎojiě

(v.) **1** understand

① 我很了解我的邻居。
Wǒ hěn liǎojiě wǒ de línjū.

② 我对这家公司了解得不多。
Wǒ duì zhè jiā gōngsī liǎojiě de bù duō.

2 investigate; find out

① 我想跟您了解一件事情。
Wǒ xiǎng gēn nín liǎojiě yí jiàn shìqing.

② 你去了解了解刚才出了什么事情。
Nǐ qù liǎojiě liǎojiě gāngcái chūle shénme shìqing.

邻居 línjū

(n.) neighbour

① 邻居的孩子和我儿子一样大。
Línjū de háizi hé wǒ érzi yíyàng dà.

② 我和 Kate 家是邻居，我们两家关系很好。
Wǒ hé Kate jiā shì línjū, wǒmen liǎng jiā guānxi hěn hǎo.

③ John 经常照顾生病的邻居。
John jīngcháng zhàogu shēng bìng de línjū.

零 líng

(num.) **1** zero

① 因为我忘记写名字了，所以我的考试成绩是零。
Yīnwèi wǒ wàngjì xiě míngzi le, suǒyǐ wǒ de kǎo shì chéngjì shì líng.

② 现在是零点五分，你怎么还不去睡觉？
Xiànzài shì líng diǎn wǔ fēn, nǐ zěnme hái bú qù shuì jiào?

③ 我住在二零六房间。
Wǒ zhù zài èr líng liù fángjiān.

2 [used between two numbers] expressing a small number or amount following a larger one

① 我和她已经认识两年零六个月了。
Wǒ hé tā yǐjīng rènshi liǎng nián líng liù ge yuè le.

② 我们学校一共有三百零二个学生参加了这次汉语水平考试。
Wǒmen xuéxiào yígòng yǒu sānbǎi líng èr ge xuésheng cānjiāle zhè cì Hànyǔ Shuǐpíng Kǎoshì.

③ 我儿子现在两岁零三个月。
Wǒ érzi xiànzài liǎng suì líng sān ge yuè.

留学 liú xué

study abroad

① 我还没有想好是去留学还是去工作。
Wǒ hái méiyǒu xiǎnghǎo shì qù liú xué háishi qù gōngzuò.

② 他在中国留了三年学。
Tā zài zhōngguó liúle sān nián xué.

③ Selina 的爷爷留过学。
Selina de yéye liúguo xué.

六 liù

(num.) six

① 明天星期六，你打算做什么？
Míngtiān xīngqīliù, nǐ dǎsuàn zuò shénme?

② 虽然我住在十六楼，但是我很少坐电梯。
Suīrán wǒ zhù zài shíliù lóu, dànshì wǒ hěn shǎo zuò diàntī.

③ 我花了六十万买了这块手表。
Wǒ huāle liùshí wàn mǎile zhè kuài shǒubiǎo.

楼 lóu

(n.) **1** a storied building

① 城市里的楼都很高。
Chéngshì lǐ de lóu dōu hěn gāo.

② 北京最高的楼有多少米？
Běijīng zuì gāo de lóu yǒu duōshao mǐ?

③ 我家的楼里没有电梯。
Wǒ jiā de lóu lǐ méiyǒu diàntī.

2 floor; storey

① 我们公司在十八楼，我最害怕的事情是电梯坏了。
Wǒmen gōngsī zài shíbā lóu, wǒ zuì hàipà de shìqing shì diàntī huài le.

② 我跟着她上了楼。
Wǒ gēnzhe tā shàngle lóu.

③ 我住一楼，Elizabeth 住二楼。
Wǒ zhù yī lóu, Elizabeth zhù èr lóu.

 Do You Know

楼上 lóu shàng

upstairs

① Jennifer 住在我家楼上。
Jennifer zhù zài wǒ jiā lóu shàng.

② 楼上的房间是给客人用的。
Lóu shàng de fángjiān shì gěi kèrén yòng de.

楼下 lóu xià

downstairs

① 楼下那家人很少回来住。
Lóu xià nà jiā rén hěn shǎo huílai zhù.

② 楼下站了很多人，不知道要做什么。
Lóu xià zhànle hěn duō rén, bù zhīdào yào zuò shénme.

² 路 lù

(n.) **1** road; way

① 从这条路向前面走，有一家银行和一个学校。
Cóng zhè tiáo lù xiàng qiánmiàn zǒu, yǒu yì jiā yínháng hé yí ge xuéxiào.

② 前面已经没有路了，我们不能再向前面走了。
Qiánmiàn yǐjīng méiyǒu lù le, wǒmen bù néng zài xiàng qiánmiàn zǒu le.

2 distance; journey

① 去医院路很远，我们坐出租车去吧。
Qù yīyuàn lù hěn yuǎn, wǒmen zuò chūzūchē qù ba.

② 学校离我家有很长一段路。
Xuéxiào lí wǒ jiā yǒu hěn cháng yí duàn lù.

3 route; line

① 我上班坐四路公共汽车。
Wǒ shàng bān zuò sì lù gōnggòng qìchē.

② 我家附近有十几路公共汽车，去哪儿都很方便。
Wǒ jiā fùjìn yǒu shí jǐ lù gōnggòng qìchē, qù nǎr dōu hěn fāngbiàn.

 Do You Know

公路 gōnglù

(n.) highway; road

① 那是世界上最长的公路。
Nà shì shìjiè shang zuì cháng de gōnglù.

② 这条公路叫什么名字？
Zhè tiáo gōnglù jiào shénme míngzi?

马路 mǎlù

(v.) road

① 过马路的时候不要着急。
Guò mǎlù de shíhou búyào zháo jí.

② 这条马路真长啊。
Zhè tiáo mǎlù zhēn cháng a.

道路 dàolù

(n.) road; way; path

① 不要在道路中间跑步。
Bú yào zài dàolù zhōngjiān pǎo bù.

② 道路的边上种了很多花草。
Dàolù de biān shang zhòngle hěn duō huācǎo.

路口 lùkǒu

(n.) crossing; intersection

① 我站在路口，不知道应该向哪儿走。
Wǒ zhàn zài lùkǒu, bù zhīdào yīnggāi xiàng nǎr zǒu.

② 一直向前走，第一个路口向左走就是图书馆。
Yìzhí xiàng qián zǒu, dì yī ge lùkǒu xiàng zuǒ zǒu jiù shì túshūguǎn.

公路 马路 道路 路口 路上 旅游 旅客 旅行

路上 lùshang

(n.) **1** on the road

① 路上的车越来越多。
Lùshang de chē yuè lái yuè duō.

② 孩子们，你们不能在路上踢足球。
Háizimen, nǐmen bù néng zài lùshang tī zúqiú.

2 on the way

① 我在回家的路上给爸爸打了一个电话。
Wǒ zài huí jiā de lùshang gěi bàba dǎle yí ge diànhuà.

② 这些葡萄你们带着在路上吃吧。
Zhèxiē pútao nǐmen dàizhe zài lùshang chī ba.

² 旅游 lǚyóu

(v.) tour; tourism

① 我们打算下个月去中国旅游。
Wǒmen dǎsuàn xià ge yuè qù Zhōngguó lǚyóu.

② 我喜欢旅游，已经去过很多国家了。
Wǒ xǐhuan lǚyóu, yǐjīng qùguo hěn duō guójiā le.

③ 旅游的时候一定要记得带护照和照相机。
Lǚyóu de shíhou yídìng yào jìde dài hùzhào hé zhàoxiàngjī.

 Do You Know

旅客 lǚkè

(n.) traveller; passenger

① 旅客们请注意，下一站是北京站。
Lǚkèmen qǐng zhùyì, xià yí zhàn shì Běijīngzhàn.

② 因为这家宾馆干净又便宜，所以住这里的旅客特别多。
Yīnwèi zhè jiā bīnguǎn gānjìng yòu piányi, suǒyǐ zhù zhèlǐ de lǚkè tèbié duō.

旅行 lǚxíng

(v.) travel; journey; tour

① 我和 Peter 准备旅行结婚。
Wǒ hé Peter zhǔnbèi lǚxíng jié hūn.

② 旅行应该是一件快乐的事情，一定不要让自己太累。
Lǚxíng yīnggāi shì yí jiàn kuàilè de shìqing, yídìng búyào ràng zìjǐ tài lèi.

绿 lǜ

(adj.) green

① 公园里的花开了,草绿了。
Gōngyuán lǐ de huā kāi le, cǎo lǜ le.

② Mary 穿了一条奇怪的绿裙子。
Mary chuānle yì tiáo qíguài de lǜ qúnzi.

③ 邻居家的小猫眼睛是绿的。
Línjū jiā de xiǎo māo yǎnjing shì lǜ de.

 Do You Know

绿色
lǜsè

(n.) green colour

① 中国人不喜欢绿色的帽子。
Zhōngguórén bù xǐhuan lǜsè de màozi.

② Roberts 最喜欢的颜色是绿色。
Roberts zuì xǐhuan de yánsè shì lǜsè.

绿 绿色 妈妈 妈 马 马上

M

¹ 妈妈 māma

（n.）mum；mother

① 妈妈是世界上最爱我的人。
Māma shì shìjiè shang zuì ài wǒ de rén.

② Kitty 找不到妈妈了。
Kitty zhǎo bu dào māma le.

③ 妈妈，你去哪儿了？
Māma, nǐ qù nǎr le？

 Do You Know

妈 mā

（n.）mum；mother

① 我妈去超市了，一会儿就回来。
Wǒ mā qù chāoshì le, yíhuìr jiù huílai.

② 你妈晚上和朋友在外面吃饭，所以我们要自己做饭了。
Nǐ mā wǎnshang hé péngyou zài wàimian chī fàn, suǒyǐ wǒmen yào zìjǐ zuò fàn le.

马 mǎ

（n.）horse

① 我最喜欢的动物是马。
Wǒ zuì xǐhuan de dòngwù shì mǎ.

② 马和狗都是我们的朋友。
Mǎ hé gǒu dōu shì wǒmen de péngyou.

③ 我不会骑马，你能教我吗？
Wǒ bú huì qí mǎ, nǐ néng jiāo wǒ ma？

马上 mǎshàng

（adv.）at once；immediately

① 您等我一会儿，我马上到。
Nín děng wǒ yíhuìr, wǒ mǎshàng dào.

② 经理让你马上去他办公室。
Jīnglǐ ràng nǐ mǎshàng qù tā bàngōngshì.

③ 我最喜欢的电视节目马上开始。
Wǒ zuì xǐhuan de diànshì jiémù mǎshàng kāishǐ.

1 吗 ma

(part.) **1** [used at the end of sentence] expressing doubt

① 你明天去参加游泳比赛吗？
Nǐ míngtiān qù cānjiā yóu yǒng bǐsài ma?

② 你早上刷牙了吗？
Nǐ zǎoshang shuā yá le ma?

2 [used at the end of a sentence] expressing a rhetorical question

① 你不认真复习，考试能考好吗？
Nǐ bú rènzhēn fùxí, kǎo shì néng kǎohǎo ma?

② Gallery 也没有钱，他能借给你钱吗？
Gallery yě méiyǒu qián, tā néng jiègěi nǐ qián ma?

3 [used within a sentence to mark a pause] introducing the theme

① 这几个问题吗，其实也不难解决。
Zhè jǐ ge wèntí ma, qíshí yě bù nán jiějué.

② 这本书吗，写得还是很好的。
Zhè běn shū ma, xiě de háishi hěn hǎo de.

 Do You Know

干吗 gànmá

(pron.) **1** what to do

① 老师找你干吗？
Lǎoshī zhǎo nǐ gànmá?

② 今天是周末，你去学校干吗？
Jīntiān shì zhōumò, nǐ qù xuéxiào gànmá?

2 why on earth

① 公司让你去中国学习是多好的机会，你干吗不去？
Gōngsī ràng nǐ qù Zhōngguó xuéxí shì duō hǎo de jīhuì, nǐ gànmá bú qù?

② 你干吗总是穿这件衣服？
Nǐ gànmá zǒngshì chuān zhè jiàn yīfu?

1 买 mǎi

(v.) buy; purchase

① Liza 要过生日了，我给她买了一件礼物。
Liza yào guò shēngrì le, wǒ gěi tā mǎile yí jiàn lǐwù.

② 这件衣服太贵了，我不想买。
Zhè jiàn yīfu tài guì le, wǒ bù xiǎng mǎi.

③ 因为我的自行车买贵了，所以这段时间我一直都不高兴。
Yīnwèi wǒ de zìxíngchē mǎiguì le, suǒyǐ zhè duàn shíjiān wǒ yìzhí dōu bù gāoxìng.

2 卖 mài

(v.) sell

① 我妈妈在超市里卖水果。
Wǒ māma zài chāoshì lǐ mài shuǐguǒ.

② 这家商店卖的东西都太贵了，我们去学校里的商店买吧。
Zhè jiā shāngdiàn mài de dōngxi dōu tài guì le, wǒmen qù xuéxiào lǐ de shāngdiàn mǎi ba.

③ 最近这段时间，电视卖得很快。
Zuìjìn zhè duàn shíjiān, diànshì mài de hěn kuài.

④ 因为我马上要离开中国了，所以我把很多东西都卖了。
Yīnwèi wǒ mǎshàng yào líkāi Zhōngguó le, suǒyǐ wǒ bǎ hěn duō dōngxi dōu mài le.

满意 mǎnyì

(v.) satisfied; pleased

① 我对这儿的工作环境很满意。
Wǒ duì zhèr de gōngzuò huánjìng hěn mǎnyì.

② 妈妈对我最近的学习成绩不满意。
Māma duì wǒ zuìjìn de xuéxí chéngjì bù mǎnyì.

③ 看着大家在努力工作，经理满意地笑了。
Kànzhe dàjiā zài nǔlì gōngzuò, jīnglǐ mǎnyì de xiào le.

2 慢 màn

(adj.) slow

① 妹妹写作业太慢了，这让妈妈很着急。
Mèimei xiě zuòyè tài màn le, zhè ràng māma hěn zháo jí.

② 我的手表慢了十分钟。
Wǒ de shǒubiǎo mànle shí fēnzhōng.

③ 慢慢走，别着急。
Mànmàn zǒu, bié zháo jí.

④ 你慢慢就会习惯北京的天气了。
Nǐ mànmàn jiù huì xíguàn Běijīng de tiānqì le.

2 忙 máng

(adj.) busy

① 爸爸工作很忙，很少跟我玩儿。
Bàba gōngzuò hěn máng, hěn shǎo gēn wǒ wánr.

② Philip 是个大忙人。
Philip shì ge dà máng rén.

③ 工作忙是一件好事情。
Gōngzuò máng shì yí jiàn hǎo shìqing.

(v.) hurry

① 最近总是看不见你,在忙什么呢?
Zuìjìn zǒngshì kàn bu jiàn nǐ, zài máng shénme ne?

② 你的事情忙完了吗?
Nǐ de shìqing mángwán le ma?

③ 我要参加汉语水平考试,这段时间在忙复习呢。
Wǒ yào cānjiā Hànyǔ Shuǐpíng Kǎoshì, zhè duàn shíjiān zài máng fùxí ne.

1 猫 māo

(n.) cat

① 这只猫多可爱啊。
Zhè zhī māo duō kě'ài a.

② 我家有一只小猫。
Wǒ jiā yǒu yì zhī xiǎo māo.

③ 猫的眼睛是什么颜色的?
Māo de yǎnjing shì shénme yánsè de?

帽子 màozi

(n.) cap; hat

① 我有很多帽子。
Wǒ yǒu hěn duō màozi.

② Lucy 会自己做帽子。
Lucy huì zìjǐ zuò màozi.

③ 你把帽子放哪儿了?
Nǐ bǎ màozi fàng nǎr le?

1 没关系 méi guānxi

It doesn't matter; It's nothing

① 他不来参加比赛也没关系。
Tā bù lái cānjiā bǐsài yě méi guānxi.

② A:对不起,我迟到了。
Duìbuqǐ, wǒ chídào le.

B:没关系。
Méi guānxi.

③ A:我明天不能和你一起去爬山了。
Wǒ míngtiān bù néng hé nǐ yìqǐ qù pá shān le.

猫　帽子　没关系　没有　没　每

B：没关系，我们有机会再去。
Méi guānxi, wǒmen yǒu jīhuì zài qù.

1 没有 méiyǒu（没 méi）

(v.) **1** not have; be without

① 虽然我的包还在，但是钱没有（/没）了。
Suīrán wǒ de bāo hái zài, dànshì qián méiyǒu (/méi) le.

② 最近我很忙，没有（/没）时间和你见面。
Zuìjìn wǒ hěn máng, méiyǒu (/méi) shíjiān hé nǐ jiàn miàn.

③ 没有（/没）人告诉我奶奶生病的事情，这让我很生气。
Méiyǒu (/Méi) rén gàosu wǒ nǎinai shēng bìng de shìqing, zhè ràng wǒ hěn shēng qì.

2 not be as good as

① 我没有（/没）Jenny 大，Jenny 没我高。
Wǒ méiyǒu (/méi) Jenny dà, Jenny méi wǒ gāo.

② 这本词典没有（/没）新出的那本好。
Zhè běn cídiǎn méiyǒu (/méi) xīn chū de nà běn hǎo.

③ 谁都没有（/没）Liza 会说话。
Shéi dōu méiyǒu (/méi) Liza huì shuō huà.

(adv.) **1** not yet

① Louis 到北京了吗？怎么还没有（/没）给我打电话？
Louis dào Běijīng le ma? Zěnme hái méiyǒu (/méi) gěi wǒ dǎ diànhuà?

② 我没有（/没）听懂你的意思。
Wǒ méiyǒu (/méi) tīngdǒng nǐ de yìsi.

2 did not

① 我以前没有（/没）去过中国。
Wǒ yǐqián méiyǒu (/méi) qùguo Zhōngguó.

② 昨天他没有（/没）来我家。
Zuótiān tā méiyǒu (/méi) lái wǒ jiā.

2 每 měi

(pron.) each; every

① 我每个周末都要去打篮球。
Wǒ měi ge zhōumò dōu yào qù dǎ lánqiú.

167

② 每次遇到 Nick 我都特别高兴。
Měi cì yùdào Nick wǒ dōu tèbié gāoxìng.

③ 这种药每次吃三个。
Zhè zhǒng yào měi cì chī sān ge.

(adv.) on each occasion

① 我的身体不好,每工作两个小时,需要休息十分钟。
Wǒ de shēntǐ bù hǎo, měi gōngzuò liǎng ge xiǎoshí, xūyào xiūxi shí fēnzhōng.

② 每到中午,爷爷都要睡一觉。
Měi dào zhōngwǔ, yéye dōu yào shuì yí jiào.

2 妹妹 mèimei

(n.) younger sister

① 我有一个妹妹,她比我小六岁。
Wǒ yǒu yí ge mèimei, tā bǐ wǒ xiǎo liù suì.

② 她是我妹妹,她长得比我矮。
Tā shì wǒ mèimei, tā zhǎng de bǐ wǒ ǎi.

③ 邻居家的小妹妹三岁了,特别可爱。
Línjū jiā de xiǎo mèimei sān suì le, tèbié kě'ài.

2 门 mén

(n.) **1** door;gate

① 我来的时候办公室的门是开着的。
Wǒ lái de shíhou bàngōngshì de mén shì kāizhe de.

② 大门就在你的后面。
Dà mén jiù zài nǐ de hòumiàn.

2 door-like things

① 冰箱门坏了,关不上了。
Bīngxiāngmén huài le, guān bu shàng le.

② 这辆公共汽车有四个门。
Zhè liàng gōnggòng qìchē yǒu sì ge mén.

3 way;method

我觉得这件事情有门儿。
Wǒ juéde zhè jiàn shìqing yǒu ménr.

(m.w.) [used for subjects of study]

① 这次我选择了几门自己喜欢的课。
Zhè cì wǒ xuǎnzéle jǐ mén zìjǐ xǐhuan de kè.

② 这几门课太难了。
Zhè jǐ mén kè tài nán le.

妹妹　门　门口　米　米饭　饭

门口 ménkǒu

 Do You Know

（n.）entrance; doorway

① 门口有一个人，我去看看。
Ménkǒu yǒu yí ge rén, wǒ qù kànkan.

② 校长站在教室门口和Betty老师说话。
Xiàozhǎng zhàn zài jiàoshì ménkǒu hé Betty lǎoshī shuō huà.

米 mǐ

（n.）rice

① 我想明天去买点儿米。
Wǒ xiǎng míngtiān qù mǎidiǎnr mǐ.

② 这是新米，很好吃。
Zhè shì xīn mǐ, hěn hǎochī.

（m.w.）metre

① A：你有多高？
　　 Nǐ yǒu duō gāo？
　 B：我一米七五。
　　 Wǒ yì mǐ qīwǔ.

② 从我家到银行不到一千米。
Cóng wǒ jiā dào yínháng bú dào yìqiān mǐ.

¹米饭 mǐfàn

（n.）cooked rice

① 今天的米饭真好吃，我吃了两大碗。
Jīntiān de mǐfàn zhēn hǎochī, wǒ chīle liǎng dà wǎn.

② 中国人都爱吃米饭吗？
Zhōngguórén dōu ài chī mǐfàn ma？

③ 我不会做米饭，我只会下面条儿。
Wǒ bú huì zuò mǐfàn, wǒ zhǐ huì xià miàntiáor.

 Do You Know

饭 fàn

（n.）**1** cooked rice

① 服务员，请给我们三碗饭。
Fúwùyuán, qǐng gěi wǒmen sān wǎn fàn.

② 饭做好了，但是菜还没有做好。
Fàn zuòhǎo le, dànshì cài hái méiyǒu zuòhǎo.

早饭
zǎofàn

2 meal

① 吃饭的时候我很少说话。
Chī fàn de shíhou wǒ hěn shǎo shuō huà.

② 晚上的饭我不想吃了。
Wǎnshang de fàn wǒ bù xiǎng chī le.

(n.) breakfast

① 今天我只吃了早饭，午饭和晚饭都没有吃。
Jīntiān wǒ zhǐ chīle zǎofàn, wǔfàn hé wǎnfàn dōu méiyǒu chī.

② 妈妈今天早上没给我做早饭。
Māma jīntiān zǎoshang méi gěi wǒ zuò zǎofàn.

午饭
wǔfàn

(n.) midday meal; lunch

① 早饭要吃好，午饭要吃饱，晚饭要吃少。
Zǎofàn yào chīhǎo, wǔfàn yào chībǎo, wǎnfàn yào chīshǎo.

② 我已经有好几天没有吃午饭了。
Wǒ yǐjīng yǒu hǎojǐ tiān méiyǒu chī wǔfàn le.

晚饭
wǎnfàn

(n.) supper; dinner

① 我身体不舒服，不想吃晚饭了。
Wǒ shēntǐ bù shūfu, bù xiǎng chī wǎnfàn le.

② 晚饭吃得太多，对身体不好。
Wǎnfàn chī de tài duō, duì shēntǐ bù hǎo.

吃饭
chī fàn

eat; have a meal

① 你们先吃吧，我现在不想吃饭。
Nǐmen xiān chī ba, wǒ xiànzài bù xiǎng chī fàn.

② 吃饭前应该把手洗干净。
Chī fàn qián yīnggāi bǎ shǒu xǐ gānjìng.

做饭
zuò fàn

do the cooking

① 我不会做饭，你会吗？
Wǒ bú huì zuò fàn, nǐ huì ma?

② 今天晚上，我做饭，你洗盘子。
Jīntiān wǎnshang, wǒ zuò fàn, nǐ xǐ pánzi.

早饭　午饭　晚饭　吃饭　做饭　面包　面　面条

面包 miànbāo

(n.) bread

① 请给我一个面包。
Qǐng gěi wǒ yí ge miànbāo.

② 因为妈妈做的面包很好吃，所以我很少去超市买。
Yīnwèi māma zuò de miànbāo hěn hǎochī, suǒyǐ wǒ hěn shǎo qù chāoshì mǎi.

③ 今天的面包已经卖完了，你明天再来吧。
Jīntiān de miànbāo yǐjīng màiwán le, nǐ míngtiān zài lái ba.

 Do You Know

面 miàn

(n.) **1** flour, wheat flour

① 我打算去超市买几斤面。
Wǒ dǎsuàn qù chāoshì mǎi jǐ jīn miàn.

② 面不是越白越好。
Miàn bú shì yuè bái yuè hǎo.

2 noodles

① 面太热，等一会儿再吃。
Miàn tài rè, děng yíhuìr zài chī.

② 在中国，过生日的时候要吃一碗面。
Zài Zhōngguó, guò shēngrì de shíhou yào chī yì wǎn miàn.

3 surface; top; face

① 这是桌子面儿，那是桌子腿儿。
Zhè shì zhuōzimiànr, nà shì zhuōzituǐr.

② 河面上有几件衣服。
Hémiàn shang yǒu jǐ jiàn yīfu.

² 面条 miàntiáo

(n.) noodles

① 在中国，北方人比较喜欢吃面条儿。
Zài Zhōngguó, Běifāngrén bǐjiào xǐhuan chī miàntiáor.

② 我只会下面条儿，不会做其他的。
Wǒ zhǐ huì xià miàntiáor, bú huì zuò qítā de.

③ 孩子饿了，吃了一大碗面条儿。
Háizi è le, chīle yí dà wǎn miàntiáor.

1 名字 míngzi

(n.) name

① A：你叫什么名字？
Nǐ jiào shénme míngzi？

B：我叫 Jenny。
Wǒ jiào Jenny.

② 这种花没有名字。
Zhè zhǒng huā méiyǒu míngzi.

③ 那几个孩子的名字又长又奇怪。
Nà jǐ ge háizi de míngzi yòu cháng yòu qíguài.

明白 míngbai

(v.) understand; know

① 我明白他的意思了。
Wǒ míngbai tā de yìsi le.

② 我现在明白他刚才为什么生气了。
Wǒ xiànzài míngbai tā gāngcái wèi shénme shēng qì le.

(adj.) **1** clear; obvious

① 大家听明白了吗？
Dàjiā tīng míngbai le ma？

② 他的意思很明白，他不想和你结婚。
Tā de yìsi hěn míngbai, tā bù xiǎng hé nǐ jié hūn.

2 frank; unequivocal

① 如果你不喜欢我，那就明白地告诉我。
Rúguǒ nǐ bù xǐhuan wǒ, nà jiù míngbai de gàosu wǒ.

② 书上明白地写着，人是一种动物。
Shū shang míngbai de xiězhe, rén shì yì zhǒng dòngwù.

③ 我希望你能把这件事情明明白白地告诉大家。
Wǒ xīwàng nǐ néng bǎ zhè jiàn shìqing míngmíngbáibái de gàosu dàjiā.

3 reasonable; wise

① Mary 很聪明，她是个明白人。
Mary hěn cōngming, tā shì ge míngbai rén.

② 爷爷虽然已经老了，但是人还很明白。
Yéye suīrán yǐjīng lǎo le, dànshì rén hái hěn míngbai.

1 明天
míngtiān

(n.) **1** tomorrow

① 我的生日是明天。
Wǒ de shēngrì shì míngtiān.

② 我和 Richard 打算明天去爬山。
Wǒ hé Richard dǎsuàn míngtiān qù pá shān.

③ 明天是妈妈的生日，我打算给她买一个大蛋糕。
Míngtiān shì māma de shēngrì, wǒ dǎsuàn gěi tā mǎi yí ge dà dàngāo.

2 near future

① 我相信我的明天会更好。
Wǒ xiāngxìn wǒ de míngtiān huì gèng hǎo.

② 现在努力学习，是为了明天能有一个好工作。
Xiànzài nǔlì xuéxí, shì wèile míngtiān néng yǒu yí ge hǎo gōngzuò.

N

拿 ná

(v.) **1** hold; take

① 你饿了吧，我给你拿了一个面包。
Nǐ è le ba, wǒ gěi nǐ nále yí ge miànbāo.

② 你拿着什么东西？
Nǐ názhe shénme dōngxi?

2 obtain

① 这次考试我拿了第一。
Zhè cì kǎoshì wǒ nále dì yī.

② 我在那家公司工作了三个月，走的时候只拿了六百元钱。
Wǒ zài nà jiā gōngsī gōngzuòle sān ge yuè, zǒu de shíhou zhǐ nále liùbǎi yuán qián.

3 capture; seize

① 我终于拿下了这门考试。
Wǒ zhōngyú náxiàle zhè mén kǎoshì.

② 我明天一定能拿下数学考试。
Wǒ míngtiān yídìng néng náxià shùxué kǎoshì.

(prep.) **1** by means of; with

① 爱是不能拿钱买的。
Ài shì bù néng ná qián mǎi de.

② 拿这件事情来看，Philip 是一个很好的人。
Ná zhè jiàn shìqing lái kàn, Philip shì yí ge hěn hǎo de rén.

2 [used to introduce the object]

爸爸总是喜欢拿哥哥和我比较。
Bàba zǒngshì xǐhuan ná gēge hé wǒ bǐjiào.

1 哪 nǎ

(pron.) **1** which; who

① 今天晚上的电视节目，你最喜欢哪一个？
Jīntiān wǎnshang de diànshì jiémù, nǐ zuì xǐhuan nǎ yí ge?

② 哪位同学愿意回答问题？
Nǎ wèi tóngxué yuànyì huídá wèntí?

2 whichever; whoever

① 每次和 Ann 一起去买水果，她哪种最贵就买哪种。
Měi cì hé Ann yìqǐ qù mǎi shuǐguǒ, tā nǎ zhǒng zuì guì jiù mǎi nǎ zhǒng.

② 公司附近哪家饭店的菜好吃，Gallery 就去哪家吃。
Gōngsī fùjìn nǎ jiā fàndiàn de cài hǎochī, Gallery jiù qù nǎ jiā chī.

3 any

① 请给我一个杯子，哪种杯子都可以。
Qǐng gěi wǒ yí ge bēizi, nǎ zhǒng bēizi dōu kěyǐ.

② 我最近太胖了，哪件衣服都穿不上。
Wǒ zuìjìn tài pàng le, nǎ jiàn yīfu dōu chuān bu shàng.

4 how can; how could

① 你别太高兴了，哪能什么好事情都让你遇到？
Nǐ bié tài gāoxìng le, nǎ néng shénme hǎo shìqing dōu ràng nǐ yùdào?

② 奶奶生病了，我哪能不去看她？
Nǎinai shēng bìng le, wǒ nǎ néng bú qù kàn tā?

 Do You Know

哪个 nǎ ge

which

① 你是哪个班的学生？
Nǐ shì nǎ ge bān de xuésheng?

② 你是从哪个国家来的？
Nǐ shì cóng nǎ ge guójiā lái de?

哪些 nǎxiē

(pron.) which; who

① 去旅游我应该带哪些东西？
Qù lǚyóu wǒ yīnggāi dài nǎxiē dōngxi?

② 这次的会议有哪些人参加？
Zhè cì de huìyì yǒu nǎxiē rén cānjiā?

¹ 哪儿 nǎr
（哪里） nǎlǐ

(pron.) **1** where; wherever

① 你家在哪儿（/哪里）？
Nǐ jiā zài nǎr (/nǎlǐ)?

② 你昨天去哪儿（/哪里）了？
Nǐ zuótiān qù nǎr (/nǎlǐ) le?

③ 下雨了，我哪儿（/哪里）也不想去。
Xià yǔ le, wǒ nǎr (/nǎlǐ) yě bù xiǎng qù.

2 expressing negation in rhetorical questions

① Jessie 哪儿（/哪里）比得过你？
Jessie nǎr (/nǎlǐ) bǐ de guò nǐ?

② 我哪儿（/哪里）知道他不吃羊肉？
Wǒ nǎr (/nǎlǐ) zhīdào tā bù chī yángròu?

¹ 那 nà

(pron.) **1** that

① 那次游泳比赛我没有参加。
Nà cì yóuyǒng bǐsài wǒ méiyǒu cānjiā.

② 那本书我已经借给 Fiona 很久了。
Nà běn shū wǒ yǐjīng jiègěi Fiona hěn jiǔ le.

③ 那是谁的杯子？
Nà shì shéi de bēizi?

2 [used only as an opposite to 这] expressing unspecified something

这也不吃，那也不吃，你的身体能健康吗？
Zhè yě bù chī, nà yě bù chī, nǐ de shēntǐ néng jiànkāng ma?

(conj.) then; in that case

① 如果明天下雨，那我们就不去爬山了。
Rúguǒ míngtiān xià yǔ, nà wǒmen jiù bú qù pá shān le.

② 如果您现在不方便，那我一会儿再给您打电话。
Rúguǒ nín xiànzài bù fāngbiàn, nà wǒ yíhuìr zài gěi nín dǎ diànhuà.

③ 如果你不想听故事了，那我们就做游戏吧。
Rúguǒ nǐ bù xiǎng tīng gùshi le, nà wǒmen jiù zuò yóuxì ba.

 Do You Know

那边 nà bian

there; over there

① 那边那些人在做什么？
Nà bian nàxiē rén zài zuò shénme?

那　那边　那儿　那个　那里　那么

② 你刚从北京回来吗？那边的天气怎么样？
Nǐ gāng cóng Běijīng huílai ma？Nà bian de tiānqì zěnmeyàng？

那儿 nàr

(pron.) **1** that place; there

① 我从那儿买了点儿水果。
Wǒ cóng nàr mǎile diǎnr shuǐguǒ.

② 你在那儿住得习惯吗？
Nǐ zài nàr zhù de xíguàn ma？

③ 到了那儿，记得给我打电话。
Dàole nàr，jìde gěi wǒ dǎ diànhuà.

2 〔used after 从〕that time

① 从那儿以后，我开始去爬山。
Cóng nàr yǐhòu, wǒ kāishǐ qù pá shān.

② 从那儿开始，我就不喝啤酒了。
Cóng nàr kāishǐ, wǒ jiù bù hē píjiǔ le.

那个 nà ge

that

① 那个穿红裙子的女孩儿叫什么名字？
Nà ge chuān hóng qúnzi de nǚháir jiào shénme míngzi？

② 我要带你去的那个地方有很多花，漂亮极了。
Wǒ yào dài nǐ qù de nà ge dìfang yǒu hěn duō huā，piàoliang jí le.

那里 nàlǐ

(pron.) that place; there

① 我从 Iris 那里学到了很多。
Wǒ cóng Iris nàlǐ xuédàole hěn duō.

② 昨天我去了公园，那里有很多花。
Zuótiān wǒ qùle gōngyuán, nàlǐ yǒu hěn duō huā.

那么 nàme

(pron.) **1** 〔used before a verb or an adjective〕like that; in that way

① 你那么喜欢他，为什么不告诉他呢？
Nǐ nàme xǐhuan tā, wèi shénme bú gàosu tā ne？

② 什么事情让你那么高兴？
Shénme shìqing ràng nǐ nàme gāoxìng？

2 〔used before numerals〕about; or so

① 再走那么几十分钟就到了。
Zài zǒu nàme jǐ shí fēnzhōng jiù dào le.

② 我就那么点儿钱，都花了。
Wǒ jiù nàme diǎnr qián, dōu huā le.

那时
nà shí
那时候
nà shíhou

at that time; then

① 我二十年前见过他，那时（/那时候）他还很小。
Wǒ èrshí nián qián jiànguo tā, nà shí (/nà shíhou) tā hái hěn xiǎo.

② 明年夏天你再来这里吧，那时（/那时候）花都开了，很漂亮。
Míngnián xiàtiān nǐ zài lái zhèlǐ ba, nà shí (/nà shíhou) huā dōu kāi le, hěn piàoliang.

那些
nàxiē

(pron.) those

① 那些书是我刚从图书馆借来的。
Nàxiē shū shì wǒ gāng cóng túshūguǎn jièlai de.

② 那些人都是来参加比赛的。
Nàxiē rén dōu shì lái cānjiā bǐsài de.

那样
nàyàng

(pron.) like that; of that kind

① 你那样说爸爸是不对的，他很爱你。
Nǐ nàyàng shuō bàba shì bú duì de, tā hěn ài nǐ.

② 我们希望你能像 Liza 那样努力学习。
Wǒmen xīwàng nǐ néng xiàng Liza nàyàng nǔlì xuéxí.

奶奶
nǎinai

(n.) grandmother; grandma

① 奶奶生病了，我很担心她的身体。
Nǎinai shēng bìng le, wǒ hěn dānxīn tā de shēntǐ.

② 我家附近的小公园里有很多爷爷奶奶在锻炼身体。
Wǒ jiā fùjìn de xiǎo gōngyuán lǐ yǒu hěn duō yéye nǎinai zài duànliàn shēntǐ.

2 男 nán

(adj.) male

① 我们学校里男老师特别少。
Wǒmen xuéxiào lǐ nán lǎoshī tèbié shǎo.

② 请问，男洗手间在哪儿？
Qǐngwèn, nán xǐshǒujiān zài nǎr?

那时　那时候　那些　那样　奶奶　男　男人　男孩儿　男生　南

 Do You Know

男人
nánrén

(n.) **1** man

① 我们公司里男人比女人多。
Wǒmen gōngsī lǐ nánrén bǐ nǚrén duō.

② 很多男人喜欢喝啤酒。
Hěn duō nánrén xǐhuan hē píjiǔ.

③ 邻居家的阿姨喜欢上了一个比她大十岁的男人。
Línjū jiā de āyí xǐhuan shang le yí ge bǐ tā dà shí suì de nánrén.

2 husband

① 这是我男人，我们已经结婚二十年了。
Zhè shì wǒ nánren, wǒmen yǐjīng jié hūn èrshí nián le.

② 他男人是公司的经理，工作特别忙。
Tā nánren shì gōngsī de jīnglǐ, gōngzuò tèbié máng.

男孩儿
nán háir

boy

① 邻居家的小男孩儿很可爱。
Línjū jiā de xiǎo nán háir hěn kě'ài.

② 这个三岁大的男孩儿比五岁的孩子还高。
Zhè ge sān suì dà de nán háir bǐ wǔ suì de háizi hái gāo.

男生
nánshēng

(n.) man student; schoolboy

① 我们班一共有二十一个男生。
Wǒmen bān yígòng yǒu èrshíyī ge nánshēng.

② 打篮球是很多男生喜欢的体育运动。
Dǎ lánqiú shì hěn duō nánshēng xǐhuan de tǐyù yùndòng.

南 nán

(n.) south

① 你的后面是南，你的右边是东。
Nǐ de hòumiàn shì nán, nǐ de yòubian shì dōng.

② 从我家向南走一百米就有一家银行。
Cóng wǒ jiā xiàng nán zǒu yìbǎi mǐ jiù yǒu yì jiā yínháng.

南边 nánbian / 南面 nánmiàn

Do You Know

(n.) south; southern; south side

① 下了公共汽车以后，你向南边（/南面）走。
Xiàle gōnggòng qìchē yǐhòu, nǐ xiàng nánbian (/nánmiàn) zǒu.

② 公园的南边（/南面）有很多人在跳舞。
Gōngyuán de nánbian (/nánmiàn) yǒu hěn duō rén zài tiào wǔ.

南方 nánfāng

(n.) **1** south

① 从南方来的风比较舒服。
Cóng nánfāng lái de fēng bǐjiào shūfu.

② 图书馆的南方就有一家超市。
Túshūguǎn de nánfāng jiù yǒu yì jiā chāoshì.

2 southern part of the country

① 我是南方人。
Wǒ shì nánfāngrén.

② 你习惯南方的天气吗？
Nǐ xíguàn nánfāng de tiānqì ma?

难 nán

(adj.) **1** hard; difficult

① 我很难回答你的问题。
Wǒ hěn nán huídá nǐ de wèntí.

② 虽然这次考试不难，但是我不会。
Suīrán zhè cì kǎoshì bù nán, dànshì wǒ bú huì.

2 bad; unpleasant

① 这家饭店的咖啡真难喝。
Zhè jiā fàndiàn de kāfēi zhēn nán hē.

② Bill 唱歌太难听了。
Bill chàng gē tài nán tīng le.

③ Richard 觉得 Iris 长得很难看。
Richard juéde Iris zhǎng de hěn nán kàn.

(v.) make things difficult for somebody

① 你问的问题真把我难住了。
Nǐ wèn de wèntí zhēn bǎ wǒ nánzhù le.

② 什么数学题都难不住 Susan。
Shénme shùxuétí dōu nán bu zhù Susan.

难过 nánguò

(adj.) sad; sorry

① 孩子不努力学习会让妈妈很难过。
Háizi bù nǔlì xuéxí huì ràng māma hěn nánguò.

② 因为要一个人去北京学习，所以 Jennifer 难过地哭了。
Yīnwèi yào yí ge rén qù Běijīng xuéxí, suǒyǐ Jennifer nánguò de kū le.

③ 奶奶生病是 George 最难过的事情。
Nǎinai shēng bìng shì George zuì nánguò de shìqing.

1 呢 ne

(part.) **1** [used at the end of an interrogative sentence to indicate a question]

① 妈妈呢？她去哪儿了？
Māma ne? Tā qù nǎr le?

② 我怎么能不喜欢花呢？
Wǒ zěnme néng bù xǐhuan huā ne?

③ Helen 怎么还没有来呢？
Helen zěnme hái méiyǒu lái ne?

2 [used at the end of a declarative sentence to reinforce the assertion or play up the effect of exaggeration]

① 姐姐正在房间里唱歌呢。
Jiějie zhèng zài fángjiān lǐ chàng gē ne.

② 你别着急，考试时间是下午三点呢。
Nǐ bié zháo jí, kǎoshì shíjiān shì xiàwǔ sān diǎn ne.

③ 我真不知道他还会开飞机呢。
Wǒ zhēn bù zhīdào tā hái huì kāi fēijī ne.

3 [used in the middle of a sentence to mark a pause]

① 明天呢，我要去爬山。
Míngtiān ne, wǒ yào qù pá shān.

② 这几个问题呢，我们明天再解决吧。
Zhè jǐ ge wèntí ne, wǒmen míngtiān zài jiějué ba.

1 能 néng

(v.) **1** can; be able to

① 我们大家都不知道 Jennifer 能喝很多啤酒。
Wǒmen dàjiā dōu bù zhīdào Jennifer néng hē hěn duō píjiǔ.

②A：你今天能不能完成工作？
　　Nǐ jīntiān néng bu néng wánchéng gōngzuò？
　B：能，一定能。
　　Néng, yídìng néng.

2 may; have the permission to

① 这是孩子都能回答的问题，你就别问我了。
　Zhè shì háizi dōu néng huídá de wèntí, nǐ jiù bié wèn wǒ le.

② 你能告诉我现在几点了吗？
　Nǐ néng gàosu wǒ xiànzài jǐ diǎn le ma？

③ 爷爷已经睡觉了，你不能给他打电话。
　Yéye yǐjīng shuì jiào le, nǐ bù néng gěi tā dǎ diànhuà.

3 be capable of

① Mary 真能笑，有她在的地方就有快乐。
　Mary zhēn néng xiào, yǒu tā zài de dìfang jiù yǒu kuàilè.

② Richard 很能走，有一次他用了四个小时从学校走到家。
　Richard hěn néng zǒu, yǒu yí cì tā yòngle sì ge xiǎoshí cóng xuéxiào zǒu dào jiā.

（adj.）capable

① 这个孩子什么都会，真能！
　Zhè ge háizi shénme dōu huì, zhēn néng！

② 我们都认为 Richard 很能。
　Wǒmen dōu rènwéi Richard hěn néng.

1 你 nǐ

（pron.）**1** you（singular）

① 大家都很喜欢你。
　Dàjiā dōu hěn xǐhuan nǐ.

② 你叫什么名字？
　Nǐ jiào shénme míngzi？

③ 这是你的照相机吗？
　Zhè shì nǐ de zhàoxiàngjī ma？

2 anyone; everyone

① 大家你看我，我看你，谁也不说话。
　Dàjiā nǐ kàn wǒ, wǒ kàn nǐ, shéi yě bù shuō huà.

② 你对动物好，动物就对你好。
　Nǐ duì dòngwù hǎo, dòngwù jiù duì nǐ hǎo.

你 你们 你好 年 新年 过年

你们
nǐmen

 Do You Know

(pron.) you (plural)

① 你们都是从中国来的吗？
Nǐmen dōu shì cóng Zhōngguó lái de ma?

② 你们先走吧，我打完电话就去找你们。
Nǐmen xiān zǒu ba, wǒ dǎwán diànhuà jiù qù zhǎo nǐmen.

你好
nǐ hǎo

hello; hi

① 你好，我叫 Liza，很高兴认识你。
Nǐ hǎo, wǒ jiào Liza, hěn gāoxìng rènshi nǐ.

② 你好，请帮我拿一个杯子。
Nǐ hǎo, qǐng bāng wǒ ná yí ge bēizi.

¹年 nián

(m.w.) year

① 我来中国已经二十年了，我很了解中国人。
Wǒ lái Zhōngguó yǐjīng èrshí nián le, wǒ hěn liǎojiě Zhōngguórén.

② 最近这几年你到哪儿去了？
Zuìjìn zhè jǐ nián nǐ dào nǎr qù le?

③ 我和大家有三年没有见面了。
Wǒ hé dàjiā yǒu sān nián méiyǒu jiàn miàn le.

 Do You Know

新年
xīnnián

(n.) New Year

① 新年快乐！
Xīnnián kuàilè!

② 我在中国过了一个非常有意思的新年。
Wǒ zài Zhōngguó guòle yí ge fēicháng yǒu yìsi de xīnnián.

过年
guò nián

celebrate the New Year; spend the New Year

① 过年好！
Guò nián hǎo!

② 过完年，我打算去中国旅游。
Guòwán nián, wǒ dǎsuàn qù Zhōngguó lǚyóu.

年级 niánjí

(n.) grade

① 我现在是三年级的学生。
Wǒ xiànzài shì sān niánjí de xuésheng.

② 我的孩子现在上六年级。
Wǒ de háizi xiànzài shàng liù niánjí.

③ 老师经常让高年级的学生帮助我们。
Lǎoshī jīngcháng ràng gāo niánjí de xuésheng bāngzhù wǒmen.

Do You Know

级 jí

(n.) **1** level; rank

① 大家好！欢迎参加HSK三级考试。
Dàjiā hǎo! Huānyíng cānjiā HSK sān jí kǎoshì.

② A：哪一级的汉语水平考试最难？
Nǎ yì jí de Hànyǔ Shuǐpíng Kǎoshì zuì nán?

B：六级。
Liù jí.

2 grade

① 我和Helen不在一级。
Wǒ hé Helen bú zài yì jí.

② 我上三年级，David上五年级，他比我高两级。
Wǒ shàng sān niánjí, David shàng wǔ niánjí, tā bǐ wǒ gāo liǎng jí.

中级 zhōngjí

(adj.) middle rank; intermediate level

① Charles的汉语已经到了中级水平。
Charles de Hànyǔ yǐjīng dàole zhōngjí shuǐpíng.

② 我现在在中级班学习。
Wǒ xiànzài zài zhōngjíbān xuéxí.

年轻 niánqīng

(adj.) young; youthful

① 年轻的时候，我经常去爬山。
Niánqīng de shíhou, wǒ jīngcháng qù pá shān.

② 虽然Jenny是一位年轻的老师，但是学生都很喜欢她。
Suīrán Jenny shì yí wèi niánqīng de lǎoshī, dànshì xuésheng dōu hěn xǐhuan tā.

③ 我哥哥看着比我年轻。
Wǒ gēge kànzhe bǐ wǒ niánqīng.

鸟 niǎo

(n.) bird

① 我家的小鸟会说话。
Wǒ jiā de xiǎo niǎo huì shuō huà.

② 城市环境越差，鸟就越少。
Chéngshì huánjìng yuè chà, niǎo jiù yuè shǎo.

③ 那几只小鸟去哪儿了？
Nà jǐ zhī xiǎo niǎo qù nǎr le?

² **您** nín

(pron.) [used with respect] you (singular)

① 先生，您需要什么？
Xiānsheng, nín xūyào shénme?

② 您最近身体好吗？
Nín zuìjìn shēntǐ hǎo ma?

③ 我们非常欢迎您到我家来住一段时间。
Wǒmen fēicháng huānyíng nín dào wǒ jiā lái zhù yí duàn shíjiān.

 Do You Know

您好 nín hǎo

hello; how do you do

① 先生您好，您需要什么？
Xiānsheng nín hǎo, nín xūyào shénme?

② 您好，我是 Charles。
Nín hǎo, wǒ shì Charles.

² **牛奶** niúnǎi

(n.) milk

① 我把牛奶热好了。
Wǒ bǎ niúnǎi rèhǎo le.

② 多喝牛奶对身体好。
Duō hē niúnǎi duì shēntǐ hǎo.

③ 以前，很多中国人不喜欢喝牛奶。
Yǐqián, hěn duō Zhōngguórén bù xǐhuan hē niúnǎi.

牛 niú

 Do You Know

(n.) cattle; ox; cow

① 那些牛正在吃草。
Nàxiē niú zhèngzài chī cǎo.

② 我第一次见到这么多牛。
Wǒ dì yī cì jiàndào zhème duō niú.

奶 nǎi

(n.) milk

① 我把奶放进冰箱里了。
Wǒ bǎ nǎi fàngjìn bīngxiāng lǐ le.

② Elvis 早上起床以后忘记喝奶了。
Elvis zǎoshang qǐ chuáng yǐhòu wàngjì hē nǎi le.

努力 nǔlì

(adj.) try hard; be hard at work or study

① 快考试了,大家都在努力复习。
Kuài kǎo shì le, dàjiā dōu zài nǔlì fùxí.

② 虽然 Selina 已经很努力了,但是工作还是做不好。
Suīrán Selina yǐjīng hěn nǔlì le, dànshì gōngzuò háishi zuò bu hǎo.

③ 爸爸希望我能努力学习汉语。
Bàba xīwàng wǒ néng nǔlì xuéxí Hànyǔ.

² 女 nǚ

(adj.) female

① 我想找一位叫 Lucy 的女医生。
Wǒ xiǎng zhǎo yí wèi jiào Lucy de nǚ yīshēng.

② 我们公司的女经理比男经理多。
Wǒmen gōngsī de nǚ jīnglǐ bǐ nán jīnglǐ duō.

¹ 女儿 nǚ'ér

(n.) daughter

① 我有两个女儿,大女儿比小女儿大三岁。
Wǒ yǒu liǎng ge nǚ'ér, dà nǚ'ér bǐ xiǎo nǚ'ér dà sān suì.

② 女儿已经十八岁了,不需要爸爸妈妈照顾了。
Nǚ'ér yǐjīng shíbā suì le, bù xūyào bàba māma zhàogu le.

③ 爸爸一直很关心女儿的学习。
Bàba yìzhí hěn guān xīn nǚ'ér de xuéxí.

牛奶 努力 女 女儿 女人 女孩儿 女生

女人
nǚrén

 Do You Know

(n.) **1** woman

① 我们都认为 Ella 是一个聪明的女人。
Wǒmen dōu rènwéi Ella shì yí ge cōngming de nǚrén.

② 虽然很多女人都喜欢花，但是我不喜欢。
Suīrán hěn duō nǚrén dōu xǐhuan huā, dànshì wǒ bù xǐhuan.

2 wife

① 我不能照顾她，因为她是你的女人。
Wǒ bù néng zhàogu tā, yīnwèi tā shì nǐ de nǚrén.

② 虽然我的女人已经不年轻了，但是她还是很漂亮。
Suīrán wǒ de nǚrén yǐjīng bù niánqīng le, dànshì tā háishì hěn piàoliang.

女孩儿
nǚ háir

girl

① 女孩儿都喜欢漂亮的衣服。
Nǚ háir dōu xǐhuan piàoliang de yīfu.

② Jerry 长得有点儿像女孩儿。
Jerry zhǎng de yǒudiǎnr xiàng nǚ háir.

女生
nǚshēng

(n.) woman student; schoolgirl

① 我们班女生比男生多。
Wǒmen bān nǚshēng bǐ nánshēng duō.

② 今天下午班里的女生都去准备唱歌比赛了。
Jīntiān xiàwǔ bān lǐ de nǚshēng dōu qù zhǔnbèi chàng gē bǐsài le.

P

爬山 pá shān

mountain climbing

① 我们明天一起去爬山吧。
Wǒmen míngtiān yìqǐ qù pá shān ba.

② 哥哥喜欢爬山，我也喜欢。
Gēge xǐhuan pá shān, wǒ yě xǐhuan.

③ 爬山可以锻炼身体，让我们更健康。
Pá shān kěyǐ duànliàn shēntǐ, ràng wǒmen gèng jiànkāng.

 Do You Know

爬 pá

（v.） **1** crawl; creep

① 我的孩子刚会爬。
Wǒ de háizi gāng huì pá.

② George 迟到了，他从大门下面爬进了学校。
George chídào le, tā cóng dà mén xiàmiàn pájìnle xuéxiào.

2 climb; scramble

① 山太高了，我爬不上去了。
Shān tài gāo le, wǒ pá bu shàngqù le.

② 我小的时候很喜欢爬树。
Wǒ xiǎo de shíhou hěn xǐhuan pá shù.

3 get up

① 我早上四点就要爬起来去上班。
Wǒ zǎoshang sì diǎn jiù yào pá qilai qù shàng bān.

② 我累得都爬不起来了。
Wǒ lèi de dōu pá bu qǐlái le.

山 shān

（n.） hill; mountain

① 春天到了，山里的花开了。
Chūntiān dào le, shān lǐ de huā kāi le.

② 我在山下买了一个房子，打算周末的时候过去住。
Wǒ zài shān xià mǎile yí ge fángzi, dǎsuàn zhōumò de shíhou guòqu zhù.

盘子 pánzi

(n.) tray; plate

① 这几个盘子和碗都没有洗，你去洗洗吧。
Zhè jǐ ge pánzi hé wǎn dōu méiyǒu xǐ, nǐ qù xǐxi ba.

② 盘子里是什么菜？
Pánzi lǐ shì shénme cài?

③ 这几个盘子已经用了很多年了，我们再买几个新的吧。
Zhè jǐ ge pánzi yǐjīng yòngle hěn duō nián le, wǒmen zài mǎi jǐ ge xīn de ba.

2 旁边 pángbiān

(n.) side; right by

① 桌子旁边是冰箱。
Zhuōzi pángbiān shì bīngxiāng.

② 我家旁边有一个小公园。
Wǒ jiā pángbiān yǒu yí ge xiǎo gōngyuán.

③ 刚才站在你旁边的人是谁？
Gāngcái zhàn zài nǐ pángbiān de rén shì shéi?

 Do You Know

边 biān

(n.) **1** side

① 河边站着很多人。
Hé biān zhànzhe hěn duō rén.

② 桌子边上放着一本书。
Zhuōzi biānshang fàngzhe yì běn shū.

2 striped decoration fixed on the edge of something

这条裙子的花边真漂亮。
Zhè tiáo qúnzi de huābiān zhēn piàoliang.

(adv.) meanwhile; at the same time

① 我喜欢边上网边听音乐。
Wǒ xǐhuan biān shàng wǎng biān tīng yīnyuè.

② Terry 边跑步边打电话。
Terry biān pǎo bù biān dǎ diànhuà.

(suf.)

① 看电影的时候，Selina 坐在我的左边，我坐在她的右边。
Kàn diànyǐng de shíhou, Selina zuò zài wǒ de zuǒbian, wǒ zuò zài tā de yòubian.

② 我们学校的前边有一条河。
Wǒmen xuéxiào de qiánbian yǒu yì tiáo hé.

胖 pàng

(adj.) fat; stout

① Betty 觉得自己很胖，其实她不胖。
Betty juéde zìjǐ hěn pàng, qíshí tā bú pàng.

② 我现在比以前胖多了。
Wǒ xiànzài bǐ yǐqián pàng duō le.

③ 邻居家的胖阿姨特别喜欢孩子。
Línjū jiā de pàng āyí tèbié xǐhuan háizi.

④ 那只小狗胖胖的，真可爱。
Nà zhī xiǎo gǒu pàngpàng de, zhēn kě'ài.

2 跑步 pǎo bù

run

① 哥哥最喜欢的运动是跑步和游泳。
Gēge zuì xǐhuan de yùndòng shì pǎo bù hé yóu yǒng.

② 最近这段时间在公园里跑步的人特别多。
Zuìjìn zhè duàn shíjiān zài gōngyuán lǐ pǎo bù de rén tèbié duō.

③ 跑步是一种很好的体育运动。
Pǎo bù shì yì zhǒng hěn hǎo de tǐyù yùndòng.

 Do You Know

跑 pǎo

(v.) **1** run; jog

① 大家不要跑。
Dàjiā búyào pǎo.

② 我们正在吃饭，Jenny 从外面跑了进来。
Wǒmen zhèngzài chī fàn, Jenny cóng wàimiàn pǎole jinlai.

2 run away; escape

① 我家的小狗跑了，我很难过。
Wǒ jiā de xiǎo gǒu pǎo le, wǒ hěn nánguò.

② 有我在，他跑不了。
Yǒu wǒ zài, tā pǎo bu liǎo.

1 朋友 péngyou

(n.) friend

① 我在中国认识了很多朋友。
Wǒ zài Zhōngguó rènshile hěn duō péngyou.

胖　跑步　跑　朋友　男朋友　女朋友　小朋友　皮鞋　鞋

② Peter 是我的好朋友，也是我的邻居。
Peter shì wǒ de hǎo péngyou, yě shì wǒ de línjū.

③ 明天我要和几个朋友一起去爬山。
Míngtiān wǒ yào hé jǐ ge péngyou yìqǐ qù pá shān.

 Do You Know

男朋友
nán péngyou

boyfriend

① 这位是我的男朋友 Henry。
Zhè wèi shì wǒ de nán péngyou Henry.

② 我现在没有男朋友。
Wǒ xiànzài méiyǒu nán péngyou.

女朋友
nǚ péngyou

girlfriend

① 你有女朋友吗？
Nǐ yǒu nǚ péngyou ma?

② Rogers 的女朋友是一位老师。
Rogers de nǚ péngyou shì yí wèi lǎoshī.

小朋友
xiǎopéngyou

(n.) little boy or girl; child

① 你愿意和小朋友一起做游戏吗？
Nǐ yuànyì hé xiǎopéngyou yìqǐ zuò yóuxì ma?

② 小朋友，你在做什么？
Xiǎopéngyou, nǐ zài zuò shénme?

③ 小朋友，你妈妈在家吗？
Xiǎopéngyou, nǐ māma zài jiā ma?

皮鞋
píxié

(n.) leather shoes

① Nick 的皮鞋一只在洗手间，一只在床下。
Nick de píxié yì zhī zài xǐshǒujiān, yì zhī zài chuáng xià.

② 这双皮鞋的颜色不好看，我不想买。
Zhè shuāng píxié de yánsè bù hǎokàn, wǒ bù xiǎng mǎi.

 Do You Know

鞋 xié

(n.) shoes

① 我的鞋坏了，我想再买一双。
Wǒ de xié huài le, wǒ xiǎng zài mǎi yì shuāng.

② 虽然这双鞋很漂亮，但是太贵了。
Suīrán zhè shuāng xié hěn piàoliang, dànshì tài guì le.

③ 我想买一双穿着很舒服的鞋。
Wǒ xiǎng mǎi yì shuāng chuānzhe hěn shūfu de xié.

啤酒 píjiǔ

(n.) beer

① 服务员，黑啤酒多少钱？
Fúwùyuán, hēi píjiǔ duōshao qián?

② 这种啤酒你是从哪儿买的？
Zhè zhǒng píjiǔ nǐ shì cóng nǎr mǎi de?

③ 我不想喝啤酒，喝完了我会不舒服的。
Wǒ bù xiǎng hē píjiǔ, hēwánle wǒ huì bù shūfu de.

 Do You Know

酒 jiǔ

(n.) alcoholic drink; wine; liquor

① 我不会喝酒，一喝酒脸就红。
Wǒ bú huì hē jiǔ, yì hē jiǔ liǎn jiù hóng.

② 昨天晚上我也不知道自己喝了多少杯酒。
Zuótiān wǎnshang wǒ yě bù zhīdào zìjǐ hēle duōshao bēi jiǔ.

酒店 jiǔdiàn

(n.) **1** hotel

① 酒店里有一个小超市，买东西很方便。
Jiǔdiàn lǐ yǒu yí ge xiǎo chāoshì, mǎi dōngxi hěn fāngbiàn.

② 我每次去北京都住这家酒店。
Wǒ měi cì qù Běijīng dōu zhù zhè jiā jiǔdiàn.

2 restaurant

① 我们结婚的时候就在这家酒店请客人吃饭吧。
Wǒmen jié hūn de shíhou jiù zài zhè jiā jiǔdiàn qǐng kèrén chī fàn ba.

② 他经常去那个小酒店喝酒、吃饭。
Tā jīngcháng qù nà ge xiǎo jiǔdiàn hē jiǔ、chī fàn.

啤酒 酒 酒店 便宜 票 车票 门票 机票

² 便宜 piányi

(adj.) cheap

① 这家超市卖的菜很便宜。
Zhè jiā chāoshì mài de cài hěn piányi.

② 我想买这块便宜的手表。
Wǒ xiǎng mǎi zhè kuài piányi de shǒubiǎo.

(v.) let sb. off lightly

这次便宜你了。
Zhè cì piányi nǐ le.

(n.) unmerited advantages

我没有什么便宜给你。
Wǒ méiyǒu shénme piányi gěi nǐ.

² 票 piào

(n.) ticket

① 他买了两张票,一共六十元。
Tā mǎile liǎng zhāng piào, yígòng liùshí yuán.

② Mike 在公共汽车上卖票。
Mike zài gōnggòng qìchē shang mài piào.

③ 进这家公园不要票。
Jìn zhè jiā gōngyuán bú yào piào.

 Do You Know

车票 chēpiào

(n.) train or bus ticket; ticket

① 去北京的车票多少钱一张?
Qù Běijīng de chēpiào duōshao qián yì zhāng?

② 我买一张车票。
Wǒ mǎi yì zhāng chēpiào.

门票 ménpiào

(n.) entrance ticket

① 门票已经卖完了。
Ménpiào yǐjīng màiwán le.

② 我有两张公园的门票,你想和我一起去吗?
Wǒ yǒu liǎng zhāng gōngyuán de ménpiào, nǐ xiǎng hé wǒ yìqǐ qù ma?

机票 jīpiào

(n.) airline ticket; flight ticket

① 我买了三张今天晚上六点到北京的机票。
Wǒ mǎile sān zhāng jīntiān wǎnshang liù diǎn dào Běijīng de jīpiào.

邮票 yóupiào	② 这次我买的机票比火车票还便宜。 Zhè cì wǒ mǎi de jīpiào bǐ huǒchēpiào hái piányi. (n.) stamp; postage stamp ① 这张邮票多少钱？ Zhè zhāng yóupiào duōshao qián? ② 我买了几张邮票，花了六百多元。 Wǒ mǎile jǐ zhāng yóupiào, huāle liùbǎi duō yuán.
1 漂亮 piàoliang	(adj.) **1** beautiful; pretty ① Kate 比以前漂亮多了。 Kate bǐ yǐqián piàoliang duō le. ② 大家都喜欢漂亮的东西。 Dàjiā dōu xǐhuan piàoliang de dōngxi. ③ Mary 的字写得很漂亮。 Mary de zì xiě de hěn piàoliang. ④ Helen 上班的时候总是穿得漂漂亮亮的。 Helen shàng bān de shíhou zǒngshì chuān de piàopiaoliāngliāng de. **2** smart ① 这件事情你做得太漂亮了。 Zhè jiàn shìqing nǐ zuò de tài piàoliang le. ② Salary 是个聪明人，她总是能漂亮地完成工作。 Salary shì ge cōngming rén, tā zǒngshì néng piàoliang de wánchéng gōngzuò.
1 苹果 píngguǒ	(n.) apple ① 苹果现在很便宜，我们多买点儿吧。 Píngguǒ xiànzài hěn piányi, wǒmen duō mǎidiǎnr ba. ② 红红的苹果真好吃。 Hónghóng de píngguǒ zhēn hǎochī. ③ 我中午只吃了一个苹果。 Wǒ zhōngwǔ zhǐ chīle yí ge píngguǒ.
瓶子 píngzi	(n.) bottle ① Jerry 把瓶子里的水都喝了。 Jerry bǎ píngzi lǐ de shuǐ dōu hē le. ② 桌子上放着一个瓶子和一个碗。 Zhuōzi shang fàngzhe yí ge píngzi hé yí ge wǎn.

邮票　漂亮　苹果　瓶子　七　妻子　其实　其他

Q

1 七 qī

（num.）seven

① 我住在七楼。
Wǒ zhù zài qī lóu.

② 一公斤苹果十七元。
Yì gōngjīn píngguǒ shíqī yuán.

③ 我们学校有七十个同学参加了游泳比赛。
Wǒmen xuéxiào yǒu qīshí ge tóngxué cānjiāle yóuyǒng bǐsài.

2 妻子 qīzi

（n.）wife

① 妻子和我在一家公司工作。
Qīzi hé wǒ zài yì jiā gōngsī gōngzuò.

② 经理的妻子又年轻又漂亮。
Jīnglǐ de qīzi yòu niánqīng yòu piàoliang.

③ 我向大家介绍介绍，这位是我的妻子，她叫 Mary。
Wǒ xiàng dàjiā jièshào jièshào, zhè wèi shì wǒ de qīzi, tā jiào Mary.

其实 qíshí

（adv.）actually；as a matter of fact

① 刚才 Selina 告诉我的事情，其实我都知道。
Gāngcái Selina gàosu wǒ de shìqing, qíshí wǒ dōu zhīdào.

② 刚才老师问的问题，其实不难回答。
Gāngcái lǎoshī wèn de wèntí, qíshí bù nán huídá.

③ David 认为自己很健康，其实他的身体很差。
David rènwéi zìjǐ hěn jiànkāng, qíshí tā de shēntǐ hěn chà.

其他 qítā

（pron.）other；else

① 其他人都去哪儿了？
Qítā rén dōu qù nǎr le?

② 如果您没有其他事情，我就先走了。
Rúguǒ nín méiyǒu qítā shìqing, wǒ jiù xiān zǒu le.

③ 这两本书是我的，其他都是 Liza 的。
Zhè liǎng běn shū shì wǒ de, qítā dōu shì Liza de.

奇怪 qíguài

(adj.) **1** strange; odd; queer

① 今天的天气真奇怪，一会儿下雨，一会刮风。
Jīntiān de tiānqì zhēn qíguài, yíhuìr xià yǔ, yíhuìr guā fēng.

② 昨天我在海里看见了一种奇怪的动物。
Zuótiān wǒ zài hǎi lǐ kànjiànle yì zhǒng qíguài de dòngwù.

③ 今天大家怎么都奇奇怪怪的？
Jīntiān dàjiā zěnme dōu qíqíguàiguài de?

2 surprising

① 真奇怪，Lee 为什么没有来参加考试呢？
Zhēn qíguài, Lee wèi shénme méiyǒu lái cānjiā kǎoshì ne?

② Elizabeth 借钱不还这件事情我不觉得奇怪。
Elizabeth jiè qián bù huán zhè jiàn shìqing wǒ bù juéde qíguài.

③ 我很奇怪，为什么 Liza 一直不去找工作？
Wǒ hěn qíguài, wèi shénme Liza yìzhí bú qù zhǎo gōngzuò?

骑 qí

(v.) ride

① 我不会骑自行车，你能教我吗？
Wǒ bú huì qí zìxíngchē, nǐ néng jiāo wǒ ma?

② 我喜欢骑马，周末的时候会去骑三个小时。
Wǒ xǐhuan qí mǎ, zhōumò de shíhou huì qù qí sān ge xiǎoshí.

③ 这辆自行车可以两个人一起骑。
Zhè liàng zìxíngchē kěyǐ liǎng ge rén yìqǐ qí.

 Do You Know

ride a bicycle or a motorcycle

① 你骑的是什么车？
Nǐ qí de shì shénme chē?

② 你骑车的时候慢一点儿。
Nǐ qí chē de shíhou màn yìdiǎnr.

骑车 qí chē

2 起床 qǐ chuáng

get up

① 快起床吧，你要迟到了！
Kuài qǐ chuáng ba, nǐ yào chídào le!

② Roberts 早上不起床，晚上不睡觉。
Roberts zǎoshang bù qǐ chuáng, wǎnshang bú shuì jiào.

③ 今天早上我五点就起了床。
Jīntiān zǎoshang wǒ wǔ diǎn jiù qǐle chuáng.

④ 她发烧了，起不了床。
Tā fā shāo le, qǐ bu liǎo chuáng.

Do You Know

起 qǐ

(v.) 1 rise; stand up

① 早睡早起身体好。
Zǎo shuì zǎo qǐ shēntǐ hǎo.

② 你快迟到了，怎么还不起？
Nǐ kuài chídào le, zěnme hái bù qǐ?

2 start; begin

① 从明天起，我要去游泳。
Cóng míngtiān qǐ, wǒ yào qù yóu yǒng.

② 从现在起，你就是我的女朋友了。
Cóng xiànzài qǐ, nǐ jiù shì wǒ de nǚ péngyou le.

3 [used after a verb to indicate something involved in the action or if it is within or beyond one's power to do something]

① 说起过去的事情，他就很难过。
Shuōqǐ guòqù de shìqing, tā jiù hěn nánguò.

② 这件衣服我买不起。
Zhè jiàn yīfu wǒ mǎi bu qǐ.

床 chuáng

(n.) bed

① 我想买一张大床。
Wǒ xiǎng mǎi yì zhāng dà chuáng.

② 孩子们，已经晚上十一点了，你们应该上床睡觉了。
Háizimen, yǐjīng wǎnshang shíyī diǎn le, nǐmen yīnggāi shàng chuáng shuì jiào le.

起飞 qǐfēi

(v.) (of aircraft) take off

① 飞机快要起飞了。
Fēijī kuài yào qǐfēi le.

② 这班飞机八点三十分起飞。
Zhè bān fēijī bā diǎn sānshí fēn qǐfēi.

起来 qǐ lái

1 stand up; sit up

① 坐了一上午,你应该起来走走了。
Zuòle yí shàngwǔ, nǐ yīnggāi qǐlai zǒuzou le.

② 我腿疼,起不来了。
Wǒ tuǐ téng, qǐ bu lái le.

2 get up

① 快起来,我们要迟到了。
Kuài qǐlai, wǒmen yào chídào le.

② 晚上不睡觉,早上当然起不来了。
Wǎnshang bú shuì jiào, zǎoshang dāngrán qǐ bu lái le.

3 [used after a verb] expressing an upward movement

① 你能站起来吗?
Nǐ néng zhàn qǐlai ma?

② Tony 把桌子上的手机拿起来看了看,又放下了。
Tony bǎ zhuōzi shang de shǒujī ná qǐlai kànle kàn, yòu fàngxia le.

4 [used after a verb or an adjective] expressing the commencement and continuation of action or state

① 从昨天开始,天气一下就热起来了。
Cóng zuótiān kāishǐ, tiānqì yíxià jiù rè qǐlai le.

② William 高兴地跳起舞来。
William gāoxìng de tiào qǐ wǔ lai.

5 [used after a verb] expressing completion or effectiveness

我想起来了,你是 Tina 的朋友。
Wǒ xiǎng qǐlai le, nǐ shì Tina de péngyou.

6 [used after a verb] expressing an impression, estimation

① 说起来容易,做起来难。
Shuō qǐlai róngyì, zuò qǐlai nán.

② Susan 看起来很年轻,其实她已经四十岁了。
Susan kàn qǐlai hěn niánqīng, qíshí tā yǐjīng sìshí suì le.

² 千 qiān

（num.） thousand

① 我们学校有一千三百多人参加了汉语水平考试。
Wǒmen xuéxiào yǒu yìqiān sānbǎi duō rén cānjiāle Hànyǔ Shuǐpíng Kǎoshì.

② 我花了好几千块钱买了这辆自行车。
Wǒ huāle hǎojǐ qiān kuài qián mǎile zhè liàng zìxíngchē.

③ 从我们公司向左边走一千米就能到银行了。
Cóng wǒmen gōngsī xiàng zuǒbian zǒu yìqiān mǐ jiù néng dào yínháng le.

² 铅笔 qiānbǐ

（n.） pencil

① 请大家考试以前准备好铅笔。
Qǐng dàjiā kǎo shì yǐqián zhǔnbèi hǎo qiānbǐ.

② 铅笔在我的包里，你自己去拿吧。
Qiānbǐ zài wǒ de bāo lǐ, nǐ zìjǐ qù ná ba.

③ 我知道哪一家商店卖红铅笔，我带你去。
Wǒ zhīdào nǎ yì jiā shāngdiàn mài hóng qiānbǐ, wǒ dài nǐ qù.

Do You Know

笔 bǐ

（n.） pen; pencil; writing brush; etc.

① 可以借您的笔用一下儿吗？
Kěyǐ jiè nín de bǐ yòng yíxiàr ma?

② 孩子太小了，还不会拿笔。
Háizi tài xiǎo le, hái bú huì ná bǐ.

（m.w.） **1** [used for sums of money, etc.]

① 我想开一家公司，需要一笔钱。
Wǒ xiǎng kāi yì jiā gōngsī, xūyào yì bǐ qián.

② 我从银行借了一笔钱。
Wǒ cóng yínháng jièle yì bǐ qián.

2 [used for strokes of a Chinese character]

① "爱"字有十笔。
"Ài" zì yǒu shí bǐ.

② "我"字的第二笔是什么？
"Wǒ" zì de dì èr bǐ shì shénme?

1 前面 qiánmiàn (前边) (qiánbian)

(n.) **1** front

① 老师站在我的前面(/前边),我站在他的后面。
Lǎoshī zhàn zài wǒ de qiánmiàn (/qiánbian), wǒ zhàn zài tā de hòumiàn.

② 桌子的前面(/前边)是电视,电视的旁边是电脑。
Zhuōzi de qiánmiàn (/qiánbian) shì diànshì, diànshì de pángbiān shì diànnǎo.

2 above; preceding

① 你刚才问的问题,前面(/前边)已经问过了。
Nǐ gāngcái wèn de wèntí, qiánmiàn (/qiánbian) yǐjīng wènguo le.

② Richard写的电子邮件太长了,我只看了前面(/前边)几段就不想再看了。
Richard xiě de diànzǐ yóujiàn tài cháng le, wǒ zhǐ kànle qiánmiàn (/qiánbian) jǐ duàn jiù bù xiǎng zài kàn le.

 Do You Know

前 qián

(n.) **1** front

① 电视前有一张桌子。
Diànshì qián yǒu yì zhāng zhuōzi.

② 同学们都在楼前的花园里做游戏。
Tóngxuémen dōu zài lóu qián de huāyuán lǐ zuò yóuxì.

2 first

① 请前两位病人进来。
Qǐng qián liǎng wèi bìngrén jìnlai.

② 今年的前三个月我在中国。
Jīnnián de qián sān ge yuè wǒ zài Zhōngguó.

3 ago; before

① 前几天我生病了,没有去上班。
Qián jǐ tiān wǒ shēng bìng le, méiyǒu qù shàng bān.

② 前段时间,公司来了两位新经理。
Qián duàn shíjiān, gōngsī láile liǎng wèi xīn jīnglǐ.

1 钱 qián

(n.) money

① 我花了四块钱买了一个盘子。
Wǒ huāle sì kuài qián mǎile yí ge pánzi.

② 我不想把钱借给 George。
Wǒ bù xiǎng bǎ qián jiègěi George.

③ 现在有钱的人真多。
Xiànzài yǒu qián de rén zhēn duō.

 Do You Know

钱包 qiánbāo

(n.) wallet; purse; moneybag

① 昨天我买了一个新钱包。
Zuótiān wǒ mǎile yí ge xīn qiánbāo.

② 钱包里一分钱也没有了,我都花了。
Qiánbāo lǐ yì fēn qián yě méiyǒu le, wǒ dōu huā le.

清楚 qīngchu

(adj.) clear; distinct

① 你的问题问清楚了吗?
Nǐ de wèntí wèn qīngchu le ma?

② Richard 清楚地知道 Selina 不爱他。
Richard qīngchu de zhīdào Selina bú ài tā.

③ John 说话的声音很大,我听得清清楚楚。
John shuō huà de shēngyīn hěn dà, wǒ tīng de qīngqīngchǔchǔ.

(v.) know; be aware of

① 我很清楚我的选择。
Wǒ hěn qīngchu wǒ de xuǎnzé.

② 我不清楚你想做什么。
Wǒ bù qīngchu nǐ xiǎng zuò shénme.

③ 公司里的事情经理最清楚。
Gōngsī lǐ de shìqing jīnglǐ zuì qīngchǔ.

2 晴 qíng

(adj.) fine; clear; sunny

① 刚才下小雨了,现在已经晴了。
Gāngcái xià xiǎo yǔ le, xiànzài yǐjīng qíng le.

② 北京这段时间的天气一直是晴的。
Běijīng zhè duàn shíjiān de tiānqì yìzhí shì qíng de.

晴天 qíngtiān

Do You Know

(n.) sunny day; day of sunshine
① 今天是晴天,我们去踢足球吧。
Jīntiān shì qíngtiān, wǒmen qù tī zúqiú ba.
② 上午还是晴天,下午就下雨了。
Shàngwǔ hái shì qíngtiān, xiàwǔ jiù xià yǔ le.

1 请 qǐng

(v.) **1** request; ask
① 我有一件事情想请你帮忙。
Wǒ yǒu yí jiàn shìqing xiǎng qǐng nǐ bāng máng.
② 我想请 Tina 来回答这几个问题。
Wǒ xiǎng qǐng Tina lái huídá zhè jǐ ge wèntí.

2 invite; engage
① 奶奶生病了,我请来了最好的医生。
Nǎinai shēng bìng le, wǒ qǐnglaile zuì hǎo de yīshēng.
② 我想请你看电影。
Wǒ xiǎng qǐng nǐ kàn diànyǐng.
③ 我和 Mary 结婚的时候请了很多的朋友。
Wǒ hé Mary jié hūn de shíhou qǐngle hěn duō de péngyou.

3 please
① 请大家到旁边的房间,经理一会儿就到。
Qǐng dàjiā dào pángbiān de fángjiān, jīnglǐ yíhuìr jiù dào.
② 请给我拿一张报纸。
Qǐng gěi wǒ ná yì zhāng bàozhǐ.
③ 大家都在学习,请别说话。
Dàjiā dōu zài xuéxí, qǐng bié shuō huà.

请进 qǐng jìn

Do You Know

Come in, please!
① 是 Jane 来了,快请进。
Shì Jane lái le, kuài qǐng jìn.

晴天 请 请进 请问 请坐 请假 秋 秋天

②A：Betty 在吗？
　　Betty zài ma?
　B：在。请进。
　　Zài. Qǐng jìn.

请问 qǐngwèn

(v.) excuse me; please

① 请问，去机场怎么走？
　Qǐngwèn, qù jīchǎng zěnme zǒu?
② 请问，洗手间在哪里？
　Qǐngwèn, xǐshǒujiān zài nǎlǐ?

请坐 qǐng zuò

sit down please

① 大家请坐吧，我们现在开会。
　Dàjiā qǐng zuò ba, wǒmen xiànzài kāi huì.
② 您请坐，您找我有什么事情吗？
　Nín qǐng zuò, nín zhǎo wǒ yǒu shénme shìqing ma?

请假 qǐng jià

ask for leave

① Chris 因为身体不好，所以经常请假。
　Chris yīnwèi shēntǐ bù hǎo, suǒyǐ jīngcháng qǐng jià.
② 你应该向 David 请假。
　Nǐ yīnggāi xiàng David qǐng jià.
③ 这两年，我没有请过一次假。
　Zhè liǎng nián, wǒ méiyǒu qǐngguo yí cì jià.

秋 qiū

(n.) autumn

① 秋去冬来，天气开始冷了。
　Qiū qù dōng lái, tiānqì kāishǐ lěng le.
② 春夏秋冬是一年的四个季节。
　Chūn xià qiū dōng shì yì nián de sì ge jìjié.

 Do You Know

秋天 qiūtiān

(n.) autumn; fall

① 秋天的时候，有很多好吃的水果。
　Qiūtiān de shíhou, yǒu hěn duō hǎochī de shuǐguǒ.

② 我觉得秋天是北京一年中最舒服的季节。
Wǒ juéde qiūtiān shì Běijīng yì nián zhōng zuì shūfu de jìjié.

秋季 qiūjì

(n.) autumn

① 秋季是一年中的第三个季节。
Qiūjì shì yì nián zhōng dì sān ge jìjié.

② 每年秋季，我都会去北京旅游。
Měi nián qiūjì, wǒ dōu huì qù Běijīng lǚyóu.

1 去 qù

(v.) **1** go

① 明天晚上我不能和你去看电影了。
Míngtiān wǎnshang wǒ bù néng hé nǐ qù kàn diànyǐng le.

② 他去洗手间了，你等他一会儿吧。
Tā qù xǐshǒujiān le, nǐ děng tā yíhuìr ba.

③ 我刚才去过图书馆了。
Wǒ gāngcái qùguo túshūguǎn le.

2 [used before another verb] be about to; be going to

① 你自己去想办法吧，这件事情我们帮不上忙。
Nǐ zìjǐ qù xiǎng bànfǎ ba, zhè jiàn shìqing wǒmen bāng bu shàng máng.

② 我一会儿去找你。
Wǒ yíhuìr qù zhǎo nǐ.

3 [used after a verb or verbal structure] have gone to do something

① Helen 游泳去了，您过一会儿再给她打电话吧。
Helen yóu yǒng qu le, nín guò yíhuìr zài gěi tā dǎ diànhuà ba.

② 刚才我打篮球去了，您找我吗？
Gāngcái wǒ dǎ lánqiú qu le, nín zhǎo wǒ ma?

4 [used between a verbal structure or prepositional structure and a verb or verbal structure] go in order to do something

① Erica 回房间去做作业了。
Erica huí fángjiān qù zuò zuòyè le.

② 如果你找不到 Ella，可以到她公司去找她。
Rúguǒ nǐ zhǎo bu dào Ella, kěyǐ dào tā gōngsī qù zhǎo tā.

5 [used after a verb] expressing a movement away from the speaker

① 上班时间快到了，大家向办公室走去。
Shàng bān shíjiān kuài dào le, dàjiā xiàng bàngōngshì zǒuqù.

② 那本书你拿去吧，我不看了。
Nà běn shū nǐ náqù ba, wǒ bú kàn le.

² 去年 qùnián

(n.) last year

① 去年的二月特别冷。
Qùnián de èryuè tèbié lěng.

② 这件衣服是我去年买的。
Zhè jiàn yīfu shì wǒ qùnián mǎi de.

③ 去年我就结婚了。
Qùnián wǒ jiù jié hūn le.

 Do You Know

今年 jīnnián

(n.) this year

① 今年我打算和 Iris 结婚。
Jīnnián wǒ dǎsuàn hé Iris jié hūn.

② 我今年三月要去中国学习汉语。
Wǒ jīnnián sānyuè yào qù Zhōngguó xuéxí Hànyǔ.

明年 míngnián

(n.) next year

① 明年我打算去中国旅游。
Míngnián wǒ dǎsuàn qù Zhōngguó lǚyóu.

② 今年我二十岁，明年我二十一岁。
Jīnnián wǒ èrshí suì, míngnián wǒ èrshíyī suì.

裙子 qúnzi

(n.) skirt

① 小姐，您的裙子已经洗好了。
Xiǎojie, nín de qúnzi yǐjīng xǐhǎo le.

② 你今天穿的这条裙子真漂亮，在哪儿买的？
Nǐ jīntiān chuān de zhè tiáo qúnzi zhēn piàoliang, zài nǎr mǎi de?

③ 我不喜欢穿长裙子和黑裙子。
Wǒ bù xǐhuan chuān cháng qúnzi hé hēi qúnzi.

R

然后 ránhòu

(conj.) then; afterwards

① 我打算先去中国旅游,然后再决定要不要学习汉语。
Wǒ dǎsuàn xiān qù Zhōngguó lǚyóu, ránhòu zài juédìng yào bu yào xuéxí Hànyǔ.

② 我先去经理办公室,然后再去找你。
Wǒ xiān qù jīnglǐ bàngōngshì, ránhòu zài qù zhǎo nǐ.

③ 我们先去看电影,然后去唱歌。
Wǒmen xiān qù kàn diànyǐng, ránhòu qù chàng gē.

² 让 ràng

(prep.) [same as 被]

① 我的词典让哥哥借走了。
Wǒ de cídiǎn ràng gēge jièzǒu le.

② 我换工作的事情让妈妈知道了。
Wǒ huàn gōngzuò de shìqing ràng māma zhīdào le.

(v.) **1** allow; let

① 让孩子去玩儿一会儿吧。
Ràng háizi qù wánr yíhuìr ba.

② 你刚才问的这几个问题让我想一想再回答你。
Nǐ gāngcái wèn de zhè jǐ ge wèntí ràng wǒ xiǎng yi xiǎng zài huídá nǐ.

2 trade in

① 如果你喜欢,我可以把这本书让给你。
Rúguǒ nǐ xǐhuan, wǒ kěyǐ bǎ zhè běn shū ràng gěi nǐ.

② 虽然我没有买到明天晚上的电影票,但是 Elizabeth 让给了我一张。
Suīrán wǒ méiyǒu mǎidào míngtiān wǎnshang de diànyǐngpiào, dànshì Elizabeth ràng gěi le wǒ yì zhāng.

3 give up something for the benefit of somebody else

① Helen 总是把方便让给别人。
Helen zǒngshì bǎ fāngbiàn ràng gěi biérén.

② 妹妹比你小,妈妈希望你能让着她。
Mèimei bǐ nǐ xiǎo, māma xīwàng nǐ néng ràngzhe tā.

4 make way

① 请让一让，我要过去。
Qǐng ràng yi ràng, wǒ yào guòqu.

② 快让开，校长来了。
Kuài ràngkāi, xiàozhǎng lái le.

5 invite; offer

① 我把客人让进了房间。
Wǒ bǎ kèrén ràngjin le fángjiān.

② Peter 一边热情地让着客人喝茶，一边跟大家说话。
Peter yìbiān rèqíng de ràngzhe kèrén hē chá, yìbiān gēn dàjiā shuō huà.

¹热 rè

(adj.) **1** warm; hot

① 房间里太热了，我们去公园里坐一会儿吧。
Fángjiān lǐ tài rè le, wǒmen qù gōngyuán lǐ zuò yíhuìr ba.

② 最近的天气真奇怪，一会儿热一会儿冷。
Zuìjìn de tiānqì zhēn qíguài, yíhuìr rè yíhuìr lěng.

③ 妈妈给我拿来一碗热牛奶。
Māma gěi wǒ nálai yì wǎn rè niúnǎi.

2 popular; in great demand

① 最近几年汉语热，世界上学习汉语的人比几年以前多很多。
Zuìjìn jǐ nián Hànyǔrè, shìjiè shang xuéxí Hànyǔ de rén bǐ jǐ nián yǐqián duō hěn duō.

② 我认为旅游热是一件好事情。
Wǒ rènwéi lǚyóurè shì yí jiàn hǎo shìqing.

(v.) heat up; warm

① 服务员，请把菜再热一热。
Fúwùyuán, qǐng bǎ cài zài rè yi rè.

② 牛奶已经热过两次了。
Niúnǎi yǐjīng règuo liǎng cì le.

热情 rèqíng

(adj.) enthusiastic; warm

① Peter 对邻居非常热情。
Peter duì línjū fēicháng rèqíng.

② 让我们热情欢迎北京来的客人。
Ràng wǒmen rèqíng huānyíng Běijīng lái de kèrén.

207

(n.) enthusiasm; warmth

① 大家学习汉语的热情很高。
Dàjiā xuéxí Hànyǔ de rèqíng hěn gāo.

② 虽然Liza来公司时间很短，但是她的工作热情让经理很满意。
Suīrán Liza lái gōngsī shíjiān hěn duǎn, dànshì tā de gōngzuò rèqíng ràng jīnglǐ hěn mǎnyì.

1 人 rén

(n.) person; people

① 我家一共有三口人，爸爸、妈妈和我。
Wǒ jiā yígòng yǒu sān kǒu rén, bàba、māma hé wǒ.

② 大家都去看电影了，教室里没有人。
Dàjiā dōu qù kàn diànyǐng le, jiàoshì lǐ méiyǒu rén.

③ 什么人在说话？
Shénme rén zài shuō huà?

 Do You Know

人们 rénmen

(n.) the public; people

① 人们开始习惯上网买东西了。
Rénmen kāishǐ xíguàn shàng wǎng mǎi dōngxi le.

② 这个国家的人们都相信他说的话。
Zhè ge guójiā de rénmen dōu xiāngxìn tā shuō de huà.

(n.) number of people

人数 rénshù

① 参加会议的人数不对，有的人没来。
Cānjiā huìyì de rénshù bú duì, yǒu de rén méi lái.

② 人数对了，会议可以开始了。
Rénshù duì le, huìyì kěyǐ kāishǐ le.

1 认识 rènshi

(v.) know; recognize

① 我认识他，他是我的邻居。
Wǒ rènshi tā, tā shì wǒ de línjū.

② 这几个字我都不认识。
Zhè jǐ ge zì wǒ dōu bú rènshi.

③ 我不认识这种动物，不知道叫什么名字。
Wǒ bú rènshi zhè zhǒng dòngwù, bù zhīdào jiào shénme míngzi.

人　人们　人数　认识　认为　认真　日

（n.） knowledge；understanding

① 请大家都谈一谈对这件事情的认识。
Qǐng dàjiā dōu tán yi tán duì zhè jiàn shìqing de rènshi.

② 他是个学生，对事情的认识水平还不高。
Tā shì ge xuésheng, duì shìqing de rènshi shuǐpíng hái bù gāo.

认为 rènwéi

（v.） think；consider

① 我认为钱是买不来健康的。
Wǒ rènwéi qián shì mǎi bu lái jiànkāng de.

② 经理认为上班的时候不应该上网。
Jīnglǐ rènwéi shàng bān de shíhou bù yīnggāi shàng wǎng.

③ 我不认为 Henry 会和 Jenny 结婚。
Wǒ bú rènwéi Henry huì hé Jenny jié hūn.

认真 rènzhēn

（adj.） earnest；conscientious

① 这是一条重要新闻，大家都看得很认真。
Zhè shì yì tiáo zhòngyào xīnwén, dàjiā dōu kàn de hěn rènzhēn.

② 教室里非常安静，大家都在认真复习。
Jiàoshì lǐ fēicháng ānjìng, dàjiā dōu zài rènzhēn fùxí.

③ Betty 做什么事情都认认真真，这让经理很放心。
Betty zuò shénme shìqing dōu rènrenzhēnzhēn, zhè ràng jīnglǐ hěn fàng xīn.

2 日 rì

（n.） **1** sun

我们爬山是为了看日出。
Wǒmen pá shān shì wèile kàn rì chū.

2 a date of the month

① 今天是五月二十日。
Jīntiān shì wǔyuè èrshí rì.

② 十二月九日是我的生日。
Shí'èryuè jiǔ rì shì wǒ de shēngrì.

③ 去年的三月八日我和 Liza 结婚了。
Qùnián de sānyuè bā rì wǒ hé Liza jié hūn le.

日子
rìzi

❸ day
① 一年有三百六十五日。
Yì nián yǒu sānbǎi liùshíwǔ rì.
② 我每一日都在想你。
Wǒ měi yí rì dōu zài xiǎng nǐ.

 Do You Know

（n.） ❶ day；date
① 九月九号是结婚的好日子。
Jiǔyuè jiǔ hào shì jié hūn de hǎo rìzi.
② 今天是什么重要的日子？你穿得这么漂亮？
Jīntiān shì shénme zhòngyào de rìzi？Nǐ chuān de zhème piàoliang？

❷ number of days；time
① 我有一些日子没有去公园了。
Wǒ yǒu yìxiē rìzi méiyǒu qù gōngyuán le.
② 过些日子我去看你。
Guòxiē rìzi wǒ qù kàn nǐ.

❸ life；livelihood
① 前几年家里的日子不好过，这几年好多了。
Qián jǐ nián jiā lǐ de rìzi bù hǎo guò, zhè jǐ nián hǎo duō le.
② 你不去工作，这日子怎么过？
Nǐ bú qù gōngzuò, zhè rìzi zěnme guò？

容易
róngyì

（adj.） ❶ easy
① 大家都觉得这次数学考试很容易。
Dàjiā dōu juéde zhè cì shùxué kǎoshì hěn róngyì.
② 你认为特别容易做的事情，别人可能会认为很难。
Nǐ rènwéi tèbié róngyì zuò de shìqing, biérén kěnéng huì rènwéi hěn nán.

❷ be apt to；likely
① 我最近身体不好，很容易感冒。
Wǒ zuìjìn shēntǐ bù hǎo, hěn róngyì gǎnmào.

② 爷爷正在睡觉，你现在去找他，容易让他不高兴。
Yéye zhèngzài shuì jiào, nǐ xiànzài qù zhǎo tā, róngyì ràng tā bù gāoxìng.

如果
rúguǒ

(conj.) if; in case

① 如果你能帮助我，我的学习成绩一定能提高。
Rúguǒ nǐ néng bāngzhù wǒ, wǒ de xuéxí chéngjì yídìng néng tígāo.

② 如果 Roberts 能把那本词典借给我就好了。
Rúguǒ Roberts néng bǎ nà běn cídiǎn jiè gěi wǒ jiù hǎo le.

③ 如果我不满意公司的决定，我就会离开。
Rúguǒ wǒ bù mǎnyì gōngsī de juédìng, wǒ jiù huì líkāi.

S

1 三 sān

（num.） three

① 我家有三口人，爸爸、妈妈和我。
Wǒ jiā yǒu sān kǒu rén, bàba、māma hé wǒ.

② 我从超市买了三十个苹果。
Wǒ cóng chāoshì mǎile sānshí ge píngguǒ.

③ 我的办公室在十三层。
Wǒ de bàngōngshì zài shísān céng.

伞 sǎn

（n.） umbrella

① 快下雨了，你别忘记带伞。
Kuài xià yǔ le, nǐ bié wàngjì dài sǎn.

② 妈妈给我买了一把漂亮的小花伞。
Māma gěi wǒ mǎile yì bǎ piàoliang de xiǎo huā sǎn.

③ 爸爸到学校给我送伞来了。
Bàba dào xuéxiào gěi wǒ sòng sǎn lai le.

雨伞 yǔsǎn

 Do You Know

（n.） umbrella

① 这儿卖的雨伞都很漂亮，你看看有没有喜欢的？
Zhèr mài de yǔsǎn dōu hěn piàoliang, nǐ kànkan yǒu méiyǒu xǐhuan de ?

② 虽然我带了雨伞，但是今天没下雨。
Suīrán wǒ dàile yǔsǎn, dànshì jīntiān méi xià yǔ.

1 商店 shāngdiàn

（n.） shop; store

① 明天我打算和妈妈去商店买衣服。
Míngtiān wǒ dǎsuàn hé māma qù shāngdiàn mǎi yīfu.

② 学校旁边的那家商店卖的东西太贵了，我很少去。
Xuéxiào pángbiān de nà jiā shāngdiàn mài de dōngxi tài guì le, wǒ hěn shǎo qù.

三 伞 雨伞 商店 店 商场 上

店 diàn

 Do You Know

（n.）shop；store

① 我家旁边有一家书店。
Wǒ jiā pángbiān yǒu yì jiā shūdiàn.

② 这家店卖的东西特别便宜。
Zhè jiā diàn mài de dōngxi tèbié piányi.

商场 shāngchǎng

（n.）plaza；department store

① 商场外面有一个小公园，很多孩子在那里玩儿。
Shāngchǎng wàimiàn yǒu yí ge xiǎo gōngyuán, hěn duō háizi zài nàlǐ wánr.

② 这家商店太小了，我们还是去商场吧。
Zhè jiā shāngdiàn tài xiǎo le, wǒmen háishi qù shāngchǎng ba.

③ 这家商场的一层是超市。
Zhè jiā shāngchǎng de yī céng shì chāoshì.

¹上 shàng

（v.）**1** go to；leave for

A：你上哪儿去？
Nǐ shàng nǎr qu？

B：我上银行。
Wǒ shàng yínháng.

2 be engaged

① 我们早上八点上班。
Wǒmen zǎoshang bā diǎn shàng bān.

② 今天下午上音乐课和体育课。
Jīntiān xiàwǔ shàng yīnyuèkè hé tǐyùkè.

3 go up；get on

① 虽然楼很高，但是我能上得去。
Suīrán lóu hěn gāo, dànshì wǒ néng shàng de qù.

② 树太高了，我上不去。
Shù tài gāo le, wǒ shàng bu qù.

4 up to；as many as

① 我们国家这次参加汉语水平考试的人已经上万了。
Wǒmen guójiā zhè cì cānjiā Hànyǔ Shuǐpíng Kǎo shì de rén yǐjīng shàng wàn le.

② 这次汉语考试能上七十分我就很高兴了。
Zhè cì Hànyǔ kǎoshì néng shàng qīshí fēn wǒ jiù hěn gāoxìng le.

5 apear on stage

① 老师决定这次唱歌比赛让我和 Liza 上。
Lǎoshī juédìng zhè cì chàng gē bǐsài ràng wǒ hé Liza shàng.

② 如果你生病了，这次游泳比赛我就上。
Rúguǒ nǐ shēng bìng le, zhè cì yóu yǒng bǐsài wǒ jiù shàng.

6 serve

① 客人来了，快上茶。
Kèrén lái le, kuài shàng chá.

② 服务员，现在可以上菜了。
Fúwùyuán, xiànzài kěyǐ shàng cài le.

7 fill; supply

① 超市新上了水果，我们去买吧。
Chāoshì xīn shàngle shuǐguǒ, wǒmen qù mǎi ba.

② 这家商店最近上了很多新衣服。
Zhè jiā shāngdiàn zuìjìn shàngle hěn duō xīn yīfu.

8 apply; paint

① 妹妹的眼睛疼，我给她上点儿药。
Mèimei de yǎnjing téng, wǒ gěi tā shàngdiǎnr yào.

② 画已经画完了，现在可以上颜色了。
Huà yǐjīng huàwán le, xiànzài kěyǐ shàng yánsè le.

9 carry; print

① 妈妈照顾邻居奶奶的事情上了今天的新闻。
Māma zhàogu línjū nǎinai de shìqing shàngle jīntiān de xīnwén.

② 我帮助同学打扫教室的事情上了学校的报纸。
Wǒ bāngzhù tóngxué dǎsǎo jiàoshì de shìqing shàngle xuéxiào de bàozhǐ.

10 [used after a verb] expressing the effect or result of an action

① 旅游的时候要带上护照。
Lǚyóu de shíhou yào dàishang hùzhào.

② 你什么时候开上飞机了？
Nǐ shénme shíhou kāishang fēijī le?

③ 我爱上了一位医生。
Wǒ àishangle yí wèi yīshēng.

（n.） **1** upper

① 请大家向上看。
Qǐng dàjiā xiàng shàng kàn.

② 小花努力的向上长着。
Xiǎo huā nǔlì de xiàng shàng zhǎngzhe.

2 first；preceding

① 上个星期我没有参加比赛。
Shàng ge xīngqī wǒ méiyǒu cānjiā bǐsài.

② 上个月我和几个朋友去中国旅游了。
Shàng ge yuè wǒ hé jǐ ge péngyou qù Zhōngguó lǚyóu le.

3 [used after a noun] on

① 桌子上放着几个苹果。
Zhuōzi shang fàngzhe jǐ ge píngguǒ.

② 奶奶坐在椅子上看报纸呢。
Nǎinai zuò zài yǐzi shang kàn bàozhǐ ne.

4 [used after a noun] within a certain area；in some aspects

① 今天的报纸上有我的照片。
Jīntiān de bàozhǐ shang yǒu wǒ de zhàopiàn.

② 时间上我没有问题。
Shíjiān shang wǒ méiyǒu wèntí.

 Do You Know

上来
shàng lái

1 come up；upward

① 你们快上来看看吧，这儿有很多花。
Nǐmen kuài shànglai kànkan ba, zhèr yǒu hěn duō huā.

② John，你上我办公室来。
John, nǐ shàng wǒ bàngōngshì lai.

③ 这么矮的树你都上不来吗？
Zhème ǎi de shù nǐ dōu shàng bu lái ma?

2 [used after a verb] expressing a movement toward a higher or far position

① Terry从二楼走上来的时候，我正在办公室打电话。
Terry cóng èr lóu zǒu shanglai de shíhou, wǒ zhèngzài bàngōngshì dǎ diànhuà.

② 刚才 Selina 搬上一个行李箱来。
Gāngcái Selina bānshang yí ge xínglixiāng lai.

3 [used after a verb] expressing success in doing something

① 我见过他,但是已经叫不上他的名字来了。
Wǒ jiànguo tā, dànshì yǐjīng jiào bu shàng tā de míngzi lai le.

② 这个孩子的问题我回答不上来。
Zhè ge háizi de wèntí wǒ huídá bú shànglái.

上去
shàng qù

1 go up

① 山太高了,我不想上去了。
Shān tài gāo le, wǒ bù xiǎng shàngqu le.

② 经理在楼上,他让大家都上去。
Jīnglǐ zài lóu shàng, tā ràng dàjiā dōu shàngqu.

2 [used after a verb] expressing a movement from a lower place to a higher place

① 电梯坏了,我只能走上去。
Diàntī huài le, wǒ zhǐnéng zǒu shangqu.

② 这条路不好走,我的车开不上山去了。
Zhè tiáo lù bù hǎo zǒu, wǒ de chē kāi bu shàng shān qu le.

上面
shàngmiàn

上边
shàngbian

(n.) **1** above; over; on top of; on the surface of

① 我把手机放到桌子上面(/上边)了。
Wǒ bǎ shǒujī fàng dào zhuōzi shàngmiàn (/shàngbian) le.

② Charles 站在椅子上面(/上边)不想下来。
Charles zhàn zài yǐzi shàngmiàn (/shàngbian) bù xiǎng xiàlai.

2 above-mentioned; aforesaid

① 上面(/上边)讲的大家有问题要问吗?
Shàngmiàn (/Shàngbian) jiǎng de dàjiā yǒu wèntí yào wèn ma?

② 我上面(/上边)讲的题都是这次考试中很多同学做错的。
Wǒ shàngmiàn (/shàngbian) jiǎng de tí dōu shì zhè cì kǎoshì zhōng hěn duō tóngxué zuòcuò de.

上去　上面　上边　上班　下班　上网　网

2 上班
shàng bān

go to work

① 我感冒了，今天不想去上班了。
Wǒ gǎnmào le, jīntiān bù xiǎng qù shàng bān le.

② Rogers 最近身体不好，上不了班了。
Rogers zuìjìn shēntǐ bù hǎo, shàng bu liǎo bān le.

③ 上了一星期的班，我觉得很累。
Shàngle yì xīngqī de bān, wǒ juéde hěn lèi.

 Do You Know

下班
xià bān

come or go off work

① 下班以后我要去 Betty 家。
Xià bān yǐhòu wǒ yào qù Betty jiā.

② 我今天的工作很多，五点下不了班。
Wǒ jīntiān de gōngzuò hěn duō, wǔ diǎn xià bu liǎo bān.

③ 等下了班我去找你吧。
Děng xiàle bān wǒ qù zhǎo nǐ ba.

上网
shàng wǎng

access the Internet; be online

① 一会儿我要上网写电子邮件。
Yíhuìr wǒ yào shàng wǎng xiě diànzǐ yóujiàn.

② 上了一天的网，我觉得眼睛很不舒服。
Shàngle yì tiān de wǎng, wǒ juéde yǎnjing hěn bù shūfu.

③ 我的手机坏了，上不了网了。
Wǒ de shǒujī huài le, shàng bu liǎo wǎng le.

 Do You Know

网 wǎng

(n.) **1** net

这张网真大啊。
Zhè zhāng wǎng zhēn dà a.

2 network

我自己做了一个球网。
Wǒ zìjǐ zuòle yí ge qiúwǎng.

3 computer net work; Internet

今天没网，我们玩儿不了游戏了。
Jīntiān méi wǎng, wǒmen wánr bu liǎo yóuxì le.

¹ 上午 shàngwǔ

(n.) morning

① 今天上午我没有课，我和你一起去买衣服吧。
Jīntiān shàngwǔ wǒ méiyǒu kè, wǒ hé nǐ yìqǐ qù mǎi yīfu ba.

② 经理现在不在办公室，你明天上午再来吧。
Jīnglǐ xiànzài bú zài bàngōngshì, nǐ míngtiān shàngwǔ zài lái ba.

③ 星期三上午的电影票比较便宜。
Xīngqīsān shàngwǔ de diànyǐngpiào bǐjiào piányi.

¹ 少 shǎo

(adj.) few; little; less

① 这家商店里的东西又少又贵。
Zhè jiā shāngdiàn lǐ de dōngxi yòu shǎo yòu guì.

② 今天是周末，教室里的人很少。
Jīntiān shì zhōumò, jiàoshì lǐ de rén hěn shǎo.

③ 这家超市里的水果太少了，我们去旁边那家买吧。
Zhè jiā chāoshì lǐ de shuǐguǒ tài shǎo le, wǒmen qù pángbiān nà jiā mǎi ba.

(v.) **1** be short of

① Susan 去了北京，我少了一个好朋友。
Susan qùle Běijīng, wǒ shǎole yí ge hǎo péngyou.

② 大家都来了，一个都不少。
Dàjiā dōu lái le, yí ge dōu bù shǎo.

2 missing; lose

① 我买了三本书，刚才发现少了一本。
Wǒ mǎile sān běn shū, gāngcái fāxiàn shǎole yì běn.

② 房间的门虽然开着，但是没有少什么东西。
Fángjiān de mén suīrán kāizhe, dànshì méiyǒu shǎo shénme dōngxi.

上午 少 不少 少数 谁

 Do You Know

不少
bù shǎo

not a few; not a little
① 这次去中国旅游，我买了不少东西。
Zhè cì qù Zhōngguó lǚyóu, wǒ mǎile bù shǎo dōngxi.
② 今天到医院看病的人真不少。
Jīntiān dào yīyuàn kàn bìng de rén zhēn bù shǎo.

少数
shǎoshù

(n.) minority
① 这次游泳比赛有少数人没有参加。
Zhè cì yóu yǒng bǐsài yǒu shǎoshù rén méiyǒu cānjiā.
② 公司里只有少数人上班经常迟到。
Gōngsī lǐ zhǐ yǒu shǎoshù rén shàng bān jīngcháng chídào.

1 谁
shéi / shuí

(pron.) **1** who
① 你是谁？
Nǐ shì shéi?
② 这件事情有谁知道？
Zhè jiàn shìqing yǒu shéi zhīdào?
③ 谁在房间里说话呢？
Shéi zài fángjiān lǐ shuō huà ne?

2 [used in rhetorical questions to indicate no one] who

我们班里谁不喜欢 Susan 老师啊。
Wǒmen bān lǐ shéi bù xǐhuan Susan lǎoshī a.

3 someone; anyone
① 如果有谁能来帮助我做作业就好了。
Rúguǒ yǒu shéi néng lái bāngzhù wǒ zuò zuòyè jiù hǎo le.
② 桌子上的苹果不知道被谁吃了。
Zhuōzi shang de píngguǒ bù zhīdào bèi shéi chī le.

4 [used before 都 or 也 to indicate no exception within a given scope] everyone; anyone
① 这种公司谁都想去。
Zhè zhǒng gōngsī shéi dōu xiǎng qù.

219

② 公司的决定，我们谁也不知道。
Gōngsī de juédìng, wǒmen shéi yě bù zhīdào.

5 [used in both the subject and object to indicate two different people] expressing that one person does something to another

我和John谁也不比谁高。
Wǒ hé John shéi yě bù bǐ shéi gāo.

6 [repeated in two phrases] whoever

① 你喜欢谁就去请谁跳舞。
Nǐ xǐhuan shéi jiù qù qǐng shéi tiào wǔ.

② 谁先写完作业，谁先去打篮球。
Shéi xiān xiěwán zuòyè, shéi xiān qù dǎ lánqiú.

² 身体 shēntǐ

(n.) body

① 经常游泳可以锻炼身体。
Jīngcháng yóu yǒng kěyǐ duànliàn shēntǐ.

② 我奶奶已经九十六岁了，身体非常健康。
Wǒ nǎinai yǐjīng jiǔshíliù suì le, shēntǐ fēicháng jiànkāng.

 Do You Know

身上 shēnshang

(n.) on one's body

① 他身上怎么穿着我的衣服？
Tā shēnshang zěnme chuānzhe wǒ de yīfu?

② 我今天身上不舒服，总是疼。
Wǒ jīntiān shēnshang bù shūfu, zǒngshì téng.

③ 我身上没带钱。
Wǒ shēnshang méi dài qián.

¹ 什么 shénme

(pron.) **1** what; who

① 那是什么？
Nà shì shénme?

② 你叫什么名字？
Nǐ jiào shénme míngzi?

2 [used before 也 or 都 to indicate no exception within a given scope] any; every

① 我发烧的时候什么也不想吃。
Wǒ fā shāo de shíhou shénme yě bù xiǎng chī.

身体　身上　什么　干什么

② 因为Tony认为钱比什么都重要，所以我不喜欢他。
Yīnwèi Tony rènwéi qián bǐ shénme dōu zhòngyào, suǒyǐ wǒ bù xǐhuan tā.

3 [used correlatively with another 什么] whatever

① 您别再做菜了，有什么我们就吃什么。
Nín bié zài zuò cài le, yǒu shénme wǒmen jiù chī shénme.

② 我现在还是学生，什么衣服便宜我就穿什么。
Wǒ xiànzài hái shì xuésheng, shénme yīfu piányi wǒ jiù chuān shénme.

4 [used before a number of wordinate phrases] things like; such as

① 什么猫啊，狗啊，我都喜欢。
Shénme māo a, gǒu a, wǒ dōu xǐhuan.

② 什么唱歌啊，跳舞啊，游泳啊，我都会。
Shénme chàng gē a, tiào wǔ a, yóu yǒng a, wǒ dōu huì.

5 expressing anger, censure, surprise or negation

① 什么？他到现在都没有来？
Shénme? Tā dào xiànzài dōu méiyǒu lái?

② 这件事情你别问他了，他知道什么！
Zhè jiàn shìqing nǐ bié wèn tā le, tā zhīdào shénme!

6 expressing disapproval or disagreement

① 年轻什么啊，我都已经六十岁了。
Niánqīng shénme a, wǒ dōu yǐjīng liùshí suì le.

② A：您最近忙吗？
Nín zuìjìn máng ma?
B：忙什么啊，我不上班了。
Máng shénme a, wǒ bú shàng bān le.

 Do You Know

干什么
gàn shénme

what to do

① 今天上午你干什么去了？
Jīntiān shàngwǔ nǐ gàn shénme qù le?

② 越不让他干什么，他就越干什么。
Yuè bú ràng tā gàn shénme, tā jiù yuè gàn shénme.

没什么 méi shénme

it doesn't matter; never mind; that's all right

① 我有一点儿感冒,你不用担心,没什么。
Wǒ yǒu yìdiánr gǎnmào, nǐ búyòng dān xīn, méi shénme.

② A：对不起,刚才忘记找您钱了。
Duìbuqǐ, gāngcái wàngjì zhǎo nín qián le.

B：没什么。
Méi shénme.

什么样 shénme yàng

what kind of

① 我没有见过奶奶,不知道她长什么样。
Wǒ méiyǒu jiànguo nǎinai, bù zhīdào tā zhǎng shénme yàng.

② 我什么样的事情没有见过,还会害怕这点儿小事情?
Wǒ shénme yàng de shìqing méiyǒu jiànguo, hái huì hàipà zhè diǎnr xiǎo shìqing?

2 生病 shēng bìng

be taken ill

① 经常锻炼身体不容易生病。
Jīngcháng duànliàn shēntǐ bù róngyì shēng bìng.

② 你生病了就别去上班了,休息一段时间吧。
Nǐ shēng bìng le jiù bié qù shàng bān le, xiūxi yí duàn shíjiān ba.

③ 去年我生过一次大病。
Qùnián wǒ shēngguo yí cì dà bìng.

 Do You Know

生 shēng

(v.) **1** be born

① 你是哪年生的?
Nǐ shì nǎ nián shēng de?

② 我生在北京。
Wǒ shēng zài Běijīng.

2 give birth to; bear

① 我的妹妹快要生了。
Wǒ de mèimei kuài yào shēng le.

② 姐姐不想结婚,因为她害怕生孩子。
Jiějie bù xiǎng jié hūn, yīnwèi tā hàipà shēng háizi.

没什么　什么样　生病　生　病　病人　看病

(adj.) **1** unripe

① 生香蕉不好吃。
Shēng xiāngjiāo bù hǎochī.

② 这个西瓜是生的，一点儿也不甜。
Zhè ge xīguā shì shēng de, yìdiǎnr yě bù tián.

2 uncooked

① Helen 喜欢吃生鸡蛋。
Helen xǐhuan chī shēng jīdàn.

② 羊肉不可以生吃。
Yángròu bù kěyǐ shēng chī.

3 unfamiliar

Richard 刚到新公司，工作还很生。
Richard gāng dào xīn gōngsī, gōngzuò hái hěn shēng.

病 bìng

(n.) illness; disease

① 在 Heidi 的照顾下，Rogers 的病已经好了。
Zài Heidi de zhàogu xià, Rogers de bìng yǐjīng hǎo le.

② 医生，我得了什么病？
Yīshēng, wǒ déle shénme bìng?

(v.) be ill; be sick

① 不知道最近怎么了，班上很多同学都病了。
Bù zhīdào zuìjìn zěnme le, bān shang hěn duō tóngxué dōu bìng le.

② John 已经病得说不了话了。
John yǐjīng bìng de shuō bu liǎo huà le.

病人 bìngrén

(n.) patient; invalid

① 他是病人，我们要多关心他。
Tā shì bìngrén, wǒmen yào duō guānxīn tā.

② 这几天天气变化大，医院里的病人比前几天多了很多。
Zhè jǐ tiān tiānqì biànhuà dà, yīyuàn lǐ de bìngrén bǐ qián jǐ tiān duō le hěn duō.

看病 kàn bìng

1 see a patient of a doctor

① 医生正在给我看病。
Yīshēng zhèngzài gěi wǒ kàn bìng.

② Selina 医生看病很认真。
Selina yīshēng kàn bìng hěn rènzhēn.

2 see a doctor of a patient

① 明天我要去医院看病。
Míngtiān wǒ yào qù yīyuàn kàn bìng.

② 我去看过病了,医生给我开了药,让我多休息。
Wǒ qù kànguo bìng le, yīshēng gěi wǒ kāile yào, ràng wǒ duō xiūxi.

生气¹
shēng qì

get angry

① Mike 为了看游泳比赛没有去参加考试,妈妈知道了很生气。
Mike wèile kàn yóu yǒng bǐsài méiyǒu qù cānjiā kǎoshì, māma zhīdàole hěn shēng qì.

② 别生他的气了,他还是个孩子。
Bié shēng tā de qì le, tā hái shì ge háizi.

③ 看见 Selina 和 Nick 说话,Roberts 生了半个小时的气。
Kànjiàn Selina hé Nick shuō huà, Roberts shēngle bàn ge xiǎoshí de qì.

生气²
shēngqì

(n.) liveliness

① 最近公园里的花都没有太多生气。
Zuìjìn gōngyuán lǐ de huā dōu méiyǒu tài duō shēngqì.

② 在我们公司,Peter 最有生气。
Zài wǒmen gōngsī, Peter zuì yǒu shēngqì.

² 生日
shēngrì

(n.) birthday

① 生日快乐!
Shēngrì kuàilè!

② 奶奶已经老了,自己的生日都忘记了。
Nǎinai yǐjīng lǎo le, zìjǐ de shēngrì dōu wàngjì le.

③ 这是我给你买的生日礼物,希望你能喜欢。
Zhè shì wǒ gěi nǐ mǎi de shēngrì lǐwù, xīwàng nǐ néng xǐhuan.

声音
shēngyīn

(n.) sound; voice

① 电视声音太大了,我都听不到你说话了。
Diànshì shēngyīn tài dà le, wǒ dōu tīng bu dào nǐ shuō huà le.

生气　生日　声音　大声　小声　十　时候

② 你说话的声音太小了，我们听不清楚。
Nǐ shuō huà de shēngyīn tài xiǎo le, wǒmen tīng bu qīngchu.

③ 我们一进门，那种奇怪的声音突然就没有了。
Wǒmen yí jìn mén, nà zhǒng qíguài de shēngyīn tūrán jiù méiyǒu le.

 Do You Know

大声
dà shēng

loudly

① 图书馆里不能大声说话。
Túshūguǎn lǐ bù néng dà shēng shuō huà.

② Peter 在办公室里大声地叫着我的名字。
Peter zài bàngōngshì lǐ dà shēng de jiàozhe wǒ de míngzi.

小声
xiǎo shēng

in a low voice; undertone

① 请大家小声说话。
Qǐng dàjiā xiǎo shēng shuō huà.

② Jenny 小声地对我说她很害怕。
Jenny xiǎo shēng de duì wǒ shuō tā hěn hàipà.

¹ **十** shí

（num.）ten

① 我最喜欢的电视节目十点十分开始。
Wǒ zuì xǐhuan de diànshì jiémù shí diǎn shí fēn kāishǐ.

② 我花了四十三元买了一本词典。
Wǒ huāle sìshísān yuán mǎile yì běn cídiǎn.

③ 这次会议只来了十几个人。
Zhè cì huìyì zhǐ láile shí jǐ ge rén.

¹ **时候** shíhou

（n.）**1** the duration of time

① 年轻的时候，我经常和几个朋友去海里游泳。
Niánqīng de shíhou, wǒ jīngcháng hé jǐ ge péngyou qù hǎi lǐ yóu yǒng.

② 我睡觉的时候不喜欢别人进我房间。
Wǒ shuì jiào de shíhou bù xǐhuan biérén jìn wǒ fángjiān.

时 shí

❷ moment; a point in time

① 现在是什么时候了？
Xiànzài shì shénme shíhou le?

② 明天我们去游泳吧，到时候我来找你。
Míngtiān wǒmen qù yóu yǒng ba, dào shíhou wǒ lái zhǎo nǐ.

③ 你来得不是时候，Mary 已经去火车站了。
Nǐ lái de bú shì shíhou, Mary yǐjīng qù huǒchēzhàn le.

 Do You Know

(n.) a period of time

① 考试时不能大声说话。
Kǎo shì shí bù néng dà shēng shuō huà.

② 我认识 Mary 阿姨时才十三岁。
Wǒ rènshi Mary āyí shí cái shísān suì.

(m.w.) hour

① 现在是下午三时二十分。
Xiànzài shì xiàwǔ sān shí èrshí fēn.

② 我们九时出发。
Wǒmen jiǔ shí chūfā.

(n.) in one's childhood

① 这些都是我小时候的照片。
Zhèxiē dōu shì wǒ xiǎoshíhou de zhàopiàn.

② 小时候，我的身体很不好，经常生病。
Xiǎoshíhou, wǒ de shēntǐ hěn bù hǎo, jīngcháng shēng bìng.

小时候 xiǎoshíhou

2 时间 shíjiān

(n.) ❶ the concept of time

① 时间过得真快啊，我和 Selina 有三年没有见面了。
Shíjiān guò de zhēn kuài a, wǒ hé Selina yǒu sān nián méiyǒu jiàn miàn le.

② 时间不等人，你现在应该努力学习。
Shíjiān bù děng rén, nǐ xiànzài yīnggāi nǔlì xuéxí.

❷ the duration of time

① 你去银行需要多长时间？
Nǐ qù yínháng xūyào duō cháng shíjiān?

时　小时候　时间　世界　事情　事

② 这次考试的时间是两个小时。
Zhè cì kǎoshì de shíjiān shì liǎng ge xiǎoshí.

3 a point in time

① 现在的时间是十点十分。
Xiànzài de shíjiān shì shí diǎn shí fēn.

② 时间到了，考试结束。
Shíjiān dào le, kǎoshì jiéshù.

世界 shìjiè

（n.）**1** world; sum of all things in nature and the human society

① 我们对世界的认识还很少。
Wǒmen duì shìjiè de rènshi hái hěn shǎo.

② 世界上我们不知道名字的动物有很多。
Shìjiè shang wǒmen bù zhīdào míngzi de dòngwù yǒu hěn duō.

2 all over the world

① 世界上有多少个国家？
Shìjiè shang yǒu duōshao ge guójiā?

② 世界真小，我们又见面了。
shìjiè zhēn xiǎo, wǒmen yòu jiàn miàn le.

3 field; sphere

① 孩子的世界是快乐的。
Háizi de shìjiè shì kuàilè de.

② "动物世界"是我最喜欢的电视节目。
"Dòngwù Shìjiè" shì wǒ zuì xǐhuan de diànshì jiémù.

2 事情 shìqing

（n.）affair; matter; thing

① 事情已经过去很多年了，你就别再生气了。
Shìqing yǐjīng guòqu hěn duō nián le, nǐ jiù bié zài shēng qì le.

② 我已经把事情的经过告诉老师了。
Wǒ yǐjīng bǎ shìqing de jīngguò gàosu lǎoshī le.

 Do You Know

事 shì

（n.）matter; affair

① A：您找我有什么事？
Nín zhǎo wǒ yǒu shénme shì?

B：我有一件小事想请你帮忙。
Wǒ yǒu yí jiàn xiǎo shì xiǎng qǐng nǐ bāng máng.

② 你要自己做决定，不能事事都问我。
Nǐ yào zìjǐ zuò juédìng, bù néng shìshì dōu wèn wǒ.

没事
méi shì

1 it doesn't matter; never mind; that's all right

① 你喝了这么多酒，没事吧？
Nǐ hēle zhème duō jiǔ, méi shì ba?

② A：你昨天没来上课，是生病了吗？
Nǐ zuótiān méi lái shàng kè, shì shēng bìng le ma?

B：没事儿，就是有一点儿发烧。
Méi shìr, jiù shì yǒu yìdiǎnr fā shāo.

2 have nothing to do

① 这个星期我没事，我们出去旅游吧。
Zhè ge xīngqī wǒ méi shì, wǒmen chūqu lǚyóu ba.

② 没事儿的时候，Roberts 喜欢上网。
Méi shìr de shíhou, Roberts xǐhuan shàng wǎng.

3 be free from danger

① 医生已经给病人吃了药，他没事了。
Yīshēng yǐjīng gěi bìngrén chīle yào, tā méi shì le.

② 你不用担心我们，家里都很好，没什么事儿。
Nǐ búyòng dānxīn wǒmen, jiā lǐ dōu hěn hǎo, méi shénme shìr.

4 have no responsibility

① 你把事情告诉我就没事儿了。
Nǐ bǎ shìqing gàosu wǒ jiù méi shìr le.

② 你先回去吧，这里没你的事了。
Nǐ xiān huíqu ba, zhèlǐ méi nǐ de shì le.

试 shì

(v.) try

① 你说的办法我都试过了。
Nǐ shuō de bànfǎ wǒ dōu shìguo le.

② Erica 试了很多件衣服，但是都不喜欢。
Erica shìle hěn duō jiàn yīfu, dànshì dōu bù xǐhuan.

③ 你先试试看，再做决定。
Nǐ xiān shìshi kàn, zài zuò juédìng.

1 是 shì

(v.) **1** [a sentences with 是 as the predicate is called the 是-sentence. The basic pattern is: subject + 是 + object.] expressing judgement, existence or classification

① Jessie 是我们学校的老师。
　　Jessie shì wǒmen xuéxiào de lǎoshī.

② 银行的旁边是一个公园。
　　Yínháng de pángbiān shì yí ge gōngyuán.

③ 他不是中国人。
　　Tā bú shì Zhōngguórén.

2 [used in affirmative answers] yes; right

① A：你现在来我办公室。
　　　Nǐ xiànzài lái wǒ bàngōngshì.

　 B：是，我马上就去。
　　　Shì, wǒ mǎshàng jiù qù.

② A：你去给 Louis 打个电话。
　　　Nǐ qù gěi Louis dǎ ge diànhuà.

　 B：是，我现在就去。
　　　Shì, wǒ xiànzài jiù qù.

3 [used in alternative, yes-no or rhetorical questions]

① 你明天是去打篮球，还是去踢足球？
　　Nǐ míngtiān shì qù dǎ lánqiú, háishi qù tī zúqiú?

② 你明天是要去打篮球吗？
　　Nǐ míngtiān shì yào qù dǎ lánqiú ma?

③ 你是明天去打篮球不是？
　　Nǐ shì míngtiān qù dǎ lánqiú bú shì?

④ 你是明天去打篮球吧？
　　Nǐ shì míngtiān qù dǎ lánqiú ba?

4 [used between two identical words] expressing mutual exclusiveness or distinction

① 她的是她的，我的是我的，我们要分清楚。
　　Tā de shì tā de, wǒ de shì wǒ de, wǒmen yào fēn qīngchu.

② 你是你，我是我，我们没有关系。
　　Nǐ shì nǐ, wǒ shì wǒ, wǒmen méiyǒu guānxi.

5 [used before a noun] be just right

① 你来的真是时候。
　　Nǐ lái de zhēn shì shíhou.

② 你的包放的不是地方。
Nǐ de bāo fàng de bú shì dìfang.

6 [used before a noun at the beginning of the sentence] every; all; any

① 是学生就应该认真学习。
Shì xuésheng jiù yīnggāi rènzhēn xuéxí.

② 是 David 的事情，Iris 就会特别关心。
Shì David de shìqing, Iris jiù huì tèbié guānxīn.

Do You Know

是不是
shì bu shì

yes or no

① 你是不是 Jack？
Nǐ shì bu shì Jack?

② Erica 是不是中国人？
Erica shì bu shì Zhōngguórén?

是的
shì de

yes; right

① A：旅游的时候不要忘记带护照。
　　Lǚyóu de shíhou búyào wàngjì dài hùzhào.

　B：是的，我知道了。
　　Shì de, wǒ zhīdào le.

② A：你昨天去打篮球了？
　　Nǐ zuótiān qù dǎ lánqiú le?

　B：是的，我去了。
　　Shì de, wǒ qù le.

是……的
shì……de

expressing emphasis

① Susan 老师是昨天到北京的。
Susan lǎoshī shì zuótiān dào Běijīng de.

② 大家都不知道 Jennifer 是会喝啤酒的。
Dàjiā dōu bù zhīdào Jennifer shì huì hē píjiǔ de.

③ 你现在穿的这件衣服是我的。
Nǐ xiànzài chuān de zhè jiàn yīfu shì wǒ de.

④ 我是骑自行车去的 Marry 家。
Wǒ shì qí zìxíngchē qù de Marry jiā.

是不是　是的　是……的　手表　手　表　手机　瘦

² 手表 shǒubiǎo

（n.）wrist watch

① 你的手表在我包里。
Nǐ de shǒubiǎo zài wǒ bāo lǐ.

② 那块手表太贵了，我买这一块吧。
Nà kuài shǒubiǎo tài guì le, wǒ mǎi zhè yí kuài ba.

③ 我没有带手表，不知道现在几点了。
Wǒ méiyǒu dài shǒubiǎo, bù zhīdào xiànzài jǐ diǎn le.

 Do You Know

手 shǒu

（n.）hand

① Louis 的手特别大。
Louis de shǒu tèbié dà.

② 老师手拿课本走进了教室。
Lǎoshī shǒu ná kèběn zǒujìnle jiàoshì.

表 biǎo

（n.）watch

① 昨天我花一万元钱买了一块表，妈妈知道以后很生气。
Zuótiān wǒ huā yí wàn yuán qián mǎile yí kuài biǎo, māma zhīdào yǐhòu hěn shēng qì.

② 这块表坏了，我想再买一块。
Zhè kuài biǎo huài le, wǒ xiǎng zài mǎi yí kuài.

² 手机 shǒujī

（n.）cell call

① 这是我新买的手机，漂亮吗？
Zhè shì wǒ xīn mǎi de shǒujī, piàoliang ma?

② 我忘记带手机了。
Wǒ wàngjì dài shǒujī le.

③ 我的手机号是 19112124385。
Wǒ de shǒujīhào shì yāo jiǔ yāo yāo èr yāo èr sì sān bā wǔ.

瘦 shòu

（adj.）**1** thin；emaciated；lean

① 你现在太瘦了，应该多吃点儿。
Nǐ xiànzài tài shòu le, yīnggāi duō chī diǎnr.

② 最近工作太忙了，我都累瘦了。
Zuìjìn gōngzuò tài máng le, wǒ dōu lèishòu le.

③ 从生病到现在，我瘦了五公斤。
Cóng shēng bìng dào xiànzài, wǒ shòule wǔ gōngjīn.

2 tight

① 裤子做得太瘦了，我穿不上。
Kùzi zuò de tài shòu le, wǒ chuān bu shàng.

② 这件衣服又瘦又短，你穿上真难看。
Zhè jiàn yīfu yòu shòu yòu duǎn, nǐ chuānshang zhēn nánkàn.

③ Jane 喜欢穿瘦瘦的衬衫。
Jane xǐhuan chuān shòushòu de chènshān.

¹ 书 shū

(n.) book

① 下午我要去图书馆借书。
Xiàwǔ wǒ yào qù túshūguǎn jiè shū.

② 书是我最好的朋友。
Shū shì wǒ zuì hǎo de péngyou.

③ 这是一本关于中国文化的书，我想 Elizabeth 应该会喜欢。
Zhè shì yì běn guānyú Zhōngguó wénhuà de shū, wǒ xiǎng Elizabeth yīnggāi huì xǐhuan.

 Do You Know

书包 shūbāo

(n.) satchel; schoolbag

① 孩子快上学了，我们应该送给他一个书包。
Háizi kuài shàng xué le, wǒmen yīnggāi sònggěi tā yí ge shūbāo.

② 早上走得太着急，我忘记把课本放进书包里了。
Zǎoshang zǒu de tài zháojí, wǒ wàngjì bǎ kèběn fàngjìn shūbāo lǐ le.

书店 shūdiàn

(n.) bookshop; bookstore

① 学校旁边有一家书店。
Xuéxiào pángbiān yǒu yì jiā shūdiàn.

② 我很喜欢坐在书店里看书。
Wǒ hěn xǐhuan zuò zài shūdiàn lǐ kàn shū.

书　书包　书店　叔叔　舒服　树　数学　刷牙

叔叔 shūshu	（n.） **1** father's younger brother

① 叔叔比爸爸小三岁。
　Shūshu bǐ bàba xiǎo sān suì.

② 这是我的叔叔，他叫 Philip。
　Zhè shì wǒ de shūshu, tā jiào Philip.

2 uncle

① Rogers 叔叔，早上好。
　Rogers shūshu, zǎoshang hǎo.

② 服务员叔叔，请给我拿一双筷子。
　Fúwùyuán shūshu, qǐng gěi wǒ ná yì shuāng kuàizi.

舒服 shūfu　（adj.） comfortable；feel well

① 我现在需要一个舒服的环境休息一会儿。
　Wǒ xiànzài xūyào yí ge shūfu de huánjìng xiūxi yíhuìr.

② 我今天不舒服，不想去上班了。
　Wǒ jīntiān bù shūfu, bù xiǎng qù shàng bān le.

③ 打完篮球，我舒舒服服地睡了一觉。
　Dǎwán lánqiú, wǒ shūshufūfū de shuìle yí jiào.

④ 你去洗个澡舒服舒服吧。
　Nǐ qù xǐ ge zǎo shūfu shūfu ba.

树 shù　（n.） tree

① 苹果树开的花是什么颜色的？
　Píngguǒshù kāi de huā shì shénme yánsè de?

② 老师和学生在树下做游戏呢。
　Lǎoshī hé xuésheng zài shù xià zuò yóuxì ne.

数学 shùxué　（n.） mathematics

① 我喜欢上数学课。
　Wǒ xǐhuan shàng shùxuékè.

② Chris 是一位很有名的数学老师。
　Chris shì yí wèi hěn yǒumíng de shùxué lǎoshī.

③ 我很想知道怎么提高数学成绩。
　Wǒ hěn xiǎng zhīdào zěnme tígāo shùxué chéngjì.

刷牙 shuā yá　brush one's teeth

① 早上和晚上都应该刷牙。
　Zǎoshang hé wǎnshang dōu yīnggāi shuā yá.

② 你今天刷了几次牙？
Nǐ jīntiān shuāle jǐ cì yá?

③ 刷完牙我就去睡觉。
Shuāwán yá wǒ jiù qù shuì jiào.

双 shuāng

(m.w.) pair

① 这双皮鞋多少钱？
Zhè shuāng píxié duōshao qián?

② 妹妹长了一双漂亮的大眼睛。
Mèimei zhǎngle yì shuāng piàoliang de dà yǎnjing.

③ 虽然我没有钱，但是我有一双脚，我可以走着去北京。
Suīrán wǒ méiyǒu qián, dànshì wǒ yǒu yì shuāng jiǎo, wǒ kěyǐ zǒuzhe qù Běijīng.

(adj.) two; twin; dual

① 这是一辆双层公共汽车。
Zhè shì yí liàng shuāng céng gōnggòng qìchē.

② 我和哥哥双双参加了游泳比赛。
Wǒ hé gēge shuāngshuāng cānjiāle yóu yǒng bǐsài.

¹水 shuǐ

(n.) water

① 杯子里的水可以喝吗？
Bēizi lǐ de shuǐ kěyǐ hē ma?

② 小孩子都喜欢喝甜甜的水。
Xiǎo háizi dōu xǐhuan hē tiántián de shuǐ.

③ 水太热了，等一会儿再喝吧。
Shuǐ tài rè le, děng yíhuìr zài hē ba.

¹水果 shuǐguǒ

(n.) fruit; fruitage

① 这家超市里的水果真多啊。
Zhè jiā chāoshì lǐ de shuǐguǒ zhēn duō a.

② 西瓜、苹果、香蕉都是水果。
Xīguā、píngguǒ、xiāngjiāo dōu shì shuǐguǒ.

③ Ann 给我做了一个漂亮的水果蛋糕。
Ann gěi wǒ zuòle yí ge piàoliang de shuǐguǒ dàngāo.

水平 shuǐpíng

(n.) standard; level

① 你应该提高自己对事情的认识水平。
Nǐ yīnggāi tígāo zìjǐ duì shìqing de rènshi shuǐpíng.

② 我不喜欢经理，他说话没有水平。
Wǒ bù xǐhuan jīnglǐ, tā shuō huà méiyǒu shuǐpíng.

③ 爷爷小的时候读过书，他的文化水平很高。
Yéye xiǎo de shíhou dúguo shū, tā de wénhuà shuǐpíng hěn gāo.

平安 píng'ān

 Do You Know

(adj.) safe and sound; well

① 知道他平安到家，我们大家都放心了。
Zhīdào tā píng'ān dào jiā, wǒmen dàjiā dōu fàng xīn le.

② 高高兴兴上班，平平安安回家。
Gāogāoxìngxìng shàng bān, píngpíng'ān'ān huí jiā.

1 睡觉 shuì jiào

sleep; have a sleep; go to bed

① 奶奶在睡觉，你别去她的房间。
Nǎinai zài shuì jiào, nǐ bié qù tā de fángjiān.

② 已经十二点了，你怎么还没有睡觉？
Yǐjīng shí'èr diǎn le, nǐ zěnme hái méiyǒu shuì jiào?

③ 你刚才打电话的时候，我睡了一会儿觉。
Nǐ gāngcái dǎ diànhuà de shíhou, wǒ shuìle yíhuìr jiào.

 Do You Know

睡 shuì

(v.) sleep

① 孩子们都睡了，我终于可以休息休息了。
Háizimen dōu shuì le, wǒ zhōngyú kěyǐ xiūxi xiūxi le.

② 你昨天晚上睡得太晚了。
Nǐ zuótiān wǎnshang shuì de tài wǎn le.

③ 今天早上我一直睡到十一点才起床。
Jīntiān zǎoshang wǒ yìzhí shuì dào shíyī diǎn cái qǐ chuáng.

睡着
shuì zháo

be sleeping；be asleep

① 最近太累了，坐在公共汽车上我就睡着了。
Zuìjìn tài lèi le, zuò zài gōnggòng qìchē shang wǒ jiù shuìzháo le.

② 一想到工作没有做完，我就睡不着。
Yī xiǎngdào gōngzuò méiyǒu zuòwán, wǒ jiù shuì bu zháo.

1 说 shuō

(v.) **1** speak；say；explain

① 妈妈说明天她要给我们做蛋糕。
Māma shuō míngtiān tā yào gěi wǒmen zuò dàngāo.

② 妈妈说："明天我要给你们做蛋糕。"
Māma shuō: "Míngtiān wǒ yào gěi nǐmen zuò dàngāo."

③ 那件事情我和 Richard 一说他就明白了。
Nà jiàn shìqing wǒ hé Richard yì shuō tā jiù míngbai le.

④ 你能跟我说说这道题怎么做吗？
Nǐ néng gēn wǒ shuōshuo zhè dào tí zěnme zuò ma?

2 scold；blame

① 因为 Tony 考试成绩不好，爸爸说了他。
Yīnwèi Tony kǎo shì chéngjì bù hǎo, bàba shuōle tā.

② 妈妈觉得 Tony 还是个孩子，不希望爸爸再说他了。
Māma juéde Tony hái shì ge háizi, bù xīwàng bàba zài shuō tā le.

2 说话
shuō huà

speak；talk；say

① Henry 是一个不爱说话的人。
Henry shì yí ge bú ài shuō huà de rén.

② 我结婚的时候，妈妈高兴地说不出话来。
Wǒ jié hūn de shíhou, māma gāoxìng de shuō bu chū huà lai.

③ 我和 Liza 说了一会儿话，就回家了。
Wǒ hé Liza shuōle yíhuìr huà, jiù huí jiā le.

④ 奶奶喜欢去找邻居家的阿姨说说话。
Nǎinai xǐhuan qù zhǎo línjū jiā de āyí shuōshuo huà.

（adv.）a short time

您坐着等一会儿，经理说话就来。
Nín zuòzhe děng yíhuìr, jīnglǐ shuōhuà jiù lái.

Do You Know

话 huà

（n.）word; talk

① 我有几句话想告诉你。
Wǒ yǒu jǐ jù huà xiǎng gàosu nǐ.

② 经理今天的话太多了，大家都不想听了。
Jīnglǐ jīntiān de huà tài duō le, dàjiā dōu bù xiǎng tīng le.

司机 sījī

（n.）driver

① 出租车司机最了解城市的变化。
Chūzūchē sījī zuì liǎojiě chéngshì de biànhuà.

② 我是公共汽车司机，我的工作很忙。
Wǒ shì gōnggòng qìchē sījī, wǒ de gōngzuò hěn máng.

1 四 sì

（num.）four; forth

① 我从图书馆借了四本书。
Wǒ cóng túshūguǎn jièle sì běn shū.

② 教室里有十四把椅子。
jiàoshì lǐ yǒu shísì bǎ yǐzi.

③ 今天我们讲第四十四课。
Jīntiān wǒmen jiǎng dì sìshísì kè.

2 送 sòng

（v.）1 deliver; carry

① 奶奶发烧了，快送医院吧。
Nǎinai fā shāo le, kuài sòng yīyuàn ba.

② 送报纸是我的工作。
Sòng bàozhǐ shì wǒ de gōngzuò.

③ 东西用完了要送回去。
Dōngxi yòngwánle yào sòng huiqu.

2 give as a present; give

① Jack 给 Jessie 送了很多花。
Jack gěi Jessie sòngle hěn duō huā.

② 妹妹送我一辆自行车。
Mèimei sòng wǒ yí liàng zìxíngchē.

3 see somebody off or out; accompany; escort

① 我明天去火车站送你。
Wǒ míngtiān qù huǒchēzhàn sòng nǐ.

② 你要走，我就不远送了。
Nǐ yào zǒu, wǒ jiù bù yuǎn sòng le.

③ 客人离开的时候，我们应该送一送。
Kèrén líkāi de shíhou, wǒmen yīnggāi sòng yi sòng.

Do You Know

送到
sòng dào

escort to

① 我把 Andy 送到火车站以后就回家了。
Wǒ bǎ Andy sòngdào huǒchēzhàn yǐhòu jiù huí jiā le.

② 出租车司机把我送到了医院。
Chūzūchē sījī bǎ wǒ sòngdàole yīyuàn.

送给
sòng gěi

give; send

① 我过生日得时候，奶奶送给我一条漂亮的裙子。
Wǒ guò shēngrì de shíhou, nǎinai sònggěi wǒ yì tiáo piàoliang de qúnzi.

② 如果你喜欢，我可以把这本书送给你。
Rúguǒ nǐ xǐhuan, wǒ kěyǐ bǎ zhè běn shū sònggěi nǐ.

2 虽然……但是……
suīrán……
dànshì……

Although...but...

① 虽然我生病了，但是我现在不能休息。
Suīrán wǒ shēng bìng le, dànshì wǒ xiànzài bù néng xiūxi.

② 虽然奶奶已经九十岁了，但是她非常健康。
Suīrán nǎinai yǐjīng jiǔshí suì le, dànshì tā fēicháng jiànkāng.

虽然
suīrán

 Do You Know

(conj.) though; although

① 我打算星期六去公司把工作做完，虽然周末我可以不去上班。
Wǒ dǎsuàn xīngqīliù qù gōngsī bǎ gōngzuò zuòwán, suīrán zhōumò wǒ kěyǐ bú qù shàng bān.

② 我很了解中国文化，虽然我不是中国人。
Wǒ hěn liǎojiě Zhōngguó wénhuà, suīrán wǒ bú shì Zhōngguórén.

但是
dànshì
但 dàn

(conj.) but; however

① 其实那把椅子是为你准备的，但是（/但）被她搬去了。
Qíshí nà bǎ yǐzi shì wèi nǐ zhǔnbèi de, dànshì (/dàn) bèi tā bānqu le.

② 我们一直想去北京旅游，但是（/但）Mike 总是没时间。
Wǒmen yìzhí xiǎng qù Běijīng lǚyóu, dànshì (/dàn) Mike zǒngshì méi shíjiān.

1 岁 suì

(m.w.) year of age

① 我的儿子三岁了。
Wǒ de érzi sān suì le.

② 我奶奶九十四岁了。
Wǒ nǎinai jiǔshísì suì le.

③ A：你几岁了？
Nǐ jǐ suì le?

B：我十二岁。
Wǒ shí'èr suì.

T

¹他 tā

(pron.) **1** he; his; him

① 我找 Jack，他在吗?
Wǒ zhǎo Jack, tā zài ma?

② 他的哥哥是 Louis。
Tā de gēge shì Louis.

③ David 的数学成绩不好，我想去帮助他复习。
David de shùxué chéngjì bù hǎo, wǒ xiǎng qù bāngzhù tā fùxí.

④ Nick 他昨天晚上就走了。
Nick tā zuótiān wǎnshang jiù zǒu le.

2 [used for either gender when it is either unknown or unimportant]

① 每一个人都有他自己的故事。
Měi yí ge rén dōu yǒu tā zìjǐ de gùshi.

② 我站在校长的后面，看不出他是男的还是女的。
Wǒ zhànzài xiàozhǎng de hòumiàn, kàn bu chū tā shì nán de háishi nǚ de.

 Do You Know

他们 tāmen

(pron.) they; their; theirs

① 他们都是我的朋友，我向您介绍一下儿。
Tāmen dōu shì wǒ de péngyou, wǒ xiàng nín jièshào yíxiàr.

② A：这些男孩儿在做什么?
Zhèxiē nán háir zài zuò shénme?

B：他们在打篮球。
Tāmen zài dǎ lánqiú.

²它 tā

(pron.) it; its

① 那只小猫饿了，我们给它喂了点儿吃的。
Nà zhī xiǎo māo è le, wǒmen gěi tā wèile diǎnr chī de.

② 盘子里有一个面包，我把它吃了。
Pánzi lǐ yǒu yí ge miànbāo, wǒ bǎ tā chī le.

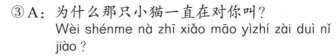

③A：为什么那只小猫一直在对你叫？
　　Wèi shénme nà zhī xiǎo māo yìzhí zài duì nǐ jiào？
　B：刚才我吃了它的鱼。
　　Gāngcái wǒ chīle tā de yú.

它们 tāmen

Do You Know

（pron.）[non-human] they；their

① 上个星期我买了几个苹果，把它们放进冰箱以后就忘记吃了。
　Shàng ge xīngqī wǒ mǎile jǐ ge píngguǒ, bǎ tāmen fàngjìn bīngxiāng yǐhòu jiù wàngjì chī le.

②A：这三只小狗是谁家的？
　　Zhè sān zhī xiǎo gǒu shì shéi jiā de？
　B：它们是我家的。
　　Tāmen shì wǒ jiā de.

1 她 tā

（pron.）she

① 我妈妈昨天来学校了，她给我送来很多吃的。
　Wǒ māma zuótiān lái xuéxiào le, tā gěi wǒ sònglai hěn duō chī de.

② 她是我的汉语老师。
　Tā shì wǒ de Hànyǔ lǎoshī.

③ Mary 长得很像她妈妈。
　Mary zhǎng de hěn xiàng tā māma.

Do You Know

（pron.）[female] they；their；theirs

她们 tāmen

① 她们穿的裙子真漂亮。
　Tāmen chuān de qúnzi zhēn piàoliang.

②A：那些女孩儿在做什么？
　　Nàxiē nǚ háir zài zuò shénme？
　B：她们在跳舞。
　　Tāmen zài tiào wǔ.

1 太 tài

(adv.) **1** [used with 了 at the end of sentence] expressing admiration or exclamation

① 你和你弟弟长得太像了。
　　Nǐ hé nǐ dìdi zhǎng de tài xiàng le.

② 中国菜太好吃了。
　　Zhōngguócài tài hǎochī le.

③ 我昨天遇到 Lucy 了，她长得太漂亮了。
　　Wǒ zuótiān yùdào Lucy le, tā zhǎng de tài piàoliang le.

2 too; over; excessively

① 水太热，等一会儿再喝吧。
　　Shuǐ tài rè, děng yíhuìr zài hē ba.

② 我今天太忙，忘记给你打电话了。
　　Wǒ jīntiān tài máng, wàngjì gěi nǐ dǎ diànhuà le.

③ 今天是周末，公园里的人太多。
　　Jīntiān shì zhōumò, gōngyuán lǐ de rén tài duō.

3 [used with 不 in the negative] very

① 你不去上班也不告诉经理，太不应该了。
　　Nǐ bú qù shàng bān yě bú gàosu jīnglǐ, tài bù yīnggāi le.

② 你来得不太是时候，他正在生气呢。
　　Nǐ lái de bú tài shì shíhou, tā zhèngzài shēng qì ne.

太阳 tàiyáng

(n.) the sun; sunshine

① 今天的太阳真好。
　　Jīntiān de tàiyáng zhēn hǎo.

② 今天没有太阳，可能要下雨。
　　Jīntiān méiyǒu tàiyáng, kěnéng yào xià yǔ.

特别 tèbié

(adj.) special; particular; out of the ordinary

① Jenny 的问题总是很特别。
　　Jenny de wèntí zǒngshì hěn tèbié.

② 你觉得这张画有什么特别吗？
　　Nǐ juéde zhè zhāng huà yǒu shénme tèbié ma?

③ 我没有看出这几个杯子有什么特别的地方。
　　Wǒ méiyǒu kànchū zhè jǐ ge bēizi yǒu shénme tèbié de dìfang.

太　太阳　特别　疼　踢足球

（adv.） **1** especially；particularly

① 今天特别热，我哪儿也不想去。
Jīntiān tèbié rè, wǒ nǎr yě bù xiǎng qù.

② 虽然 Fiona 不是很聪明，但是工作的时候特别认真。
Suīrán Fiona bú shì hěn cōngming, dànshì gōngzuò de shíhou tèbié rènzhēn.

2 for a particular purpose

① 今天的节目是特别为你准备的。
Jīntiān de jiémù shì tèbié wèi nǐ zhǔnbèi de.

② 这是我特别为你准备的蛋糕。
Zhè shì wǒ tèbié wèi nǐ zhǔnbèi de dàngāo.

3 all the more；in particular

① 我喜欢中国，特别是北京，很漂亮。
Wǒ xǐhuan Zhōngguó, tèbié shì Běijīng, hěn piàoliang.

② 我爱旅游，特别爱去中国旅游。
Wǒ ài lǚyóu, tèbié ài qù Zhōngguó lǚyóu.

疼 téng

（adj）ache；pain；sore

① 昨天路走多了，今天早上我的脚很疼。
Zuótiān lù zǒuduō le, jīntiān zǎoshang wǒ de jiǎo hěn téng.

② A：你哪儿疼？
　　Nǐ nǎr téng？
　B：我眼睛疼，已经疼了很长时间了。
　　Wǒ yǎnjing téng, yǐjīng téngle hěn cháng shíjiān le.

（v.）love dearly；be fond of；dote on

① 妈妈是世界上最疼我的人。
Māma shì shìjiè shang zuì téng wǒ de rén.

② Jim 是一个好孩子，你应该多疼疼他。
Jim shì yí ge hǎo háizi, nǐ yīnggāi duō téngteng tā.

---

2 踢足球
tī zúqiú

play football

① 我不会踢足球，只会打篮球。
Wǒ bú huì tī zúqiú, zhǐ huì dǎ lánqiú.

② 踢足球可以锻炼身体。
Tī zúqiú kěyǐ duànliàn shēntǐ.

③ 年轻的时候，我经常和几个朋友在学校里踢足球。
Niánqīng de shíhou, wǒ jīngcháng hé jǐ ge péngyou zài xuéxiào lǐ tī zúqiú.

踢 tī

 Do You Know

(v.) kick

① 我把门踢开了。
Wǒ bǎ mén tīkāi le.

② 昨天下午足球比赛，我踢进一个球。
Zuótiān xiàwǔ zúqiú bǐsài, wǒ tījìn yí ge qiú.

足球 zúqiú

(n.) soccer; association football

① Louis 拿着足球向我走过来。
Louis názhe zúqiú xiàng wǒ zǒu guolai.

② 今天晚上有足球比赛。
Jīntiān wǎnshang yǒu zúqiú bǐsài.

③ 我买两张足球票。
Wǒ mǎi liǎng zhāng zúqiúpiào.

提高 tígāo

(v.) raise; improve; increase; enhance

① 我认真复习了几个月，成绩有了很大提高。
Wǒ rènzhēn fùxíle jǐ ge yuè, chéngjì yǒule hěn dà tígāo.

② 我现在最想做的事情是提高自己的汉语水平。
Wǒ xiànzài zuì xiǎng zuò de shìqing shì tígāo zìjǐ de Hànyǔ shuǐpíng.

③ 你的工作热情还需要再提高提高。
Nǐ de gōngzuò rèqíng hái xūyào zài tígāo tígāo.

提出 tí chū

 Do You Know

propose; put forward

① 这是老师对你提出的要求，你要努力做到。
Zhè shì lǎoshī duì nǐ tíchū de yāoqiú, nǐ yào nǔlì zuòdào.

② Tom 是一个聪明的孩子，他很少有提不出问题的时候。
Tom shì yí ge cōngming de háizi, tā hěn shǎo yǒu tí bu chū wèntí de shíhou.

提到 tí dào

mention; refer to

① 上次朋友们见面的时候还提到你，大家都很想你。
Shàng cì péngyoumen jiàn miàn de shíhou hái tídào nǐ, dàjiā dōu hěn xiǎng nǐ.

② Jessie 一提到以前的事情就难过。
Jessie yì tídào yǐqián de shìqing jiù nánguò.

2 题 tí

(n.) topic; subject; problem

① 这次考试题真简单。
Zhè cì kǎoshì tí zhēn jiǎndān.

② 我喜欢做数学题，不喜欢做历史题。
Wǒ xǐhuan zuò shùxuétí, bù xǐhuan zuò lìshǐtí.

③ 你不会做的题可以来问我。
Nǐ bú huì zuò de tí kěyǐ lái wèn wǒ.

体育 tǐyù

(n.) physical culture; sports

① 我叫 Roberts，我教体育。
Wǒ jiào Roberts, wǒ jiāo tǐyù.

② 大家都很喜欢上体育课和音乐课。
Dàjiā dōu hěn xǐhuan shàng tǐyùkè hé yīnyuèkè.

③ Heidi 很少参加体育比赛。
Heidi hěn shǎo cānjiā tǐyù bǐsài.

④ 爸爸最爱看体育节目。
Bàba zuì ài kàn tǐyù jiémù.

 Do You Know

体育场 tǐyùchǎng

(n.) stadium

① Peter 一下课就去体育场踢足球。
Peter yí xià kè jiù qù tǐyùchǎng tī zúqiú.

② 这是我们国家最大的体育场。
Zhè shì wǒmen guójiā zuì dà de tǐyùchǎng.

体育馆 tǐyùguǎn

(n.) gymnasium; gym

① 这个体育馆早上九点开门。
Zhè ge tǐyùguǎn zǎoshang jiǔ diǎn kāi mén.

② 今天晚上国家体育馆有篮球比赛。
Jīntiān wǎnshang guójiā tǐyùguǎn yǒu lánqiú bǐsài.

天气 tiānqì

(n.) weather

① 今天的天气真好啊，我们一起去爬山吧。
Jīntiān de tiānqì zhēn hǎo a, wǒmen yìqǐ qù pá shān ba.

② 今天是个坏天气，我哪儿也不能去。
Jīntiān shì ge huài tiānqì, wǒ nǎr yě bù néng qù.

③ 出租车司机最喜欢刮风的天气。
Chūzūchē sījī zuì xǐhuan guā fēng de tiānqì.

Do You Know

天 tiān

(n.) **1** sky; heaven

① 我喜欢北京的秋天，因为天特别蓝。
Wǒ xǐhuan Běijīng de qiūtiān, yīnwèi tiān tèbié lán.

② 天黑了，月亮出来了。
Tiān hēi le, yuèliang chūlai le.

2 day

① 一个星期有七天。
Yí ge xīngqī yǒu qī tiān.

② 这几天我很忙，过几天我们再见面吧。
Zhè jǐ tiān wǒ hěn máng, guò jǐ tiān wǒmen zài jiàn miàn ba.

3 weather

① 天太热了，我哪里都不想去。
Tiān tài rè le, wǒ nǎlǐ dōu bù xiǎng qù.

② 最近天不好，不是刮风就是下雨。
Zuìjìn tiān bù hǎo, bú shì guā fēng jiù shì xià yǔ.

天天 tiāntiān

every day

① Jessie 天天都忙，周末都很少在家。
Jessie tiāntiān dōu máng, zhōumò dōu hěn shǎo zài jiā.

② 最近 Kitty 的学习成绩很不好，因为她天天上网玩儿游戏。
Zuìjìn Kitty de xuéxí chéngjì hěn bù hǎo, yīnwèi tā tiāntiān shàng wǎng wánr yóuxì.

蓝天 lántiān

(n.) blue sky

① 我喜欢那个地方，因为那儿有蓝天和小河。
Wǒ xǐhuan nà ge dìfang, yīnwèi nàr yǒu lántiān hé xiǎo hé.

② 我真想开着飞机飞上蓝天。
Wǒ zhēn xiǎng kāizhe fēijī fēishàng lántiān.

天上 tiānshang

(n.) in the sky

① 天上一只鸟也没有。
Tiānshang yì zhī niǎo yě méiyǒu.

② 快看，天上有很多飞机。
Kuài kàn, tiānshang yǒu hěn duō fēijī.

甜 tián

(adj.) **1** sweet; honeyed

① 你买的苹果怎么不甜？
Nǐ mǎi de píngguǒ zěnme bù tián?

② 这西瓜真甜啊。
Zhè xīguā zhēn tián a.

2 happy; pleasant; comfortable

① Betty 说话真甜。
Betty shuō huà zhēn tián.

② Helen 长得又甜又漂亮。
Helen zhǎng de yòu tián yòu piàoliang.

③ 儿子总是甜甜地叫我爸爸。
Érzi zǒngshì tiántián de jiào wǒ bàba.

条 tiáo

(m.w.) **1** [used for long, narrow, or thin things]

① 我有三十条黑裤子。
Wǒ yǒu sānshí tiáo hēi kùzi.

② 我们一会儿去超市买条鱼吧。
Wǒmen yíhuìr qù chāoshì mǎitiáo yú ba.

2 [used for itemized nouns]

① 今天报纸上的这三条新闻很重要。
Jīntiān bàozhǐ shang de zhè sān tiáo xīnwén hěn zhòngyào.

② 明天参加会议的时候我想先讲这一条。
Míngtiān cānjiā huìyì de shíhou wǒ xiǎng xiān jiǎng zhè yì tiáo.

2 跳舞 tiào wǔ

dance

① 我们一起跳舞吧。
Wǒmen yìqǐ tiào wǔ ba.

② 最近这段时间我在学习跳舞。
Zuìjìn zhè duàn shíjiān wǒ zài xuéxí tiào wǔ.

③ Tina 是一个爱跳舞的孩子。
Tina shì yí ge ài tiào wǔ de háizi.

跳 tiào

 Do You Know

(v.) jump; leap; spring; bounce

① 孩子们在草地上又跳又唱。
Háizimen zài cǎodì shang yòu tiào yòu chàng.

② 孩子看见妈妈下班回来,高兴得从床上跳了下来。
Háizi kànjiàn māma xià bān huílai, gāoxìng de cóng chuáng shang tiàole xialai.

1 听 tīng

(v.) **1** listen; hear

① 大家听懂了吗?
Dàjiā tīngdǒng le ma?

② 我不想听 Rogers 说话。
Wǒ bù xiǎng tīng Rogers shuō huà.

③ 睡觉以前听一会儿音乐会让我很舒服。
Shuì jiào yǐqián tīng yíhuìr yīnyuè huì ràng wǒ hěn shūfu.

2 heed; obey; listen

① 如果你想学习游泳就一定要听老师的。
Rúguǒ nǐ xiǎng xuéxí yóu yǒng jiù yídìng yào tīng lǎoshī de.

② 虽然我告诉他的办法很好,但是他不听我的。
Suīrán wǒ gàosu tā de bànfǎ hěn hǎo, dànshì tā bù tīng wǒ de.

听到 tīng dào

 Do You Know

listen in; meet the ear

① 听到那件事情以后，Betty 很长时间没有说话。
Tīngdào nà jiàn shìqing yǐhòu, Betty hěn cháng shíjiān méiyǒu shuō huà.

② Helen 现在最想听到的三个字就是"我爱你"。
Helen xiànzài zuì xiǎng tīngdào de sān ge zì jiù shì "wǒ ài nǐ".

听见 tīng jiàn

hear

① 刚才我听见了一种奇怪的声音。
Gāngcái wǒ tīngjiànle yì zhǒng qíguài de shēngyīn.

② 您说话的声音太小了，我听不见。
Nín shuō huà de shēngyīn tài xiǎo le, wǒ tīng bu jiàn.

听说 tīng shuō

be told; hear of; hear about

① 听说妹妹生病了，我想去看看她。
Tīngshuō mèimei shēng bìng le, wǒ xiǎng qù kànkan tā.

② 我听说过他，但是没有见过面。
Wǒ tīngshuōguo tā, dànshì méiyǒu jiànguo miàn.

③ 听妈妈说，她十岁就开始学习汉语了。
Tīng māma shuō, tā shí suì jiù kāishǐ xuéxí Hànyǔ le.

同事 tóngshì

(n.) colleague; fellow worker

① Peter 是新同事，请大家多照顾照顾他。
Peter shì xīn tóngshì, qǐng dàjiā duō zhàogu zhàogu tā.

② 周末的时候，我在商店里遇到了公司的同事。
Zhōumò de shíhou, wǒ zài shāngdiàn lǐ yùdàole gōngsī de tóngshì.

③ 我生病的那段时间同事们都很关心我。
Wǒ shēng bìng de nà duàn shíjiān tóngshìmen dōu hěn guānxīn wǒ.

(v.) work in the same place; work together

① 虽然我和 Susan 同事多年,但是我不太了解她。
Suīrán wǒ hé Susan tóngshì duō nián, dànshì wǒ bú tài liǎojiě tā.

② 我和 Mike 同过事。
Wǒ hé Mike tóngguo shì.

同学
tóngxué

(n.) **1** fellow student; schoolmate

① Chris 是我的同学。
Chris shì wǒ de tóngxué.

② 这几位都是我的老同学。
Zhè jǐ wèi dōu shì wǒ de lǎo tóngxué.

③ 大家要多帮助新同学。
Dàjiā yào duō bāngzhù xīn tóngxué.

2 [used when speaking to a student]

① 同学,你知道去图书馆怎么走吗?
Tóngxué, nǐ zhīdào qù túshūguǎn zěnme zǒu ma?

② 同学,你有铅笔吗?
Tóngxué, nǐ yǒu qiānbǐ ma?

(v.) be in the same school; be a schoolmate of somebody

① Nick 和我同学六年。
Nick hé wǒ tóngxué liù nián.

② 我没有和他同过学。
Wǒ méiyǒu hé tā tóngguo xué.

同意
tóngyì

(v.) agree; consent; approve

① 你的要求经理已经同意了。
Nǐ de yāoqiú jīnglǐ yǐjīng tóngyì le.

② 虽然 John 没有工作,但是妈妈同意我和他结婚。
Suīrán John méiyǒu gōngzuò, dànshì māma tóngyì wǒ hé tā jié hūn.

头发
tóufa

(n.) hair

① 我是黑头发黑眼睛的中国人。
Wǒ shì hēi tóufa hēi yǎnjing de Zhōngguórén.

② Jenny 的头发特别长。
Jenny de tóufa tèbié cháng.

③ 吃了那种奇怪的药，我就不长头发了。
Chīle nà zhǒng qíguài de yào, wǒ jiù bù zhǎng tóufa le.

头 tóu

 Do You Know

(n.) **1** head

① 我的头特别疼，我想去看医生。
Wǒ de tóu tèbié téng, wǒ xiǎng qù kàn yīshēng.

② 这只小猫的头真小。
Zhè zhī xiǎo māo de tóu zhēn xiǎo.

2 beginning; end

① 唱歌以前，请你给大家开个头。
Chàng gē yǐqián, qǐng nǐ gěi dàjiā kāi ge tóu.

② 我的工作什么时候才能做到头啊！
Wǒ de gōngzuò shénme shíhou cái néng zuòdào tóu a!

(adj.) first

① 去年的头三个月我在中国学习汉语。
Qùnián de tóu sān ge yuè wǒ zài Zhōngguó xuéxí Hànyǔ.

② 今天早上我头一个到了学校。
Jīntiān zǎoshang wǒ tóu yí ge dàole xuéxiào.

突然 tūrán

(adj.) sudden; abrupt; unexpected

① 事情太突然了，我不知道应该怎么做了。
Shìqing tài tūrán le, wǒ bù zhīdào yīnggāi zěnme zuò le.

② Liza 突然发烧了，大家马上送她去医院。
Liza tūrán fā shāo le, dàjiā mǎshàng sòng tā qù yīyuàn.

图书馆 túshūguǎn

(n.) library

① 我喜欢去图书馆看书。
Wǒ xǐhuan qù túshūguǎn kàn shū.

② 学校图书馆在哪儿？
Xuéxiào túshūguǎn zài nǎr?

③ 我从图书馆借来的书找不到了。
Wǒ cóng túshūguǎn jièlai de shū zhǎo bu dào le.

腿 tuǐ

(n.) **1** leg

① Jenny 的腿真长。
Jenny de tuǐ zhēn cháng.

② 动物都是四条腿吗？
Dòngwù dōu shì sì tiáo tuǐ ma?

③ 我腿疼，我要去看医生。
Wǒ tuǐ téng, wǒ yào qù kàn yīshēng.

2 a leg-shaped support

① 这张桌子有一条腿坏了。
Zhè zhāng zhuōzi yǒu yì tiáo tuǐ huài le.

② 这把椅子的腿不一样长。
Zhè bǎ yǐzi de tuǐ bù yíyàng cháng.

腿 外 外边 外面 外头 完 完成

W

² 外 wài

(n.) outer; outward; outside

① 谁在教室外说话？
Shéi zài jiàoshì wài shuō huà?

② Louis 今天从里到外换了新衣服。
Louis jīntiān cóng lǐ dào wài huànle xīn yīfu.

 Do You Know

外边 wàibian
外面 wàimiàn
外头 wàitou

(n.) outside; out; exterior

① 经理让你在外边（/外面/外头）等一会儿，他马上就出来。
Jīnglǐ ràng nǐ zài wàibian (/wàimiàn/wàitou) děng yíhuìr, tā mǎshàng jiù chūlai.

② 外边（/外面/外头）很冷，快进来吧。
Wàibian (/Wàimiàn/Wàitou) hěn lěng, kuài jìnlai ba.

² 完 wán

(v.) **1** use up; run out

① 菜都吃完了，啤酒也都喝完了。
Cài dōu chīwán le, píjiǔ yě dōu hēwán le.

② 今天带的钱都让 Fannie 花完了。
Jīntiān dài de qián dōu ràng Fannie huāwán le.

2 finish; complete; come to an end

① 看完这条新闻我就去睡觉。
Kànwán zhè tiáo xīnwén wǒ jiù qù shuì jiào.

② 工作做完了我就和你一起去看电影。
Gōngzuò zuòwánle wǒ jiù hé nǐ yìqǐ qù kàn diànyǐng.

完成 wánchéng

(v.) accomplish; complete; fulfill

① A：你完成作业了吗？
Nǐ wánchéng zuòyè le ma?

B：完成了。
Wánchéng le.

② 经理告诉我，这段时间我的工作完成得最好。
Jīnglǐ gàosu wǒ, zhè duàn shíjiān wǒ de gōngzuò wánchéng de zuì hǎo.

③ 虽然我的腿很疼，但是我一定要完成这次比赛。
Suīrán wǒ de tuǐ hěn téng, dànshì wǒ yídìng yào wánchéng zhè cì bǐsài.

Do You Know

成 chéng

(v.) **1** accomplish; succeed

① 我认为这件事情一定能成。
Wǒ rènwéi zhè jiàn shìqing yídìng néng chéng.

② 妈妈希望我学成以后能回中国工作。
Māma xīwàng wǒ xuéchéng yǐhòu néng huí Zhōngguó gōngzuò.

2 become; turn into

① 一年以后，我成了班里学习成绩提高最快的学生。
Yì nián yǐhòu, wǒ chéngle bān lǐ xuéxí chéngjì tígāo zuì kuài de xuésheng.

② 我不喜欢 Liza，我和她成不了朋友。
Wǒ bù xǐhuan Liza, wǒ hé tā chéng bu liǎo péngyou.

3 all right; O.K.

① A：你能借我一千元钱吗？
Nǐ néng jiè wǒ yì qiān yuán qián ma?

B：成，我借给你。
Chéng, wǒ jiègěi nǐ.

② A：明天我想在家上网。
Míngtiān wǒ xiǎng zài jiā shàng wǎng.

B：那不成，我们说好一起去奶奶家的。
Nà bù chéng, wǒmen shuōhǎo yìqǐ qù nǎinai jiā de.

2 玩 wán

(v.) play; have fun; gambol

① 你在玩儿什么游戏呢？
Nǐ zài wánr shénme yóuxì ne?

② 今天的天气多好啊，我们去公园玩儿吧。
Jīntiān de tiānqì duō hǎo a, wǒmen qù gōngyuán wánr ba.

③ 我和孩子在公园里玩儿了一上午。
Wǒ hé háizi zài gōngyuán lǐ wánrle yí shàngwǔ.

④ 那几个孩子在一起玩儿得真高兴啊！
Nà jǐ ge háizi zài yìqǐ wánr de zhēn gāoxìng a!

2 晚上 wǎnshang

(n.) in the evening; at night

① 晚上好！
Wǎnshang hǎo!

② 明天晚上你有时间吗？
Míngtiān wǎnshang nǐ yǒu shíjiān ma?

③ 现在是晚上十一点四十分，妈妈希望你现在去睡觉。
Xiànzài shì wǎnshang shíyī diǎn sìshí fēn, māma xīwàng nǐ xiànzài qù shuì jiào.

 Do You Know

晚 wǎn

(adj.) late; later

① 对不起，我来晚了。
Duìbuqǐ, wǒ láiwǎn le.

② 已经很晚了，我要回家了。
Yǐjīng hěn wǎn le, wǒ yào huí jiā le.

晚安 wǎn'ān

(v.) good night

① 晚安，Tina。
Wǎn'ān, Tina.

② 孩子们晚安，我爱你们。
Háizimen wǎn'ān, wǒ ài nǐmen.

晚会 wǎnhuì

(n.) an evening of entertainment; evening party

① 你今天晚上会来参加晚会吗？
Nǐ jīntiān wǎnshang huì lái cānjiā wǎnhuì ma?

② 我想在家里为 Erica 开一个生日晚会。
Wǒ xiǎng zài jiā lǐ wèi Erica kāi yí ge shēngrì wǎnhuì.

碗 wǎn

(n.) bowl

① 碗里的西瓜都让弟弟吃了。
Wǎn lǐ de xīguā dōu ràng dìdi chī le.

255

② 桌子上放着三个碗和两双筷子。
Zhuōzi shang fàngzhe sān ge wǎn hé liǎng shuāng kuàizi.

③ 没有杯子了，我们用碗喝啤酒吧。
Méiyǒu bēizi le, wǒmen yòng wǎn hē píjiǔ ba.

(m.w.) [used for food and drink]

① 请给我来两碗面条儿。
Qǐng gěi wǒ lái liǎng wǎn miàntiáor.

② 服务员，一碗米饭多少钱？
Fúwùyuán, yì wǎn mǐfàn duōshao qián?

③ 桌子上放着一大碗水。
Zhuōzi shang fàngzhe yí dà wǎn shuǐ.

 Do You Know

碗筷 wǎnkuài

(n.) bowl and chopsticks

① 今天晚上我来洗碗筷。
Jīntiān wǎnshang wǒ lái xǐ wǎnkuài.

② 碗筷已经放到桌子上了，你快去吃饭吧。
Wǎnkuài yǐjīng fàngdào zhuōzi shang le, nǐ kuài qù chī fàn ba.

万 wàn

(num.) ten thousand; ten thousandth

① 今天有一万三千人参加这次的跳舞比赛。
Jīntiān yǒu yí wàn sān qiān rén cānjiā zhè cì de tiào wǔ bǐsài.

② 这次有二十多万人参加了汉语水平考试。
Zhè cì yǒu èrshí duō wàn rén cānjiāle Hànyǔ Shuǐpíng Kǎoshì.

③ 今天我买了一件衣服，花了两万元。
Jīntiān wǒ mǎile yí jiàn yīfu, huāle liǎng wàn yuán.

(adv.) absolutely; by all means

① 现在你万不能去经理办公室，经理正在生气呢。
Xiànzài nǐ wàn bù néng qù jīnglǐ bàngōngshì, jīnglǐ zhèngzài shēng qì ne.

② 这件事情万不能告诉别人。
Zhè jiàn shìqing wàn bù néng gàosu biérén.

往 wǎng

(v.) towards; in the direction of

① 我们学校往东，有一家银行。
Wǒmen xuéxiào wǎng dōng, yǒu yì jiā yínháng.

② 请你往后面一点儿。
Qǐng nǐ wǎng hòumiàn yìdiǎnr.

(prep.) to

① 有开往北京的火车吗？
Yǒu kāiwǎng Běijīng de huǒchē ma?

② Fannie 往前面站一点儿。
Fannie wǎng qiánmiàn zhàn yìdiǎnr.

忘记 wàngjì

(v.) forget; neglect

① 上飞机以前，我突然发现我忘记带护照了。
Shàng fēijī yǐqián, wǒ tūrán fāxiàn wǒ wàngjì dài hùzhào le.

② 你对他的帮助，他已经忘记了。
Nǐ duì tā de bāngzhù, tā yǐjīng wàngjì le.

③ 周末我要和 Heidi 爬山的，我怎么就忘记了呢？
Zhōumò wǒ yào hé Heidi pá shān de, wǒ zěnme jiù wàngjì le ne?

 Do You Know

忘 wàng

(v.) forget; let something slip from the memory

① 外面快下雨了，别忘了带伞。
Wàimiàn kuài xià yǔ le, bié wàngle dài sǎn.

② 我把 Kate 的生日给忘了，她很生气。
Wǒ bǎ Kate de shēngrì gěi wàng le, tā hěn shēng qì.

③ 你对他的帮助，他已经忘得干干净净了。
Nǐ duì tā de bāngzhù, tā yǐjīng wàng de gāngān-jìngjìng le.

为 wèi

(prep.) **1** for; for the benefit of; in the interests of

① 我能为您做点儿什么？
Wǒ néng wèi nín zuòdiǎnr shénme?

② 妈妈不让你下雨的时候去打篮球是为你好。
Māma bú ràng nǐ xià yǔ de shíhou qù dǎ lánqiú shì wèi nǐ hǎo.

2 because; for; on account of

① 妈妈为你能参加这次比赛高兴。
Māma wèi nǐ néng cānjiā zhè cì bǐsài gāoxìng.

② 大家都为你生病着急。
Dàjiā dōu wèi nǐ shēng bìng zháo jí.

3 for the purpose of

① 为能提高汉语水平,我打算去中国学习。
Wèi néng tígāo Hànyǔ shuǐpíng, wǒ dǎsuàn qù Zhōngguó xuéxí.

② 我们正在为旅游做准备。
Wǒmen zhèngzài wèi lǚyóu zuò zhǔnbèi.

为了 wèile

(prep.) for; for the sake of; in order to

① 我们努力学习是为了什么?
Wǒmen nǔlì xuéxí shì wèile shénme?

② 为了能照顾生病的爷爷,Henry 决定住在爷爷家。
Wèile néng zhàogu shēng bìng de yéye, Henry juédìng zhù zài yéye jiā.

² 为什么 wèi shénme

why; why is it that; how is it that

① 你的眼睛为什么红了?
Nǐ de yǎnjing wèi shénme hóng le?

② 你没有做完作业为什么就去上网了?
Nǐ méiyǒu zuòwán zuòyè wèi shénme jiù qù shàng wǎng le?

③ 遇到事情要多问几个为什么。
Yùdào shìqing yào duō wèn jǐ ge wèi shénme.

位 wèi

(m.w.) [used for people]

① Elizabeth 是一位医生。
Elizabeth shì yí wèi yīshēng.

② 二位来有什么事情吗?
Èr wèi lái yǒu shénme shìqing ma?

③ 我向大家介绍几位新朋友。
Wǒ xiàng dàjiā jièshào jǐ wèi xīn péngyou.

¹ 喂 wèi

(int.) hello; hey

① 喂,是 Jenny 吗?
Wèi, shì Jenny ma?

为了　为什么　位　喂　文化　问

② 喂，您哪位？
Wèi, nín nǎ wèi?

③ 喂，你忘记给钱了。
Wèi, nǐ wàngjì gěi qián le.

文化 wénhuà

（n.） **1** civilization；culture

① 每一个国家都有自己的文化。
Měi yí ge guójiā dōu yǒu zìjǐ de wénhuà.

② 我很喜欢学习中国文化。
Wǒ hěn xǐhuan xuéxí Zhōngguó wénhuà.

③ 这是文化问题，我们很难解决。
Zhè shì wénhuà wèntí, wǒmen hěn nán jiějué.

2 education；schooling

① 爷爷的文化水平很高，我们都喜欢听他说话。
Yéye de wénhuà shuǐpíng hěn gāo, wǒmen dōu xǐhuan tīng tā shuō huà.

② 小的时候，我没有学习文化的机会。
Xiǎo de shíhou, wǒ méiyǒu xuéxí wénhuà de jīhuì.

2 问 wèn

（v.） ask；enquire；inquire

① 你问的问题很难回答。
Nǐ wèn de wèntí hěn nán huídá.

② 别问了，Mary 不会告诉你的。
Bié wèn le, Mary bú huì gàosu nǐ de.

③ 你听不懂的地方可以去问问老师。
Nǐ tīng bu dǒng de dìfang kěyǐ qù wènwen lǎoshī.

④ Susan 很关心我的身体，每次遇到我总是问长问短。
Susan hěn guānxīn wǒ de shēntǐ, měi cì yùdào wǒ zǒngshì wèn cháng wèn duǎn.

（prep.） ask somebody for something

① 我问妹妹要了十块钱。
Wǒ wèn mèimei yàole shí kuài qián.

② Jones 总是问我借自行车。
Jones zǒngshì wèn wǒ jiè zìxíngchē.

W HSK（三级）

问路 wèn lù

 Do You Know

ask the way; ask for directions

① Jones 喜欢看地图，不喜欢问路。
Jones xǐhuan kàn dìtú, bù xǐhuan wèn lù.

② 那儿坐着一位阿姨，我去问一下儿路。
Nàr zuòzhe yí wèi āyí, wǒ qù wèn yíxiàr lù.

2 问题 wèntí

(n.) **1** question; problem

① 我可以问你一个问题吗？
Wǒ kěyǐ wèn nǐ yí ge wèntí ma?

② 你刚才问的问题很简单。
Nǐ gāngcái wèn de wèntí hěn jiǎndān.

③ 最近我在工作上遇到了新问题。
Zuìjìn wǒ zài gōngzuò shang yùdàole xīn wèntí.

2 trouble; fault

① 我的工作出了问题，经理很生气。
Wǒ de gōngzuò chūle wèntí, jīnglǐ hěn shēng qì.

② 最近电脑总是出问题。
Zuìjìn diànnǎo zǒngshì chū wèntí.

3 crucial point; key

① 问题是你想不想去北京工作。
Wèntí shì nǐ xiǎng bu xiǎng qù Běijīng gōngzuò.

② 虽然我知道你爱我，但是现在的问题是我不想结婚。
Suīrán wǒ zhīdào nǐ ài wǒ, dànshì xiànzài de wèntí shì wǒ bù xiǎng jié hūn.

1 我 wǒ

(pron.) **1** I; my

① 大家好，我叫 Mary。
Dàjiā hǎo, wǒ jiào Mary.

② 这位是我爸爸。
Zhè wèi shì wǒ bàba.

③ 我的电脑坏了。
Wǒ de diànnǎo huài le.

2 we; our

① 欢迎您到我公司来。
Huānyíng nín dào wǒ gōngsī lái.

② Nick 参加了我班的游泳比赛。
Nick cānjiāle wǒ bān de yóuyǒng bǐsài.

¹ 我们 wǒmen

(pron.) we; our; us

① 今天下午我们一起去游泳吧。
Jīntiān xiàwǔ wǒmen yìqǐ qù yóuyǒng ba.

② 经理相信我们几个人一定能很好地完成工作。
Jīnglǐ xiāngxìn wǒmen jǐ ge rén yídìng néng hěn hǎo de wánchéng gōngzuò.

③ 在老师的帮助下,我们的汉语水平提高得很快。
Zài lǎoshī de bāngzhù xià, wǒmen de Hànyǔ shuǐpíng tígāo de hěn kuài.

 Do You Know

们 men

(suf.) [used after a personal pronoun or a noun] expressing plural number: 你们(nǐmen)/ 他们(tāmen)/ 它们(tāmen)

① 学生们在教室里认真地准备着第二天的考试。
Xuéshengmen zài jiàoshì lǐ rènzhēn de zhǔnbèi zhe dì èr tiān de kǎoshì.

② 老师们正在校长办公室开会。
Lǎoshīmen zhèng zài xiàozhǎng bàngōngshì kāi huì.

¹ 五 wǔ

(num.) five; fifth

① 我在五班,我的好朋友 Tony 在四班。
Wǒ zài wǔ bān, wǒ de hǎo péngyou Tony zài sì bān.

② 今天是七月五日,星期五。
Jīntiān shì qīyuè wǔ rì, xīngqīwǔ.

③ 我坐五十五路公共汽车上班。
Wǒ zuò wǔshíwǔ lù gōnggòng qìchē shàng bān.

X

西 xī

(n.) west; western

① 从我们学校向西走十五分钟就能到银行。
Cóng wǒmen xuéxiào xiàng xī zǒu shíwǔ fēnzhōng jiù néng dào yínháng.

② 北京经常刮西风吗？
Běijīng jīngcháng guā xīfēng ma?

③ A：你家附近有超市吗？
Nǐ jiā fùjìn yǒu chāoshì ma?

B：路西有一家。
Lù xī yǒu yì jiā.

 Do You Know

西边 xībian / 西面 xīmiàn

(n.) west; western; west side

① 我家在这条河的西边（/西面）。
Wǒ jiā zài zhè tiáo hé de xībian (/xīmiàn).

② 学校的西边(/西面)有一家做中国菜的饭馆儿。
Xuéxiào de xībian (/xīmiàn) yǒu yì jiā zuò Zhōngguócài de fànguǎnr.

西方 xīfāng

(n.) **1** the West; the Occident

① 很多西方人喜欢到中国旅游。
Hěn duō Xīfāngrén xǐhuan dào Zhōngguó lǚyóu.

② 东方文化和西方文化不一样。
Dōngfāng wénhuà hé Xīfāng wénhuà bù yíyàng.

2 west

① 火车开向西方。
Huǒchē kāixiàng xīfāng.

② 西方的天上有一只小鸟。
Xīfāng de tiānshang yǒu yì zhī xiǎo niǎo.

2 西瓜 xīguā

(n.) watermelon

① 我想吃西瓜了，我们去买一个吧。
Wǒ xiǎng chī xīguā le, wǒmen qù mǎi yí ge ba.

② 这几个西瓜真甜啊。
Zhè jǐ ge xīguā zhēn tián a.

③ 西瓜在桌子上，你自己去拿吧。
Xīguā zài zhuōzi shang, nǐ zìjǐ qù ná ba.

2 希望 xīwàng

（v.）hope; wish; expect

① 我希望你能参加这次游泳比赛。
Wǒ xīwàng nǐ néng cānjiā zhè cì yóuyǒng bǐsài.

② 我打算明天去北京，希望你能去接我。
Wǒ dǎsuàn míngtiān qù Běijīng, xīwàng nǐ néng qù jiē wǒ.

（n.）**1** hope; wish; expectation

① 这次比赛你是有希望参加的。
Zhè cì bǐsài nǐ shì yǒu xīwàng cānjiā de.

② 这件事情已经没有希望了。
Zhè jiàn shìqing yǐjīng méiyǒu xīwàng le.

2 somebody or something on which hope in placed

① 你是我们公司的希望。
Nǐ shì wǒmen gōngsī de xīwàng.

② 孩子是我们的希望。
Háizi shì wǒmen de xīwàng.

习惯 xíguàn

（v.）be accustomed to; be used to; be inured to

① 我已经习惯了中国的天气。
Wǒ yǐjīng xíguànle Zhōngguó de tiānqì.

② 我习惯骑自行车上班。
Wǒ xíguàn qí zìxíngchē shàng bān.

③ 你来中国时间不长，吃得习惯吗？
Nǐ lái Zhōngguó shíjiān bù cháng, chī de xíguàn ma?

（n.）habit; custom; usual practice

① 吃完东西刷牙是一个好习惯。
Chīwán dōngxi shuā yá shì yí ge hǎo xíguàn.

② 复习是我的学习习惯。
Fùxí shì wǒ de xuéxí xíguàn.

③ 经常参加体育锻炼的习惯很好。
Jīngcháng cānjiā tǐyù duànliàn de xíguàn hěn hǎo.

2 洗 xǐ

(v.) **1** wash; bathe

① 你的衬衫洗了吗?
Nǐ de chènshān xǐ le ma?

② 我洗完衣服就和你一起去打篮球。
Wǒ xǐwán yīfu jiù hé nǐ yìqǐ qù dǎ lánqiú.

③ 这几件衣服是洗过的,那几件是没有洗过的。
Zhè jǐ jiàn yīfu shì xǐguo de, nà jǐ jiàn shì méiyǒu xǐguo de.

2 develop film; process

① 我们那次去爬山的照片洗好了,你来我家拿吧。
Wǒmen nà cì qù pá shān de zhàopiàn xǐhǎo le, nǐ lái wǒ jiā ná ba.

② 我很少去洗照片,我习惯在电脑上看。
Wǒ hěn shǎo qù xǐ zhàopiàn, wǒ xíguàn zài diànnǎo shang kàn.

洗手间 xǐshǒujiān

(n.) toilet; washroom

① 等一会儿,我要去洗手间。
Děng yíhuìr, wǒ yào qù xǐshǒujiān.

② 您能告诉我洗手间怎么走吗?
Nín néng gàosu wǒ xǐshǒujiān zěnme zǒu ma?

③ 这家商店的洗手间总是很干净。
Zhè jiā shāngdiàn de xǐshǒujiān zǒngshì hěn gānjìng.

 Do You Know

洗手 xǐ shǒu

wash one's hands

① 吃饭以前要洗手。
Chī fàn yǐqián yào xǐ shǒu.

② 大家都去洗一洗手,我们准备吃蛋糕了。
Dàjiā dōu qù xǐ yi xǐ shǒu, wǒmen zhǔnbèi chī dàngāo le.

洗澡 xǐ zǎo

have a bath; take a bath; bathe

① 我喜欢洗澡的时候听音乐。
Wǒ xǐhuan xǐ zǎo de shíhou tīng yīnyuè.

② 今天你洗过澡了吗?
Jīntiān nǐ xǐguo zǎo le ma?

洗　洗手间　洗手　洗澡　喜欢　下

③ 打完篮球我真想洗个澡。
　 Dǎwán lánqiú wǒ zhēn xiǎng xǐge zǎo.

¹ 喜欢 xǐhuan

(v.) like；love；be fond of；be keen on

① 我喜欢你。
　 Wǒ xǐhuan nǐ.

② 这本书我最喜欢。
　 Zhè běn shū wǒ zuì xǐhuan.

③ Helen 特别喜欢唱歌。
　 Helen tèbié xǐhuan chàng gē.

¹ 下 xià

(n.) **1** below；down；under；underneath

① 树下站着两个人。
　 Shù xià zhànzhe liǎng ge rén.

② 大家向前面走，别向下看。
　 Dàjiā xiàng qiánmiàn zǒu, bié xiàng xià kàn.

2 low in grade

上到校长，下到老师，都知道这件事情了。
Shàng dào xiàozhǎng, xià dào lǎoshī, dōu zhīdào zhè jiàn shìqing le.

3 next；latter；second

① 我打算下星期去北京。
　 Wǒ dǎsuàn xià xīngqī qù Běijīng.

② 下一位是谁？
　 Xià yí wèi shì shéi？

4 under（certain circumstances）；within（a certain scope）

① 在大家的帮助下，我开了一家小公司。
　 Zài dàjiā de bāngzhù xià, wǒ kāile yì jiā xiǎo gōngsī.

② 在老师的关心下，我的学习成绩提高得很快。
　 Zài lǎoshī de guānxīn xià, wǒ de xuéxí chéngjì tígāo de hěn kuài.

(v.) **1** descend；get off；alight

① 再过半个小时，我就可以下飞机了。
　 Zài guò bàn ge xiǎoshí, wǒ jiù kěyǐ xià fēijī le.

② 我坐电梯下到第二层的时候，电梯坏了。
　 Wǒ zuò diàntī xiàdào dì èr céng de shíhou, diàntī huài le.

2 put in; cast

① 我去 Tina 家的时候，她正在下面条儿。
Wǒ qù Tina jiā de shíhou, tā zhèngzài xià miàntiáor.

② 你在我碗里下了什么药？
Nǐ zài wǒ wǎn lǐ xiàle shénme yào?

3 exit; leave

一会儿比赛的时候，三号上，六号下。
Yíhuìr bǐsài de shíhou, sān hào shàng, liù hào xià.

4 go to

周末我打算请大家下饭店。
Zhōumò wǒ dǎsuàn qǐng dàjiā xià fàndiàn.

5 less than; lower than

① 这次参加汉语水平考试的不下两万人。
Zhè cì cānjiā Hànyǔ Shuǐpíng Kǎoshì de bú xià liǎng wàn rén.

② 我买了一个西瓜，不下十公斤。
Wǒ mǎile yí ge xīguā, bú xià shí gōngjīn.

6 [used after a verb] expressing downward motion

① 我想把行李箱搬下楼。
Wǒ xiǎng bǎ xínglixiāng bānxià lóu.

② 妈妈走下楼的时候遇到了 Charles。
Māma zǒuxià lóu de shíhou yùdàole Charles.

7 [used after a verb] expressing the capacity for holding or containing

① 今天来的人很多，办公室坐得下吗？
Jīntiān lái de rén hěn duō, bàngōngshì zuò de xià ma?

② 我吃得太多了，已经吃不下了。
Wǒ chī de tài duō le, yǐjīng chī bu xià le.

8 [used after a verb] expressing completion or result of an action

① 这辆自行车我买下了。
Zhè liàng zìxíngchē wǒ mǎixià le.

② 我们终于拿下了比赛。
Wǒmen zhōngyú náxiàle bǐsài.

（m.w.）expressing the repetition of an action

① 他搬了几下桌子。
Tā bānle jǐ xià zhuōzi.

② Peter 看了两下手表。
Peter kànle liǎng xià shǒubiǎo.

 Do You Know

下来
xià lái

1 come down

① 桌子太高了,快下来!
Zhuōzi tài gāo le, kuài xiàlai!

② Jerry 站在树上下不来了。
Jerry zhàn zài shù shang xià bu lái le.

2 [used after a verb] expressing a movement toward a lower or nearer position

① 我从三楼走下来的时候,遇到了 Jane。
Wǒ cóng sān lóu zǒu xialai de shíhou, yùdàole Jane.

② 我看见 Betty 从六楼搬了一个冰箱下来。
Wǒ kànjiàn Betty cóng liù lóu bānle yí ge bīngxiāng xialai.

3 [used after a verb] expressing the end or result of an action

① 这本书太难了,我读不下来。
Zhè běn shū tài nán le, wǒ dú bu xiàlái.

② 你身上这件衣服太脏了,快换下来,我给你洗洗。
Nǐ shēnshang zhè jiàn yīfu tài zāng le, kuài huàn xialai, wǒ gěi nǐ xǐxi.

③ 老师让我们把这些词写下来。
Lǎoshī ràng wǒmen bǎ zhèxiē cí xiě xialai.

4 [used after an adjective] expressing decrease of intensity

① 天黑了下来,我很害怕。
Tiān hēile xialai, wǒ hěn hàipà.

② 校长走进来,教室里突然安静下来。
Xiàozhǎng zǒu jinlai, jiàoshì lǐ tūrán ānjìng xialai.

下去
xià qù

1 go down; descend

① 山太高了,我爬不动了,我先下去了。
Shān tài gāo le, wǒ pá bu dòng le, wǒ xiān xiàqu le.

② 你下去看看，谁在楼下站着？
Nǐ xiàqu kànkan, shéi zài lóu xià zhàn zhe?

③ 树太高，我下不去了。
Shù tài gāo, wǒ xià bu qù le.

2 [used after a verb] expressing a movement towards a lower or farther position; down

① 他从十八楼走下去了。
Tā cóng shíbā lóu zǒu xiaqu le.

② 你把这些药喝下去，感冒就好了。
Nǐ bǎ zhèxiē yào hē xiaqu, gǎnmào jiù hǎo le.

③ 我饱了，已经吃不下去了。
Wǒ bǎo le, yǐjīng chī bu xiàqù le.

3 [used after a verb] expressing continuation from present to future

① 你接着唱下去，我喜欢听你唱歌。
Nǐ jiēzhe chàng xiaqu, wǒ xǐhuan tīng nǐ chàng gē.

② 让他说下去，他还没说完呢。
Ràng tā shuō xiaqu, tā hái méi shuōwán ne.

4 [used after an adjective] expressing increase in degree

① 天气还会冷下去的，你穿得太少，容易感冒。
Tiānqì hái huì lěng xiaqu de, nǐ chuān de tài shǎo, róngyì gǎnmào.

② 你再这样瘦下去会生病的。
Nǐ zài zhèyàng shòu xiaqu huì shēng bìng de.

下面 xiàmiàn / 下边 xiàbian

(n.) **1** below; under; underneath

① 眼睛下面（/下边）是鼻子。
Yǎnjing xiàmiàn (/xiàbian) shì bízi.

② 桌子下面（/下边）放着一把小椅子。
Zhuōzi xiàmiàn (/xiàbian) fàngzhe yì bǎ xiǎo yǐzi.

2 next in order; following

① 下面（/下边）我们学习新课文。
Xiàmiàn (/Xiàbian) wǒmen xuéxí xīn kèwén.

② 下面（/下边）请 Helen 讲话。
Xiàmiàn (/Xiàbian) qǐng Helen jiǎng huà.

下面　下边　下午　下雨　雨　夏

¹ 下午 xiàwǔ

（n.）afternoon

① 今天下午你有时间吗？
Jīntiān xiàwǔ nǐ yǒu shíjiān ma？

② 星期三下午学校有跳舞比赛，你去不去？
Xīngqīsān xiàwǔ xuéxiào yǒu tiào wǔ bǐsài，nǐ qù bu qù？

③ 下午四点我去你公司接你。
Xiàwǔ sì diǎn wǒ qù nǐ gōngsī jiē nǐ.

¹ 下雨 xià yǔ

rain

① 你上班的时候别忘记带伞，今天要下雨。
Nǐ shàng bān de shíhou bié wàngjì dài sǎn，jīntiān yào xià yǔ.

② 昨天晚上已经下过雨了，今天不会再下了。
Zuótiān wǎnshang yǐjīng xiàguo yǔ le，jīntiān bú huì zài xià le.

③ 去年一共只下了三次雨。
Qùnián yígòng zhǐ xiàle sān cì yǔ.

雨 yǔ

（n.）rain

① 雨越下越大，今天晚上我可能要很晚到家。
Yǔ yuè xià yuè dà，jīntiān wǎnshang wǒ kěnéng yào hěn wǎn dào jiā.

② 明天有雨，不要忘记带伞。
Míngtiān yǒu yǔ，búyào wàngjì dài sǎn.

夏 xià

（n.）summer

① 春夏秋冬是一年的四个季节。
Chūn xià qiū dōng shì yì nián de sì ge jìjié.

② 春去夏来，花开了，草绿了。
Chūn qù xià lái，huā kāi le，cǎo lǜ le.

③ 夏秋季节是我最喜欢的两个季节。
Xià qiū jìjié shì wǒ zuì xǐhuan de liǎng ge jìjié.

 新汉语水平考试（HSK）词汇学习手册　　三级

夏天
xiàtiān

 Do You Know

(n.) summer

① 去年夏天我去北京的时候认识了 Betty。
Qùnián xiàtiān wǒ qù Běijīng de shíhou rènshile Betty.

② 夏天到了，女孩儿们都穿上了漂亮的裙子。
Xiàtiān dào le, nǚháirmen dōu chuānshangle piàoliang de qúnzi.

夏季
xiàjì

(n.) summer

① 这是夏季才穿的衣服，你现在穿会不会冷啊？
Zhè shì xiàjì cái chuān de yīfu, nǐ xiànzài chuān huì bu huì lěng a?

② 夏季还没到，天气就开始热了。
Xiàjì hái méi dào, tiānqì jiù kāishǐ rè le.

先 xiān

(adv.) **1** earlier; before; first; in advance

① 他比我先到教室。
Tā bǐ wǒ xiān dào jiàoshì.

② 我们先去看电影，再去唱歌。
Wǒmen xiān qù kàn diànyǐng, zài qù chàng gē.

③ 你先走，然后我再走。
Nǐ xiān zǒu, ránhòu wǒ zài zǒu.

2 temporarily; for the time being; for the moment

① 您先坐着休息休息。
Nín xiān zuòzhe xiūxi xiūxi.

② 你先别着急，我去找几个人来帮忙。
Nǐ xiān bié zháo jí, wǒ qù zhǎo jǐ ge rén lái bāng máng.

③ 你先别走，George 去洗手间了。
Nǐ xiān bié zǒu, George qù xǐshǒujiān le.

1 先生
xiānsheng

(n.) **1** Mister（Mr.）; gentleman; sir

① 经理，刚才有位先生给您打电话。
Jīnglǐ, gāngcái yǒu wèi xiānsheng gěi nín dǎ diànhuà.

② 先生，请别说话。
Xiānsheng, qǐng bié shuō huà.

夏天　夏季　先　先生　现在　相信　信

③ 这位是 Philip 先生，他是医生。
Zhè wèi shì Philip xiānsheng, tā shì yīshēng.

2 husband

① 这位是我先生，他叫 William。
Zhè wèi shì wǒ xiānsheng, tā jiào William.

② A：您先生做什么工作？
Nín xiānsheng zuò shénme gōngzuò?

B：我先生是老师。
Wǒ xiānsheng shì lǎoshī.

¹ 现在 xiànzài

(n.) now; at present; today

① 比赛现在开始。
Bǐsài xiànzài kāishǐ.

② 现在几点了？
Xiànzài jǐ diǎn le?

③ 我现在就送你去医院。
Wǒ xiànzài jiù sòng nǐ qù yīyuàn.

相信 xiāngxìn

(v.) believe in; be convinced of; have faith in

① 请相信我吧，我是爱你的。
Qǐng xiāngxìn wǒ ba, wǒ shì ài nǐ de.

② 我相信你说的话。
Wǒ xiāngxìn nǐ shuō de huà.

③ 我相信这本书一定会卖得很好。
Wǒ xiāngxìn zhè běn shū yídìng huì mài de hěn hǎo.

 Do You Know

信 xìn

(n.) letter; mail

① 你到中国以后，别忘记给我写信。
Nǐ dào Zhōngguó yǐhòu, bié wàngjì gěi wǒ xiě xìn.

② Charles，有你的信。
Charles, yǒu nǐ de xìn.

(v.) believe

① 他说的话能信吗？
Tā shuō de huà néng xìn ma?

② 我信不过 Jack。
Wǒ xìn bu guò Jack.

③ Jones 最信得过的人是我。
Jones zuì xìn de guò de rén shì wǒ.

香蕉 xiāngjiāo

（n.）banana

① 大家快来吃香蕉！
Dàjiā kuài lái chī xiāngjiāo!

② 这家超市的香蕉卖得特别贵。
Zhè jiā chāoshì de xiāngjiāo mài de tèbié guì.

③ 今天我吃了很多香蕉。
Jīntiān wǒ chīle hěn duō xiāngjiāo.

1 想 xiǎng

（v.）**1** think

① 如果你想好了，那就去做吧。
Rúguǒ nǐ xiǎnghǎo le, nà jiù qù zuò ba.

② 遇到事情别着急，要想办法解决。
Yùdào shìqing bié zháo jí, yào xiǎng bànfǎ jiějué.

③ A：你想清楚了吗？
　　Nǐ xiǎng qīngchu le ma?

　B：你再让我想想。
　　Nǐ zài ràng wǒ xiǎngxiang.

2 suppose; reckon; think; consider

① 我想他今天不会来上班了。
Wǒ xiǎng tā jīntiān bú huì lái shàng bān le.

② 我想他会去参加游泳比赛的。
Wǒ xiǎng tā huì qù cānjiā yóu yǒng bǐsài de.

③ 我想 Jim 不会和 Betty 结婚的。
Wǒ xiǎng Jim bú huì hé Betty jié hūn de.

3 want to; would like to; feel like

① 你想去打篮球吗？
Nǐ xiǎng qù dǎ lánqiú ma?

② Richard 感冒了，他不想和我们去爬山了。
Richard gǎnmào le, tā bù xiǎng hé wǒmen qù pá shān le.

4 miss; remember with longing

① 我来中国一年了，现在很想家。
Wǒ lái Zhōngguó yì nián le, xiànzài hěn xiǎng jiā.

② 我想你，你想我吗？
Wǒ xiǎng nǐ, nǐ xiǎng wǒ ma?

③ 这几年你去哪儿了？真把我想坏了。
Zhè jǐ nián nǐ qù nǎr le? Zhēn bǎ wǒ xiǎnghuài le.

 Do You Know

想到
xiǎng dào

think of; call to mind; expect

① 我没有想到你会这么晚回家。
Wǒ méiyǒu xiǎngdào nǐ huì zhème wǎn huí jiā.

② 遇到事情的时候，Henry 总是先想到自己。
Yùdào shìqing de shíhou, Henry zǒngshì xiān xiǎngdào zìjǐ.

想法[1]
xiǎngfǎ

(n.) idea; opinion; what one has in mind

① 我的想法和你一样。
Wǒ de xiǎngfǎ hé nǐ yíyàng.

② 我们的想法对不对，要等经理们开完会以后才能知道。
Wǒmen de xiǎngfǎ duì bu duì, yào děng jīnglǐmen kāiwán huì yǐhòu cái néng zhīdào.

想法[2]
xiǎng fǎ

try; think of a way

① 你要想法解决公司现在的问题。
Nǐ yào xiǎng fǎ jiějué gōngsī xiànzài de wèntí.

② 这件事情太难办了，我也想不出法来。
Zhè jiàn shìqing tài nán bàn le, wǒ yě xiǎng bu chū fǎ lai.

向 xiàng

(prep.) **1** expressing the direction of an action

① Elizabeth 正在向我们走来。
Elizabeth zhèngzài xiàng wǒmen zǒulai.

② 向南一百米就有一家银行。
Xiàng nán yìbǎi mǐ jiù yǒu yì jiā yínháng.

③ 大家快向上看，空调上站着一只鸟。
Dàjiā kuài xiàng shàng kàn, kōngtiáo shang zhànzhe yì zhī niǎo.

2 expressing the target of an action

① Elvis 又向我借钱，我没有借给他。
Elvis yòu xiàng wǒ jiè qián, wǒ méiyǒu jiè gěi tā.

② Betty 向服务员要了一双筷子。
Betty xiàng fúwùyuán yàole yì shuāng kuàizi.

③ 我们应该向你学习。
Wǒmen yīnggāi xiàng nǐ xuéxí.

像 xiàng

(v.) **1** be like; resemble; take after

① Richard 长得很像他爸爸。
Richard zhǎng de hěn xiàng tā bàba.

② 你和 Heidi 说话的声音太像了。
Nǐ hé Heidi shuō huà de shēngyīn tài xiàng le.

③ 穿上这件衣服，你特别像老师。
Chuānshang zhè jiàn yīfu, nǐ tèbié xiàng lǎoshī.

2 as; such as; like

① 这件事情就像 ABC 一样容易。
Zhè jiàn shìqing jiù xiàng ABC yíyàng róngyì.

② 像 Richard 这种人，谁都喜欢和他做朋友。
Xiàng Richard zhè zhǒng rén, shéi dōu xǐhuan hé tā zuò péngyou.

3 for example

① 我喜欢体育运动，像打篮球、踢足球、游泳，我都会。
Wǒ xǐhuan tǐyù yùndòng, xiàng dǎ lánqiú, tī zúqiú, yóu yǒng, wǒ dōu huì.

② 像唱歌、跳舞这种事情，我都不会。
Xiàng chàng gē, tiào wǔ zhè zhǒng shìqing, wǒ dōu bú huì.

(adv.) seem; look as if; appear

① 我们快走吧，像要下雨了。
Wǒmen kuài zǒu ba, xiàng yào xià yǔ le.

② 今天 Kitty 不高兴，像是遇到了什么事情。
Jīntiān Kitty bù gāoxìng, xiàng shì yùdàole shénme shìqing.

1 小 xiǎo

(adj.) **1** small; little; petty; minor

① 您说话的声音太小了，我听不清楚。
Nín shuō huà de shēngyīn tài xiǎo le, wǒ tīng bu qīngchu.

② 这件衬衫比那件衬衫小得多。
Zhè jiàn chènshān bǐ nà jiàn chènshān xiǎo de duō.

2 young

① Andy 比我小两岁。
Andy bǐ wǒ xiǎo liǎng suì.

② 你还小，现在不能去工作。
Nǐ hái xiǎo, xiànzài bù néng qù gōngzuò.

3 last in seniority among brothers and sisters

① 我有两个弟弟，Louis 是小弟弟。
Wǒ yǒu liǎng ge dìdi, Louis shì xiǎo dìdi.

② Helen 是我的小女儿。
Helen shì wǒ de xiǎo nǚ'ér.

4 [used before names of animals] expressing the young or cute

① 这只小狗真可爱。
Zhè zhī xiǎo gǒu zhēn kě'ài.

② 那只小猫饿了，我们给它点儿东西吃吧。
Nà zhī xiǎo māo è le, wǒmen gěi tā diǎnr dōngxi chī ba.

5 [used before a family name or given name]

① 小张，经理让你马上去他办公室。
Xiǎo Zhāng, jīnglǐ ràng nǐ mǎshàng qù tā bàngōngshì.

② 小明是我的好朋友。
Xiǎo míng shì wǒ de hǎo péngyou.

1 小姐 xiǎojiě

(n.) Miss

① Liza 小姐，经理找你。
Liza xiǎojiě, jīnglǐ zhǎo nǐ.

② Heidi 小姐现在不在办公室，您等一会儿。
Heidi xiǎojiě xiànzài bú zài bàngōngshì, nín děng yíhuìr.

③ 小姐，您需要什么？
Xiǎojiě, nín xūyào shénme?

④ 请给这位小姐拿一双筷子。
Qǐng gěi zhè wèi xiǎojiě ná yì shuāng kuàizi.

2 小时 xiǎoshí

(n.) hour

① 再过半小时我就去找你。
Zài guò bàn xiǎoshí wǒ jiù qù zhǎo nǐ.

② 今天的作业太多了，我写了四个小时。
Jīntiān de zuòyè tài duō le, wǒ xiěle sì ge xiǎoshí.

③ 医生告诉爷爷，这种药每六个小时吃一次。
Yīshēng gàosu yéye, zhè zhǒng yào měi liù ge xiǎoshí chī yí cì.

小心 xiǎoxīn

(v.) take care; be careful; be cautious

① 今天很冷，你多穿点儿衣服，小心感冒。
Jīntiān hěn lěng, nǐ duō chuāndiǎnr yīfu, xiǎoxīn gǎnmào.

② 对不起，是我不小心。
Duìbuqǐ, shì wǒ bù xiǎoxīn.

③ 小心点儿，这段路不好走。
Xiǎoxīn diǎnr, zhè duàn lù bù hǎo zǒu.

(adj.) mindful; heedful

① George 在公司里说话很小心。
George zài gōngsī lǐ shuō huà hěn xiǎoxīn.

② 那件事情，Betty 做得太小心了。
Nà jiàn shìqing, Betty zuò de tài xiǎoxīn le.

校长 xiàozhǎng

(n.) president; chancellor; headmaster

① 这位是我们学校的校长。
Zhè wèi shì wǒmen xuéxiào de xiàozhǎng.

② 我们学校有三位校长。
Wǒmen xuéxiào yǒu sān wèi xiàozhǎng.

③ 校长今天不在，您明天再来找他吧。
Xiàozhǎng jīntiān bú zài, nín míngtiān zài lái zhǎo tā ba.

² 笑 xiào

(v.) **1** smile; laugh

① Fannie 笑得特别甜。
Fannie xiào de tèbié tián.

② Tina 是一个爱笑的人，大家都很喜欢她。
Tīna shì yí ge ài xiào de rén, dàjiā dōu hěn xǐhuan tā.

③ John 对我笑了笑就走了。
John duì wǒ xiàole xiào jiù zǒu le.

2 ridicule; laugh at

① 请大家别笑他，他还是个孩子。
Qǐng dàjiā bié xiào tā, tā hái shì ge háizi.

② 大家都笑 Peter 今天穿了一件难看的衬衫。
Dàjiā dōu xiào Peter jīntiān chuānle yí jiàn nánkàn de chènshān.

③ 因为 Elizabeth 唱歌太难听，所以她被大家笑了很长时间。
Yīnwèi Elizabeth chàng gē tài nántīng, suǒyǐ tā bèi dàjiā xiàole hěn cháng shíjiān.

¹ 些 xiē

(m.w.) **1** some; a few

① 今天来了好些人。
Jīntiān láile hǎoxiē rén.

② 我买了些东西给 Helen。
Wǒ mǎile xiē dōngxi gěi Helen.

③ 我和 Jessie 结婚的时候，希望能多请些朋友。
Wǒ hé Jessie jié hūn de shíhou, xīwàng néng duō qǐngxiē péngyou.

2 [used after adjectives or verbs] a little more; a little

① 请大家安静些！
Qǐng dàjiā ānjìng xiē!

② 昨天我生病了，今天已经好些了。
Zuótiān wǒ shēng bìng le, jīntiān yǐjīng hǎo xiē le.

③ 大家走快些，我们要迟到了。
Dàjiā zǒu kuài xiē, wǒmen yào chídào le.

 Do You Know

一些 yìxiē

(numeral-classifer) a number of; certain; a little; a few

① 我买了一些水果，花了六十多元。
Wǒ mǎile yìxiē shuǐguǒ, huāle liùshí duō yuán.

② 我的汉语比 Betty 好一些。
Wǒ de Hànyǔ bǐ Betty hǎo yìxiē.

有些 yǒuxiē

(pron.) some

① 会议开始不久，有些人就走了。
Huìyì kāishǐ bù jiǔ, yǒuxiē rén jiù zǒu le.

② 我的书有些是买的，有些是从图书馆借来的。
Wǒ de shū yǒuxiē shì mǎi de, yǒuxiē shì cóng túshūguǎn jièlai de.

(adv.) somewhat; rather

① 今天走得时间太长了，我有些走不动了。
Jīntiān zǒu de shíjiān tài cháng le, wǒ yǒuxiē zǒu bu dòng le.

② 这是我第一次参加比赛，我有些害怕。
Zhè shì wǒ dì yī cì cānjiā bǐsài, wǒ yǒuxiē hàipà.

1 写 xiě

(v.) write

① 你不会写自己的名字吗？
Nǐ bú huì xiě zìjǐ de míngzi ma?

② 这几个字写得真漂亮，你知道是谁写的吗？
Zhè jǐ ge zì xiě de zhēn piàoliang, nǐ zhīdào shì shéi xiě de ma?

③ 老师在黑板上写了几个我们都不认识的字。
Lǎoshī zài hēibǎn shang xiěle jǐ ge wǒmen dōu bú rènshi de zì.

④ 最近我打算写一本书。
Zuìjìn wǒ dǎsuàn xiě yì běn shū.

1 谢谢 xièxie

(v.) thanks; thank you

① A：谢谢！
Xièxie!
B：不客气。
Bú kèqi.

② 谢谢你把自行车借给我。
Xièxie nǐ bǎ zìxíngchē jiègěi wǒ.

2 新 xīn

(adj.) **1** appearing for the first time; fresh; up-to-date

① 这是新茶，很好喝。
Zhè shì xīn chá, hěn hǎohē.

② 这是一种解决问题的新办法。
Zhè shì yì zhǒng jiějué wèntí de xīn bànfǎ.

2 unused; brand new

① 这本词典太新了，你还没有用过吧？
Zhè běn cídiǎn tài xīn le, nǐ hái méiyǒu yòngguo ba?

② 妈妈给我买了一件新衣服。
Māma gěi wǒ mǎile yí jiàn xīn yīfu.

(adv.) newly; freshly; recently

① 我是新来的，我叫 Jim。
Wǒ shì xīn lái de, wǒ jiào Jim.

② 昨天我新买了一条裤子。
Zuótiān wǒ xīn mǎile yì tiáo kùzi.

新闻 xīnwén

(n.) **1** news

① 爷爷最喜欢看新闻节目。
Yéye zuì xǐhuan kàn xīnwén jiémù.

② 这条新闻影响很大。
Zhè tiáo xīnwén yǐngxiǎng hěn dà.

③ 这件事情一定会是今天最重要的一条新闻。
Zhè jiàn shìqing yídìng huì shì jīntiān zuì zhòngyào de yì tiáo xīnwén.

2 recent social events

① 最近公司里有什么新闻吗？
Zuìjìn gōngsī lǐ yǒu shénme xīnwén ma?

② 我喜欢听儿子讲他学校里的新闻。
Wǒ xǐhuan tīng érzi jiǎng tā xuéxiào lǐ de xīnwén.

新鲜 xīnxiān

(adj.) **1** fresh

① 吃不新鲜的菜会生病的。
Chī bù xīnxiān de cài huì shēng bìng de.

② 鸡蛋很新鲜，我们买点儿吧。
Jīdàn hěn xīnxiān, wǒmen mǎidiǎnr ba.

③ 这家超市卖的水果都是新鲜的。
Zhè jiā chāoshì mài de shuǐguǒ dōu shì xīnxiān de.

2 new; novel; strange

① 你的回答很新鲜。
Nǐ de huídá hěn xīnxiān.

② 我没有遇到过这种事情，真新鲜。
Wǒ méiyǒu yùdào guo zhè zhǒng shìqing, zhēn xīnxiān.

信用卡 xìnyòngkǎ

(n.) credit card

① George 有很多张信用卡。
George yǒu hěn duō zhāng xìnyòngkǎ.

② Helen 没有带信用卡，我的信用卡里的钱也不多了。
Helen méiyǒu dài xìnyòngkǎ, wǒ de xìnyòngkǎ lǐ de qián yě bù duō le.

¹星期 xīngqī

(n.) **1** week

① 一个星期有七天。
Yí ge xīngqī yǒu qī tiān.

② 上个星期我去中国旅游了。
Shàng ge xīngqī wǒ qù Zhōngguó lǚyóu le.

③ 最近几个星期我都要去照顾生病的爷爷。
Zuìjìn jǐ ge xīngqī wǒ dōu yào qù zhàogu shēng bìng de yéye.

2 [used before 一、二、三、四、五、六、日、几] expressing the day of the week

① A：今天星期几？
Jīntiān xīngqī jǐ?

B：今天星期五。
Jīntiān xīngqīwǔ.

② 星期一到星期三我没有时间和你见面。
Xīngqīyī dào xīngqīsān wǒ méiyǒu shíjiān hé nǐ jiàn miàn.

 Do You Know

星期日 xīngqīrì
星期天 xīngqītiān

(n.) Sunday

① 下个星期日（/星期天）我打算去爬山。
Xià ge xīngqīrì (/xīngqītiān) wǒ dǎsuàn qù pá shān.

② 这个星期日（/星期天）下午，我要去参加学校篮球比赛。
Zhè ge xīngqīrì (/xīngqītiān) xiàwǔ, wǒ yào qù cānjiā xuéxiào lánqiú bǐsài.

期 qī

(m.w.) issue; number; term

① 这是最新一期的《学汉语》，送给你了。
Zhè shì zuì xīn yì qī de《Xué Hànyǔ》, sònggěi nǐ le.

② 这一期的学习结束了，下一期从下个月开始。
Zhè yì qī de xuéxí jiéshù le, xià yì qī cóng xià ge yuè kāishǐ.

行李箱 xínglixiāng

(n.) luggage box

① 你的行李箱太大了。
Nǐ de xínglixiāng tài dà le.

② 这次旅游我只带了一个行李箱。
Zhè cì lǚyóu wǒ zhǐ dàile yí ge xínglixiāng.

行李 xíngli

(n.) baggage; luggage

③ 护照在我的包里，不在行李箱里。
Hùzhào zài wǒ de bāo lǐ, bú zài xínglixiāng lǐ.

Do You Know

① 我只有两件行李，我自己拿得动。
Wǒ zhǐ yǒu liǎng jiàn xíngli, wǒ zìjǐ ná de dòng.

② 我去旅游的时候喜欢带很多行李。
Wǒ qù lǚyóu de shíhou xǐhuan dài hěn duō xíngli.

箱 xiāng

(m.w.) box; case

① 一箱苹果多少钱？
Yì xiāng píngguǒ duōshao qián?

② 我从超市买了两箱牛奶。
Wǒ cóng chāoshì mǎile liǎng xiāng niúnǎi.

2 姓 xìng

(n.) surname; family name

① 我和经理一个姓。
Wǒ hé jīnglǐ yí ge xìng.

② 中国人的姓一般是一个字。
Zhōngguórén de xìng yìbān shì yí ge zì.

(v.) one's surname is

① A：你姓什么？
Nǐ xìng shénme?

B：我姓张。
Wǒ xìng Zhāng.

② 他姓张，不姓马。
Tā xìng Zhāng, bú xìng Mǎ.

熊猫 xióngmāo

(n.) panda

① 我想去中国看熊猫。
Wǒ xiǎng qù Zhōngguó kàn xióngmāo.

② 那只熊猫在睡觉呢。
Nà zhī xióngmāo zài shuì jiào ne.

③ 你知道熊猫最喜欢吃什么吗？
Nǐ zhīdào xióngmāo zuì xǐhuan chī shénme ma?

² 休息 xiūxi

(v.) have a rest; take a rest; rest

① 最近工作特别忙,周末不能休息了。
Zuìjìn gōngzuò tèbié máng, zhōumò bù néng xiūxi le.

② 我想休息两个月。
Wǒ xiǎng xiūxi liǎng ge yuè.

③ 大家都累了吧,我们找个地方休息休息。
Dàjiā dōu lèi le ba, wǒmen zhǎo ge dìfang xiūxi xiūxi.

需要 xūyào

(v.) need; want; require; demand

① 这几本书我现在特别需要,谢谢你。
Zhè jǐ běn shū wǒ xiànzài tèbié xūyào, xièxie nǐ.

② 我现在需要你的帮助。
Wǒ xiànzài xūyào nǐ de bāngzhù.

③ 公司里有很多问题需要解决。
Gōngsī lǐ yǒu hěn duō wèntí xūyào jiějué.

(n.) needs

① Roberts把他在学习上的需要告诉了我。
Roberts bǎ tā zài xuéxí shang de xūyào gàosule wǒ.

② 公司让我去学习汉语是工作需要。
Gōngsī ràng wǒ qù xuéxí Hànyǔ shì gōngzuò xūyào.

选择 xuǎnzé

(v.) select; choose; opt

① 我选择坐飞机去旅游。
Wǒ xuǎnzé zuò fēijī qù lǚyóu.

② 我现在很难做出选择。
Wǒ xiànzài hěn nán zuòchū xuǎnzé.

③ 我现在有两种选择,一可以去北京学习汉语,二可以在学校工作。
Wǒ xiànzài yǒu liǎng zhǒng xuǎnzé, yī kěyǐ qù Běijīng xuéxí Hànyǔ, èr kěyǐ zài xuéxiào gōngzuò.

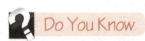

选 xuǎn

(v.) select; choose; elect

① 我想选两件结婚穿的衣服。
Wǒ xiǎng xuǎn liǎng jiàn jié hūn chuān de yīfu.

②我们选一选结婚的时间。
Wǒmen xuǎn yi xuǎn jié hūn de shíjiān.

③我被选上班长了。
Wǒ bèi xuǎnshang bānzhǎng le.

④这次开会，我们要选出一位新校长。
Zhè cì kāi huì, wǒmen yào xuǎnchū yí wèi xīn xiàozhǎng.

¹ 学生 xuésheng

(n.) student; pupil

①我现在是三年级的学生。
Wǒ xiànzài shì sān niánjí de xuésheng.

②学生都去看电影了，教室里没有人。
Xuésheng dōu qù kàn diànyǐng le, jiāoshì lǐ méiyǒu rén.

③这几个学生的历史成绩特别好。
Zhè jǐ ge xuésheng de lìshǐ chéngjì tèbié hǎo.

 Do You Know

小学生 xiǎoxuéshēng

(n.) pupil; schoolchild

①这张画是一个小学生画的。
Zhè zhāng huà shì yí ge xiǎoxuéshēng huà de.

②这家图书馆里没有小学生能看的书。
Zhè jiā túshūguǎn lǐ méiyǒu xiǎoxuéshēng néng kàn de shū.

中学生 zhōngxuéshēng

(n.) middle school student

①我不是中学生，我是大学生。
Wǒ bú shì zhōngxuéshēng, wǒ shì dàxuéshēng.

②Heidi参加了今年的中学生数学比赛。
Heidi cānjiāle jīnnián de zhōngxuéshēng shùxué bǐsài.

大学生 dàxuéshēng

(n.) university student; undergraduate

①现在有很多大学生找不到工作。
Xiànzài yǒu hěn duō dàxuéshēng zhǎo bu dào gōngzuò.

②虽然Peter不是大学生,但是他的文化水平很高。
Suīrán Peter bú shì dàxuéshēng, dànshì tā de wénhuà shuǐpíng hěn gāo.

1 学习 xuéxí

(v.) **1** study; learn

① George 太爱玩儿了，总是不认真学习。
George tài ài wánr le, zǒngshì bú rènzhēn xuéxí.

② 虽然 John 学习很努力，但是这次考试他的成绩很不好。
Suīrán John xuéxí hěn nǔlì, dànshì zhè cì kǎoshì tā de chéngjì hěn bù hǎo.

③ 很多年都没有骑过自行车了，我要再学习学习。
Hěn duō nián dōu méiyǒu qíguo zìxíngchē le, wǒ yào zài xuéxí xuéxí.

2 emulate; imitate

① 老师让我们向 Jenny 学习。
Lǎoshī ràng wǒmen xiàng Jenny xuéxí.

② 你应该学习 Peter 爱洗澡的好习惯。
Nǐ yīnggāi xuéxí Peter ài xǐ zǎo de hǎo xíguàn.

学 xué

(v.) **1** study; learn

① 我正在学游泳。
Wǒ zhèngzài xué yóu yǒng.

② 我以前学过汉语。
Wǒ yǐqián xuéguo Hànyǔ.

2 mimic; imitate

① 我的孩子已经开始学着说话了。
Wǒ de háizi yǐjīng kāishǐ xuézhe shuō huà le.

② Jack 学什么像什么。
Jack xué shénme xiàng shénme.

1 学校 xuéxiào

(n.) school; educational institution

① 我一到学校就给你打电话。
Wǒ yí dào xuéxiào jiù gěi nǐ dǎ diànhuà.

② Fiona 是我们学校的老师，大家都很喜欢她。
Fiona shì wǒmen xuéxiào de lǎoshī, dàjiā dōu hěn xǐhuan tā.

③ 学校旁边有一家小超市，我们经常去买东西。
Xuéxiào pángbiān yǒu yì jiā xiǎo chāoshì, wǒmen jīngcháng qù mǎi dōngxi.

学习　学　学校　小学　中学　大学　上学　放学

 Do You Know

小学
xiǎoxué

(n.) primary school; elementary school

① 我的儿子已经上小学六年级了。
Wǒ de érzi yǐjīng shàng xiǎoxué liù niánjí le.

② Susan 是我的小学老师,她今年已经五十多岁了。
Susan shì wǒ de xiǎoxué lǎoshī, tā jīnnián yǐjīng wǔshí duō suì le.

中学
zhōngxué

(n.) middle school; secondary school

① 我在中学教历史。
Wǒ zài zhōngxué jiāo lìshǐ.

② Susan 看上去很年轻,其实她的孩子都已经上中学了。
Susan kàn shangqu hěn niánqīng, qíshí tā de háizi dōu yǐjīng shàng zhōngxué le.

大学
dàxué

(n.) university; college

① 我在北京大学读二年级。
Wǒ zài Běijīng Dàxué dú èr niánjí.

② 上大学的时候,我遇到了现在的妻子 Jennifer。
Shàng dàxué de shíhou, wǒ yùdàole xiànzài de qīzi Jennifer.

上学
shàng xué

1 go to school

① 我想和 David 一起去上学。
Wǒ xiǎng hé David yìqǐ qù shàng xué.

② Henry 上学了,不在家。
Henry shàng xué le, bú zài jiā.

2 be at school

① 邻居家的孩子今年六岁了,快要上学了。
Línjū jiā de háizi jīnnián liù suì le, kuàiyào shàng xué le.

② 虽然 Mike 没有上过学,但是他很喜欢看书。
Suīrán Mike méiyǒu shàngguo xué, dànshì tā hěn xǐhuan kàn shū.

放学
fàng xué

classes are over; after school

① 放学以后,我打算和 George 去踢足球。
Fàng xué yǐhòu, wǒ dǎsuàn hé George qù tī zúqiú.

② 我们学校下午五点才放学。
Wǒmen xuéxiào xiàwǔ wǔ diǎn cái fàng xué.

学院 xuéyuàn

(n.) college; academy; faculty

① Iris 是音乐学院的老师。
Iris shì yīnyuè xuéyuàn de lǎoshī.

② 我们学校有三个学院。
Wǒmen xuéxiào yǒu sān ge xuéyuàn.

校 xiào

(n.) school

① 刚才我去校医院看病了。
Gāngcái wǒ qù xiàoyīyuàn kàn bìng le.

② 我校一共有六十三位老师。
Wǒ xiào yígòng yǒu liùshísān wèi lǎoshī.

² **雪** xuě

(n.) snow

① 这种有雪的天气，你就别去打篮球了。
Zhè zhǒng yǒu xuě de tiānqì, nǐ jiù bié qù dǎ lánqiú le.

② 小的时候，我最喜欢玩儿雪了。
Xiǎo de shíhou, wǒ zuì xǐhuan wánr xuě le.

 Do You Know

下雪 xià xuě

snow

① 昨天晚上下雪了。
Zuótiān wǎnshang xià xuě le.

② 下过雪以后，天气会变得特别冷。
Xiàguo xuě yǐhòu, tiānqì huì biàn de tèbié lěng.

Y

² 颜色 yánsè

(n.) color

① 你最喜欢什么颜色？
Nǐ zuì xǐhuan shénme yánsè?

② Jenny 的头发是黑颜色的，眼睛是蓝颜色的。
Jenny de tóufa shì hēi yánsè de, yǎnjing shì lán yánsè de.

③ 这条裙子的颜色很漂亮。
Zhè tiáo qúnzi de yánsè hěn piàoliang.

² 眼睛 yǎnjing

(n.) eye

① 那只小猫长了一双绿眼睛。
Nà zhī xiǎo māo zhǎngle yì shuāng lǜ yǎnjing.

② 上网时间长了，我的眼睛会很累。
Shàng wǎng shíjiān cháng le, wǒ de yǎnjing huì hěn lèi.

③ Elizabeth 的眼睛会说话。
Elizabeth de yǎnjing huì shuō huà.

 Do You Know

眼 yǎn

(n.) eye

① 这只小猫一只眼大，一只眼小。
Zhè zhī xiǎo māo yì zhī yǎn dà, yì zhī yǎn xiǎo.

② 他的左眼看不清楚东西。
Tā de zuǒ yǎn kàn bu qīngchu dōngxi.

² 羊肉 yángròu

(n.) mutton

① 这块羊肉放得时间太长了，已经不能吃了。
Zhè kuài yángròu fàng de shíjiān tài cháng le, yǐjīng bù néng chī le.

② 羊肉多少钱一公斤？
Yángròu duōshao qián yì gōngjīn?

③ 爷爷认为多吃羊肉对身体好。
Yéye rènwéi duō chī yángròu duì shēntǐ hǎo.

羊 yáng

 Do You Know

(n.) sheep

① 那只小羊一直在叫。
Nà zhī xiǎo yáng yìzhí zài jiào.

② 我给羊喂了一些草。
Wǒ gěi yáng wèile yìxiē cǎo.

肉 ròu

(n.) meat; flesh

① 我不吃肉,我只吃菜。
Wǒ bù chī ròu, wǒ zhǐ chī cài.

② 这种肉多少钱一斤?
Zhè zhǒng ròu duōshao qián yì jīn?

要求 yāoqiú

(n.) requirements; needs; conditions

① 你对自己的要求太高。
Nǐ duì zìjǐ de yāoqiú tài gāo.

② 经理同意了大家的要求。
Jīnglǐ tóngyìle dàjiā de yāoqiú.

③ 我已经把你的要求告诉校长了。
Wǒ yǐjīng bǎ nǐ de yāoqiú gàosu xiàozhǎng le.

(v.) ask; demand; require; claim

① 我要求自己今天晚上学习两个小时汉语。
Wǒ yāoqiú zìjǐ jīntiān wǎnshang xuéxí liǎng ge xiǎoshí Hànyǔ.

② 以前老师总是要求大家周末到学校学习。
Yǐqián lǎoshī zǒngshì yāoqiú dàjiā zhōumò dào xuéxiào xuéxí.

③ A:最近工作很累,我真想休息一段时间。
Zuìjìn gōngzuò hěn lèi, wǒ zhēn xiǎng xiūxi yí duàn shíjiān.

B:你可以去找经理要求要求。
Nǐ kěyǐ qù zhǎo jīnglǐ yāoqiú yāoqiú.

求 qiú

 Do You Know

(v.) beg; request; entreat

① Philip 很少求人。
Philip hěn shǎo qiú rén.

② 求求你，帮帮我吧。
Qiúqiu nǐ, bāngbang wǒ ba.

²药 yào

(n.) medicine；drug；remedy

① 爷爷的身体不好，医生给他开了很多药。
Yéye de shēntǐ bù hǎo, yīshēng gěi tā kāile hěn duō yào.

② 爷爷吃的那种药特别贵。
Yéye chī de nà zhǒng yào tèbié guì.

③ 医生告诉我这种药一个星期只需要吃一次。
Yīshēng gàosu wǒ zhè zhǒng yào yí ge xīngqī zhǐ xūyào chī yí cì.

²要 yào

(v.) **1** want；desire

① 这辆自行车太旧了，我不要了。
Zhè liàng zìxíngchē tài jiù le, wǒ bú yào le.

② 我们去饭店要两个菜带回家吃吧。
Wǒmen qù fàndiàn yào liǎng ge cài dàihuí jiā chī ba.

2 [used before a verb] must；it is necessary

① 借别人的东西一定要还。
Jiè biérén de dōngxi yídìng yào huán.

② John 生病了，明天我要去看他。
John shēng bìng le, míngtiān wǒ yào qù kàn tā.

③ 老师告诉我们作业要在三号以前做完。
Lǎoshī gàosu wǒmen zuòyè yào zài sān hào yǐqián zuòwán.

3 [used before a verb] will；be going to

① 要下雨了，我们快走吧。
Yào xià yǔ le, wǒmen kuài zǒu ba.

② 比赛要开始了，Terry 怎么还没有来呢？
Bǐsài yào kāishǐ le, Terry zěnme hái méiyǒu lái ne?

③ 公园里的花要开了。
Gōngyuán lǐ de huā yào kāi le.

4 [used before a verb] want to；wish to

① 下个星期我要去中国旅游。
Xià ge xīngqī wǒ yào qù Zhōngguó lǚyóu.

② 周末我要去北京。
Zhōumò wǒ yào qù Běijīng.

③ 我想要问您几个问题。
Wǒ xiǎng yào wèn nín jǐ ge wèntí.

④ 有谁要参加游泳比赛?
Yǒu shéi yào cānjiā yóu yǒng bǐsài?

5 ask somebody to do something

① 妈妈打电话给我,要我马上去她公司。
Māma dǎ diànhuà gěi wǒ, yào wǒ mǎshàng qù tā gōngsī.

② 老师要我们打扫完教室再走。
Lǎoshī yào wǒmen dǎsǎo wán jiàoshì zài zǒu.

③ 不是你要我来的吗?
Bú shì nǐ yào wǒ lái de ma?

6 need; take

① 从我家到学校要三个小时。
Cóng wǒ jiā dào xuéxiào yào sān ge xiǎoshí.

② 这件衣服要多少钱?
Zhè jiàn yīfu yào duōshao qián?

7 [used before a verb] might; maybe

① 你不把事情告诉经理是要出问题的。
Nǐ bù bǎ shìqing gàosu jīnglǐ shì yào chū wèntí de.

② 你穿得衣服太少了,要生病的。
Nǐ chuān de yīfu tài shǎo le, yào shēng bìng de.

8 [used in comparisons] expressing an estimate

① Henry 比他的弟弟要高很多。
Henry bǐ tā de dìdi yào gāo hěn duō.

② 照顾孩子比上班要累多了。
Zhàogu háizi bǐ shàng bān yào lèi duō le.

③ 这家商店卖的东西比学校旁边的那家要贵很多。
Zhè jiā shāngdiàn mài de dōngxī bǐ xuéxiào pángbiān de nà jiā yào guì hěn duō.

(conj.) if; suppose; in case

① 明天要下雨,我们就不去打篮球了。
Míngtiān yào xià yǔ, wǒmen jiù bú qù dǎ lánqiú le.

② 他要给我打电话,请你马上告诉我。
Tā yào gěi wǒ dǎ diànhuà, qǐng nǐ mǎshàng gàosu wǒ.

③ 这有什么害怕的，要我就不害怕。
Zhè yǒu shénme hàipà de, yào wǒ jiù bú hàipà.

 Do You Know

不要 búyào

(adv.) don't

① 明天要下雨，你不要去爬山了。
Míngtiān yào xià yǔ, nǐ búyào qù pá shān le.

② 不要难过，我们大家会帮助你的。
Búyào nánguò, wǒmen dàjiā huì bāngzhù nǐ de.

快要 kuàiyào

(adv.) be about to; be going to; be on the verge of

① 考试时间快要到了，我可能做不完了。
Kǎo shì shíjiān kuàiyào dào le, wǒ kěnéng zuò bu wán le.

② 妈妈的生日快要到了，我打算送她一条裙子。
Māmā de shēngrì kuàiyào dào le, wǒ dǎsuàn sòng tā yì tiáo qúnzi.

爷爷 yéye

(n.) grandfather; grandpa

① Philip 爷爷是我的邻居，我们关系很好。
Philip yéye shì wǒ de línjū, wǒmen guānxi hěn hǎo.

② 爷爷的这辆自行车已经骑了很多年了。
Yéye de zhè liàng zìxíngchē yǐjīng qíle hěn duō nián le.

③ 虽然爷爷已经八十岁了，但是身体非常健康。
Suīrán yéye yǐjīng bāshí suì le, dànshì shēntǐ fēicháng jiànkāng.

2 也 yě

(adv.) **1** also; too; as well; either

① 你不去，我也不去。
Nǐ bú qù, wǒ yě bú qù.

② Helen 想去中国学习汉语，George 也想去。
Helen xiǎng qù Zhōngguó xuéxí Hànyǔ, George yě xiǎng qù.

2 still; yet

① 他给我送再多的花，我也不喜欢他。
Tā gěi wǒ sòng zài duō de huā, wǒ yě bù xǐhuan tā.

② 你不来找我，我也会去找你的。
Nǐ bù lái zhǎo wǒ, wǒ yě huì qù zhǎo nǐ de.

3 [used in a hesitant or guarded statement]

① Henry 的汉语水平也还可以。
Henry de Hànyǔ shuǐpíng yě hái kěyǐ.

② 这也太让他高兴了。
Zhè yě tài ràng tā gāoxìng le.

4 expressing an emphasis

① 我再也不想和 Tony 一起打篮球了。
Wǒ zài yě bù xiǎng hé Tony yìqǐ dǎ lánqiú le.

② 我现在哪儿也不想去。
Wǒ xiànzài nǎr yě bù xiǎng qù.

---

1 一 yī

（num.） **1** one

① 请给我拿一个苹果。
Qǐng gěi wǒ ná yí ge píngguǒ.

② 我想买一本词典。
Wǒ xiǎng mǎi yì běn cídiǎn.

③ 我去过一次北京。
Wǒ qùguo yí cì Běijīng.

2 same

① 我们在一家公司上班。
Wǒmen zài yì jiā gōngsī shàng bān.

② 虽然我和 Terry 住在一个城市，但是我们很少见面。
Suīrán wǒ hé Terry zhù zài yí ge chéngshì, dànshì wǒmen hěn shǎo jiàn miàn.

3 whole; all; throughout

① 这两个孩子走了一路，笑了一路。
Zhè liǎng ge háizi zǒule yí lù, xiàole yí lù.

② 这一冬我都没有去爷爷家。
Zhè yì dōng wǒ dōu méiyǒu qù yéye jiā.

4 certain

① 我希望有一天我能带爸爸妈妈去中国旅游。
Wǒ xīwàng yǒu yì tiān wǒ néng dài bàba māma qù Zhōngguó lǚyóu.

② 有一次，我在超市里遇到了 George。
Yǒu yí cì, wǒ zài chāoshì lǐ yùdàole George.

5 [used in the middle of a reduplicated verb]

① 请大家笑一笑。
Qǐng dàjiā xiào yi xiào.

② 您能把这本书借我用一用吗？
Nín néng bǎ zhè běn shū jiè wǒ yòng yi yòng ma?

6 as soon as；no sooner...than...

① Tina 一喝啤酒就脸红。
Tina yì hē píjiǔ jiù liǎn hóng.

② Susan 一上班就被经理叫走了。
Susan yí shàng bān jiù bèi jīnglǐ jiàozǒu le.

一般 yìbān

（adj.） **1** same as；just like

① 我和哥哥一般高。
Wǒ hé gēge yìbān gāo.

② 这两个房间一般大。
Zhè liǎng ge fángjiān yìbān dà.

③ 这两家公司的人一般多。
Zhè liǎng jiā gōngsī de rén yìbān duō.

2 general；ordinary；common

① 我一般晚上十二点睡觉。
Wǒ yìbān wǎnshang shí'èr diǎn shuì jiào.

② 那本书写得很一般。
Nà běn shū xiě de hěn yìbān.

③ 我和 Charles 的关系一般。
Wǒ hé Charles de guānxi yìbān.

一边 yìbiān

（n.） **1** one side

① 这把椅子有一边坏了。
Zhè bǎ yǐzi yǒu yìbiān huài le.

② 这张桌子一边是蓝的，一边是白的。
Zhè zhāng zhuōzi yìbiān shì lán de, yìbiān shì bái de.

2 by the side；beside；aside

① Mike 让我在一边站着等他，他要跟 Jack 说一会儿话。
Mike ràng wǒ zài yìbiān zhànzhe děng tā, tā yào gēn Jack shuō yíhuìr huà.

② 我们打篮球的时候，Helen 会坐在一边听音乐。
Wǒmen dǎ lánqiú de shíhou, Helen huì zuò zài yìbiān tīng yīnyuè.

（adv.）while；as；at the same time；simultaneously

① Jenny 一边唱歌一边跳舞。
Jenny yìbiān chàng gē yìbiān tiào wǔ.

② 爷爷一边听音乐一边看报纸。
Yéye yìbiān tīng yīnyuè yìbiān kàn bàozhǐ.

③ Iris 一边看电视一边做作业。
Iris yìbiān kàn diànshì yìbiān zuò zuòyè.

1 一点儿 yìdiǎnr

（numeral-classifer）a bit；a little；very small；very little

① 苹果有一点儿坏了，你不要吃了。
Píngguǒ yǒu yìdiǎnr huài le, nǐ búyào chī le.

② 你说的事情我知道一点儿。
Nǐ shuō de shìqing wǒ zhīdào yìdiǎnr.

③ 这几个苹果虽然放了一个星期，但是一点儿都没有坏。
Zhè jǐ ge píngguǒ suīrán fàngle yí ge xīngqī, dànshì yìdiǎnr dōu méiyǒu huài.

④ 你说的事情我一点儿也不知道。
Nǐ shuō de shìqing wǒ yìdiǎnr yě bù zhīdào.

一定 yídìng

（adv.）surely；certainly

① 这次汉语水平考试我一定会参加的。
Zhè cì Hànyǔ Shuǐpíng Kǎoshì wǒ yídìng huì cānjiā de.

② 星期一一定别迟到啊。
Xīngqīyī yídìng bié chídào a.

（adj.）**1** proper；due

① 虽然去中国的时间不长，但是我的汉语水平有了一定的提高。
Suīrán qù Zhōngguó de shíjiān bù cháng, dànshì wǒ de Hànyǔ shuǐpíng yǒule yídìng de tígāo.

② 这次的考试成绩对她找工作有一定的影响。
Zhè cì de kǎoshì chéngjì duì tā zhǎo gōngzuò yǒu yídìng de yǐngxiǎng.

2 specified；regular

我的学习时间是一定的。
Wǒ de xuéxí shíjiān shì yídìng de.

一点儿 一定 一共 一会儿 一起

3 surely; necessarily

John 这次能去北京的公司工作，跟他懂汉语有一定关系。
John zhè cì néng qù Běijīng de gōngsī gōngzuò, gēn tā dǒng Hànyǔ yǒu yídìng guānxi.

一共 yígòng

(adv.) altogether; in all; all told

① 我们班一共有三十个学生。
Wǒmen bān yígòng yǒu sānshí ge xuésheng.

② 今天我一共卖了三百公斤西瓜。
Jīntiān wǒ yígòng màile sānbǎi gōngjīn xīguā.

③ 我买了四张电影票，一共花了二百元。
Wǒ mǎile sì zhāng diànyǐngpiào, yígòng huāle èrbǎi yuán.

一会儿 yíhuìr

(numeral-classifer) a little while; in a while, in a moment

① 请等一会儿，我马上来。
Qǐng děng yíhuìr, wǒ mǎshàng lái.

② 昨天晚上太累了，我看了一会儿电视就睡觉了。
Zuótiān wǎnshang tài lèi le, wǒ kànle yíhuìr diànshì jiù shuì jiào le.

③ 您别着急，我一会儿就来。
Nín bié zháo jí, wǒ yíhuìr jiù lái.

④ 我一会儿就给您打电话。
Wǒ yíhuìr jiù gěi nín dǎ diànhuà.

⑤ 不一会儿妈妈就把菜买来了。
Bú yíhuìr māma jiù bǎ cài mǎilai le.

(adv.) [reduplicated before a pair of antonyms] now...now...; sometimes...sometimes...

① 天气一会儿热一会儿冷。
Tiānqì yíhuìr rè yíhuìr lěng.

② Heidi 一会儿哭，一会儿笑，不知道为什么。
Heidi yíhuìr kū, yíhuìr xiào, bù zhīdào wèi shénme.

² 一起 yìqǐ

(n.) in the same place

① 我现在和妹妹住在一起。
Wǒ xiànzài hé mèimei zhù zài yìqǐ.

② 看比赛的时候，我和 Bill 坐在一起。
Kàn bǐsài de shíhou, wǒ hé Bill zuò zài yìqǐ.

③ 我和 Susan 玩儿不到一起。
Wǒ hé Susan wánr bu dào yìqǐ.

(adv.) altogether; jointly; in all

① 明天我要和 Peter 一起去爬山。
Míngtiān wǒ yào hé Peter yìqǐ qù pá shān.

② 这两个人是一起来的。
Zhè liǎng ge rén shì yìqǐ lái de.

③ 晚上我们一起看电影吧。
Wǎnshang wǒmen yìqǐ kàn diànyǐng ba.

一下
yíxià

(numeral-classifer) [used after a verb] expressing an action or one try

① 我去问一下儿银行在哪儿。
Wǒ qù wèn yíxiàr yínháng zài nǎr.

② 你去看一下儿 Jack 来了没有。
Nǐ qù kàn yíxiàr Jack láile méiyǒu.

③ 等一下儿，我马上就来。
Děng yíxiàr, wǒ mǎshàng jiù lái.

(adv.) in a short while; all at once

① 虽然他不说话，但是我一下儿就明白他的意思了。
Suīrán tā bù shuō huà, dànshì wǒ yíxiàr jiù míngbai tā de yìsi le.

② 今天作业不多，我一下儿就做完了。
Jīntiān zuòyè bù duō, wǒ yíxiàr jiù zuòwán le.

③ 听到爸爸说要带他去中国旅游，他一下儿跳了起来。
Tīngdào bàba shuō yào dài tā qù Zhōngguó lǚyóu, tā yíxiàr tiàole qilai.

一样
yíyàng

(adj.) the same; equally; alike; as...as

① 她和妹妹一样高。
Tā hé mèimei yíyàng gāo.

② 我们两个人的爱好一样，都喜欢踢足球。
Wǒmen liǎng ge rén de àihào yíyàng, dōu xǐhuan tī zúqiú.

③ 你长得像花一样漂亮。
Nǐ zhǎng de xiàng huā yíyàng piàoliang.

 Do You Know

同样
tóngyàng

(adj.) same; equal; similar

① 今天我和 Jennifer 穿了同样的衣服。
Jīntiān wǒ hé Jennifer chuānle tóngyàng de yīfu.

② 这两件事情同样重要，你都要努力完成。
Zhè liǎng jiàn shìqing tóngyàng zhòngyào, nǐ dōu yào nǔlì wánchéng.

一直
yìzhí

(adv.) **1** straight

① 奶奶一直向东走了。
Nǎinai yìzhí xiàng dōng zǒu le.

② 一直走就有一家银行。
Yìzhí zǒu jiù yǒu yì jiā yínháng.

2 continuously; always; all along; all the way

① 爸爸的身体一直很健康。
Bàba de shēntǐ yìzhí hěn jiànkāng.

② 我昨天一直工作到十二点。
Wǒ zuótiān yìzhí gōngzuò dào shí'èr diǎn.

③ 周末一直在下雨，我哪儿也不能去。
Zhōumò yìzhí zài xià yǔ, wǒ nǎr yě bù néng qù.

3 from...to...

① 我十年以前到了中国，一直到现在都没有离开。
Wǒ shí nián yǐqián dàole Zhōngguó, yìzhí dào xiànzài dōu méiyǒu líkāi.

② 生病这段时间，从校长一直到同学都很关心我。
Shēng bìng zhè duàn shíjiān, cóng xiàozhǎng yìzhí dào tóngxué dōu hěn guānxīn wǒ.

¹衣服
yīfu

(n.) clothing; clothes

① 昨天我去商店买了几件新衣服。
Zuótiān wǒ qù shāngdiàn mǎile jǐ jiàn xīn yīfu.

医生 yīshēng

② Kitty 的衣服都很漂亮。
Kitty de yīfu dōu hěn piàoliang.

③ 昨天太累了，衣服都没有换我就去睡觉了。
Zuótiān tài lèi le, yīfu dōu méiyǒu huàn wǒ jiù qù shuì jiào le.

1 医生 yīshēng

（n.） doctor; medical man

① 我爸爸是医生。
Wǒ bàba shì yīshēng.

② 医生给我开了两种药。
Yīshēng gěi wǒ kāile liǎng zhǒng yào.

③ 爷爷生病了，我打算明天带他去看医生。
Yéye shēng bìng le, wǒ dǎsuàn míngtiān dài tā qù kàn yīshēng.

Do You Know

西医 xīyī

（n.） **1** Western medicine

① David 家里有很多西医书。
David jiā lǐ yǒu hěn duō xīyīshū.

② 我想学西医，爸爸希望我学中医。
Wǒ xiǎng xué xīyī, bàba xīwàng wǒ xué zhōngyī.

2 a doctor trained in Western medicine

① 我爸爸是一位西医。
Wǒ bàba shì yí wèi xīyī.

② 我不知道生了什么病，想找一位西医看看。
Wǒ bù zhīdào shēngle shénme bìng, xiǎng zhǎo yí wèi xīyī kànkan.

中医 zhōngyī

（n.） **1** traditional Chinese medical science

① 我学习中医三十年了。
Wǒ xuéxí zhōngyī sānshí nián le.

② 我去图书馆借了一本中医书。
Wǒ qù túshūguǎn jièle yì běn zhōngyī shū.

2 doctor of traditional Chinese medicine

① Richard 的爸爸是一位老中医。
Richard de bàba shì yí wèi lǎo zhōngyī.

医生　西医　中医　医院　住院　出院　已经

② 奶奶生病了，我去找了一位很有名的中医给她看病。
Nǎinai shēng bìng le, wǒ qù zhǎole yí wèi hěn yǒumíng de zhōngyī gěi tā kàn bìng.

1 医院 yīyuàn

（n.）hospital

① 我爸爸在医院工作。
Wǒ bàba zài yīyuàn gōngzuò.

② 这家医院里的人太多了。
Zhè jiā yīyuàn lǐ de rén tài duō le.

③ 奶奶突然生病了，我们要马上送她去医院。
Nǎinai tūrán shēng bìng le, wǒmen yào mǎshàng sòng tā qù yīyuàn.

 Do You Know

住院 zhù yuàn

be in hospital; be hospitalized

① 奶奶生病了，医生让她住院。
Nǎinai shēng bìng le, yīshēng ràng tā zhù yuàn.

② 我住院的时候，老师和同学们都来看我。
Wǒ zhù yuàn de shíhou, lǎoshī hé tóngxuémen dōu lái kàn wǒ.

出院 chū yuàn

leave hospital

① 医生说我下个星期就可以出院了。
Yīshēng shuō wǒ xià ge xīngqī jiù kěyǐ chū yuàn le.

② 我的病还没好，不能出院。
Wǒ de bìng hái méi hǎo, bù néng chū yuàn.

2 已经 yǐjīng

（adv.）already

① 我已经不是孩子了，不能让妈妈再给我洗衣服了。
Wǒ yǐjīng bú shì háizi le, bù néng ràng māma zài gěi wǒ xǐ yīfu le.

② Heidi 已经去过北京了，她不想再去了。
Heidi yǐjīng qùguo Běijīng le, tā bù xiǎng zài qù le.

③ 爷爷已经九十岁了，身体还是很健康。
Yéye yǐjīng jiǔshí suì le, shēntǐ háishi hěn jiànkāng.

以前 yǐqián

(n.) before; formerly; previously

① Liza 比以前漂亮多了。
Liza bǐ yǐqián piàoliang duō le.

② 三年以前我就认识 Peter 了。
Sān nián yǐqián wǒ jiù rènshi Peter le.

③ 你能在上午九点以前到公司吗?
Nǐ néng zài shàngwǔ jiǔ diǎn yǐqián dào gōngsī ma?

④ 这是很久以前的事情了，我都快忘记了。
Zhè shì hěn jiǔ yǐqián de shìqing le, wǒ dōu kuài wàngjì le.

 Do You Know

以后 yǐhòu

(n.) after; afterwards; later; hereafter

① 我以后一定努力学习。
Wǒ yǐhòu yídìng nǔlì xuéxí.

② 我到学校以后就给你打电话。
Wǒ dào xuéxiào yǐhòu jiù gěi nǐ dǎ diànhuà.

③ 工作结束以后，我想休息一段时间。
Gōngzuò jiéshù yǐhòu, wǒ xiǎng xiūxi yí duàn shíjiān.

④ 以后有时间我再来找你玩儿。
Yǐhòu yǒu shíjiān wǒ zài lái zhǎo nǐ wánr.

1 椅子 yǐzi

(n.) chair

① 这把椅子已经坏了。
Zhè bǎ yǐzi yǐjīng huài le.

② 办公室里有四把椅子。
Bàngōngshì lǐ yǒu sì bǎ yǐzi.

③ 爷爷坐在椅子上看报纸呢。
Yéye zuò zài yǐzi shang kàn bàozhǐ ne.

④ 快给客人搬一把椅子来。
Kuài gěi kèrén bān yì bǎ yǐzi lai.

2 意思 yìsi

(n.) ❶ meaning; idea

① 这几个字是什么意思?
Zhè jǐ ge zì shì shénme yìsi?

以前　以后　椅子　意思　有意思　因为……所以……

② 这一段的意思我没有看懂。
Zhè yí duàn de yìsi wǒ méiyǒu kàndǒng.

2 opinion; wish; desire

① 我的意思是明天大家一起去爬山。
Wǒ de yìsi shì míngtiān dàjiā yìqǐ qù pá shān.

② 你是什么意思？
Nǐ shì shénme yìsi?

3 suggestion; hint; trace

① Richard 应该有要和 Jennifer 结婚的意思。
Richard yīnggāi yǒu yào hé Jennifer jié hūn de yìsi.

② 今天这种天气，有要下雨的意思。
Jīntiān zhè zhǒng tiānqì, yǒu yào xià yǔ de yìsi.

4 interest; fun

① 游泳有什么意思？
Yóu yǒng yǒu shénme yìsi?

② Nick 说话真没有意思，大家都不喜欢和他一起玩儿。
Nick shuō huà zhēn méiyǒu yìsi, dàjiā dōu bù xǐhuan hé tā yìqǐ wánr.

 Do You Know

有意思
yǒu yìsi

interesting; enjoyable

① 这本书写得很有意思。
Zhè běn shū xiě de hěn yǒu yìsi.

② 昨天我遇到了一件有意思的事情，我讲给你听。
Zuótiān wǒ yùdàole yí jiàn yǒu yìsi de shìqing, wǒ jiǎnggěi nǐ tīng.

2 因为……所以……
yīnwèi……
suǒyǐ……

because

① 因为奶奶生病了，所以这两个星期我不能去上班。
Yīnwèi nǎinai shēng bìng le, suǒyǐ zhè liǎng ge xīngqī wǒ bù néng qù shàng bān.

② 因为昨天来了一个朋友，所以我没去找 Elizabeth 玩儿。
Yīnwèi zuótiān láile yí ge péngyou, suǒyǐ wǒ méi qù zhǎo Elizabeth wánr.

因为 yīnwèi

Do You Know

(prep.) because of

① 我们不能因为你迟到了就不去参加比赛。
Wǒmen bù néng yīnwèi nǐ chídàole jiù bú qù cānjiā bǐsài.

② 因为你一个人,我们大家都迟到了。
Yīnwèi nǐ yí ge rén, wǒmen dàjiā dōu chídào le.

所以 suǒyǐ

(conj.) **1** so; therefore; as a result

① 因为我要去北京工作了,所以我把自行车给卖了。
Yīnwèi wǒ yào qù Běijīng gōngzuò le, suǒyǐ wǒ bǎ zìxíngchē gěi mài le.

② 明天我要去照顾奶奶,所以我不能和你去游泳了。
Míngtiān wǒ yào qù zhàogu nǎinai, suǒyǐ wǒ bù néng hé nǐ qù yóuyǒng le.

2 the reason why

① 我们所以没去看电影,是因为我忘记带电影票了。
Wǒmen suǒyǐ méi qù kàn diànyǐng, shì yīnwèi wǒ wàngjì dài diànyǐngpiào le.

② Iris 的数学成绩所以不好,是因为她没认真复习。
Iris de shùxué chéngjì suǒyǐ bù hǎo, shì yīnwèi tā méi rènzhēn fùxí.

2 阴 yīn

(adj.) **1** overcast; cloudy

① 明天阴,有小雨。
Míngtiān yīn, yǒu xiǎo yǔ.

② 今天的天气不好,真阴啊。
Jīntiān de tiānqì bù hǎo, zhēn yīn a.

2 sinister

① Philip 太阴了,大家要小心。
Philip tài yīn le, dàjiā yào xiǎoxīn.

② 像他这种人,对人阴得很。
Xiàng tā zhè zhǒng rén, duì rén yīn de hěn.

因为 所以 阴 阴天 音乐 音乐会 银行 饮料

阴天
yīntiān

 Do You Know

(n.) cloudy day

① 今天是阴天，看不见太阳。
Jīntiān shì yīntiān, kàn bu jiàn tàiyáng.

② 明天是阴天还是晴天？
Míngtiān shì yīntiān hái shì qíngtiān?

音乐
yīnyuè

(n.) music

① 你喜欢什么音乐？
Nǐ xǐhuan shénme yīnyuè?

② 爷爷一边听音乐，一边看报纸。
Yéye yìbiān tīng yīnyuè, yìbiān kàn bàozhǐ.

③ Richard 爱好音乐。
Richard àihào yīnyuè.

音乐会
yīnyuèhuì

 Do You Know

(n.) concert

① 明天晚上我要去参加音乐会。
Míngtiān wǎnshang wǒ yào qù cānjiā yīnyuèhuì.

② 音乐会开始了，Helen 还没有到。
Yīnyuèhuì kāishǐ le, Helen hái méiyǒu dào.

银行
yínháng

(n.) bank

① 您知道中国银行怎么走吗？
Nín zhīdào Zhōngguó Yínháng zěnme zǒu ma?

② 从我们公司向东走五百米有一家银行。
Cóng wǒmen gōngsī xiàng dōng zǒu wǔbǎi mǐ yǒu yì jiā yínháng.

③ 我打算去银行换钱。
Wǒ dǎsuàn qù yínháng huàn qián.

饮料
yǐnliào

(n.) beverage

① Iris 不喜欢喝饮料，只喜欢喝啤酒。
Iris bù xǐhuan hē yǐnliào, zhǐ xǐhuan hē píjiǔ.

② 你们先走，我去买点儿饮料。
Nǐmen xiān zǒu, wǒ qù mǎidiǎnr yǐnliào.

应该 yīnggāi

(v.) should; ought to; must

① 我告诉过你这件事情，你应该知道的。
Wǒ gàosu guo nǐ zhè jiàn shìqing, nǐ yīnggāi zhīdào de.

② 你应该写完作业再看电视。
Nǐ yīnggāi xiěwán zuòyè zài kàn diànshì.

③ Rogers 不来参加比赛也不告诉大家，太不应该了。
Rogers bù lái cānjiā bǐsài yě bú gàosu dàjiā, tài bù yīnggāi le.

 Do You Know

该 gāi

(v.) **1** should; ought to; must

① 八点了，你该去上班了。
Bā diǎn le, nǐ gāi qù shàng bān le.

② 上课的时候我不该和同学说话。
Shàng kè de shíhou wǒ bù gāi hé tóngxué shuō huà.

2 fall to somebody; be somebody's duty to do something

① 下一个节目该 Jim 了。
Xià yí ge jiémù gāi Jim le.

② 今天该我打扫房间了。
Jīntiān gāi wǒ dǎsǎo fángjiān le.

3 will probably; most likely

① 这些菜再不吃该坏了。
Zhèxiē cài zài bù chī gāi huài le.

② 你穿得这么少，一会儿该感冒了。
Nǐ chuān de zhème shǎo, yíhuìr gāi gǎnmào le.

影响 yǐngxiǎng

(v.) influence; affect

① 你玩儿游戏会影响学习的。
Nǐ wánr yóuxì huì yǐngxiǎng xuéxí de.

② Louis 快考试了，我们别去影响他复习。
Louis kuài kǎo shì le, wǒmen bié qù yǐngxiǎng tā fùxí.

应该 该 影响 用 不用

(n.) effect; influence

① 妈妈对我的影响很大。
Māma duì wǒ de yǐngxiǎng hěn dà.

② 这件事情的影响很不好，经理很生气。
Zhè jiàn shìqing de yǐngxiǎng hěn bù hǎo, jīnglǐ hěn shēng qì.

③ 你总是迟到，要注意影响。
Nǐ zǒngshì chídào, yào zhùyì yǐngxiǎng.

用 yòng

(v.) **1** use; employ; apply

① 你会不会用电脑？
Nǐ huì bu huì yòng diànnǎo?

② 我的钱都用在买书上了。
Wǒ de qián dōu yòng zài mǎi shū shang le.

③ 这块手表已经坏了，不能再用了。
Zhè kuài shǒubiǎo yǐjīng huài le, bù néng zài yòng le.

2 need

① 您还用再想想吗？
Nín hái yòng zài xiǎngxiǎng ma?

② 用不了太长时间，我就可以告诉你那件事情了。
Yòng bu liǎo tài cháng shíjiān, wǒ jiù kěyǐ gàosu nǐ nà jiàn shìqing le.

3 [used in polite speech] eat; drink

① 请用茶。
Qǐng yòng chá.

② 我先走了，请大家慢用。
Wǒ xiān zǒu le, qǐng dàjiā màn yòng.

 Do You Know

不用 búyòng

(adv.) need not

① 您不用再等了，Selina 已经走了。
Nín búyòng zài děng le, Selina yǐjīng zǒu le.

② 明天的考试很简单，大家不用准备。
Míngtiān de kǎoshì hěn jiǎndān, dàjiā búyòng zhǔnbèi.

常用 cháng yòng

in common use

① 这个字不常用,我不会。
Zhè ge zì bù cháng yòng, wǒ bú huì.

② 这本书我复习的时候常用。
Zhè běn shū wǒ fùxí de shíhou cháng yòng.

没用 méi yòng

1 *of no value*

① 这些都是没用的东西,我不想要了。
Zhèxiē dōu shì méi yòng de dōngxi, wǒ bù xiǎng yào le.

② 这种药吃了也没什么用。
Zhè zhǒng yào chīle yě méi shénme yòng.

③ 这点儿事情都做不好,你真没用。
Zhè diǎnr shìqing dōu zuò bu hǎo, nǐ zhēn méi yòng.

2 *have not used*

① 这辆车是新的,我还没用呢。
Zhè liàng chē shì xīn de, wǒ hái méi yòng ne.

② 我没用酒店里的杯子,我自己带了。
Wǒ méi yòng jiǔdiàn lǐ de bēizi, wǒ zìjǐ dài le.

有用 yǒu yòng

useful; helpful

① 这本书对我提高汉语考试的成绩非常有用。
Zhè běn shū duì wǒ tígāo Hànyǔ kǎoshì de chéngjì fēicháng yǒu yòng.

② Rogers 的办法很有用,我们很快找到了回家的路。
Rogers de bànfǎ hěn yǒu yòng, wǒmen hěn kuài zhǎodàole huí jiā de lù.

③ 这些书你也不看,买了有什么用?
Zhèxiē shū nǐ yě bú kàn, mǎile yǒu shénme yòng?

游戏 yóuxì

(n.) *recreation; game*

① 这是我年轻的时候玩儿的游戏。
Zhè shì wǒ niánqīng de shíhou wánr de yóuxì.

② 这个游戏需要六个人参加。
Zhè ge yóuxì xūyào liù ge rén cānjiā.

常用　没用　有用　游戏　游泳　游　有

2 游泳 yóu yǒng

swim

① 经常游泳可以锻炼身体。
　Jīngcháng yóu yǒng kěyǐ duànliàn shēntǐ.

② 虽然我喜欢看游泳比赛，但是我不会游泳。
　Suīrán wǒ xǐhuan kàn yóu yǒng bǐsài, dànshì wǒ bú huì yóu yǒng.

③ 今天我游了三个小时泳，真是太累了。
　Jīntiān wǒ yóule sān ge xiǎoshí yǒng, zhēn shì tài lèi le.

 Do You Know

游 yóu

(v.) swim

① 我游了六百米就累了。
　Wǒ yóule liùbǎi mǐ jiù lèi le.

② 你游得时间太长了，快上来休息一下儿吧。
　Nǐ yóu de shíjiān tài cháng le, kuài shànglai xiūxi yíxiàr ba.

③ 水里有几条鱼在游来游去。
　Shuǐ lǐ yǒu jǐ tiáo yú zài yóu lái yóu qù.

1 有 yǒu

(v.) **1** have；possess

① 我有两辆自行车。
　Wǒ yǒu liǎng liàng zìxíngchē.

② 我有一个弟弟、一个姐姐。
　Wǒ yǒu yí ge dìdi, yí ge jiějie.

③ 我们马上有了解决问题的办法。
　Wǒmen mǎshàng yǒule jiějué wèntí de bànfǎ.

2 there is；exist

① 这附近有银行吗？
　Zhè fùjìn yǒu yínháng ma？

② 我家有三口人。
　Wǒ jiā yǒu sān kǒu rén.

③ 桌子上有三个杯子。
　Zhuōzi shang yǒu sān ge bēizi.

3 expressing an estimate or a comparison

① 这张桌子有两米长。
　Zhè zhāng zhuōzi yǒu liǎng mǐ cháng.

② 我的孩子有三岁了。
Wǒ de háizi yǒu sān suì le.

③ Elizabeth 有我高吗？
Elizabeth yǒu wǒ gāo ma?

4 expressing occurrence or emergence

① 在大家的帮助下，我的学习成绩有了很大提高。
Zài dàjiā de bāngzhù xià, wǒ de xuéxí chéngjì yǒule hěn dà tígāo.

② 这件事情有了新的变化。
Zhè jiàn shìqing yǒule xīn de biànhuà.

5 expressing much or big

① 虽然 Helen 很有钱，但是她很少帮助别人。
Suīrán Helen hěn yǒu qián, dànshì tā hěn shǎo bāngzhù biérén.

② Jack 说话很有水平。
Jack shuō huà hěn yǒu shuǐpíng.

6 expressing certain or some

① 有一回我看见 Jim 在开出租车。
Yǒu yì huí wǒ kànjiàn Jim zài kāi chūzūchē.

② 有人在超市遇到了 Jack。
Yǒu rén zài chāoshì yùdàole Jack.

7 expressing a part

① 有地方下了雨，有地方没有下。
Yǒu dìfang xiàle yǔ, yǒu dìfang méiyǒu xià.

② 我来北京时间不长，有地方去了，有地方没有去。
Wǒ lái Běijīng shíjiān bù cháng, yǒu dìfang qù le, yǒu dìfang méiyǒu qù.

有的
yǒude

Do You Know

(pron.) some

① 教室里，有的同学在看书，有的同学在写作业。
Jiàoshì lǐ, yǒude tóngxué zài kàn shū, yǒude tóngxué zài xiě zuòyè.

② 这次考试有的题很难，有的题特别简单。
Zhè cì kǎoshì yǒude tí hěn nán, yǒude tí tèbié jiǎndān.

有的 有人 有空儿 有时 有时候 有名 又

有人
yǒu rén

1 there's somebody

① 房间里有人吗？
Fángjiān lǐ yǒu rén ma?

② 有没有人想去爬山？
Yǒu méiyǒu rén xiǎng qù pá shān?

2 someone; somebody

大家的爱好不一样，有人喜欢打篮球，有人喜欢踢足球。
Dàjiā de àihào bù yíyàng, yǒu rén xǐhuan dǎ lánqiú, yǒu rén xǐhuan tī zúqiú.

有空儿
yǒu kòngr

have time

① 明天你有空儿吗？
Míngtiān nǐ yǒu kòngr ma?

② Jones 一有空儿就去找 Heidi 学习汉语。
Jones yì yǒu kòngr jiù qù zhǎo Heidi xuéxí Hànyǔ.

有时
yǒushí
有时候
yǒu shíhou

(adv.) sometimes; at times; now and then

① 这几天有时（/有时候）冷，有时（/有时候）热。
Zhè jǐ tiān yǒushí (/yǒu shíhou) lěng, yǒushí (/yǒu shíhou) rè.

② 下班以后，有时（/有时候）我会去商店买东西，有时（/有时候）在家上网。
Xià bān yǐhòu, yǒushí (/yǒu shíhou) wǒ huì qù shāngdiàn mǎi dōngxi, yǒushí (/yǒu shíhou) zài jiā shàng wǎng.

有名
yǒumíng

(adj.) famous; celebrated

① Lee 是一位很有名的医生。
Lee shì yí wèi hěn yǒumíng de yīshēng.

② 这本书特别有名，买的人很多。
Zhè běn shū tèbié yǒumíng, mǎi de rén hěn duō.

又 yòu

(adv.) **1** again

① 刚才 Tina 又给他打电话了。
Gāngcái Tina yòu gěi tā dǎ diànhuà le.

② 怎么又下雨了，最近总是下雨。
Zěnme yòu xià yǔ le, zuìjìn zǒngshì xià yǔ.

2 both...and...; not only...but also...

① 这家商店的东西又便宜又好。
Zhè jiā shāngdiàn de dōngxi yòu piányi yòu hǎo.

② Peter 最近又黑又瘦，是生病了吗？
Peter zuìjìn yòu hēi yòu shòu, shì shēng bìng le ma?

3 again and again

① Rogers 一次又一次地来找我借钱。
Rogers yí cì yòu yí cì de lái zhǎo wǒ jiè qián.

② 妈妈拿着 Mary 的照片看了又看。
Māma názhe Mary de zhàopiàn kànle yòu kàn.

4 also; in addition

① 我没有吃饱，又要了一碗米饭。
Wǒ méiyǒu chībǎo, yòu yàole yì wǎn mǐfàn.

② 昨天我们班又来了两个新同学。
Zuótiān wǒmen bān yòu láile liǎng ge xīn tóngxué.

5 but; on the other hand

① 刚才有一件事情要告诉你，现在又忘记了。
Gāngcái yǒu yí jiàn shìqing yào gàosu nǐ, xiànzài yòu wàngjì le.

② 上午我的眼睛疼，中午好了，下午又疼起来了。
Shàngwǔ wǒ de yǎnjing téng, zhōngwǔ hǎo le, xiàwǔ yòu téng qǐlai le.

6 furthermore; moreover

① 她身体不好，又不锻炼，所以经常生病。
Tā shēntǐ bù hǎo, yòu bú duànliàn, suǒyǐ jīngcháng shēng bìng.

② 他不来上课，又不请假，老师很生气。
Tā bù lái shàng kè, yòu bù qǐng jià, lǎoshī hěn shēng qì.

7 [used in a negative sentence or a rhetorical question] expressing emphasis

① 天气不好又有什么关系？
Tiānqì bù hǎo yòu yǒu shénme guānxi?

② 您放心，我又不是第一次去旅游。
Nín fàng xīn, wǒ yòu bú shì dì yī cì qù lǚyóu.

③ 你别问我了，我又不是老师。
Nǐ bié wèn wǒ le, wǒ yòu bú shì lǎoshī.

2 右边 yòubian（右面 yòumiàn）

(n.) the right side; the right

① 我右边（/右面）脸疼。
Wǒ yòubian (/yòumiàn) liǎn téng.

② 我们学校的右边（/右面）有一个超市。
Wǒmen xuéxiào de yòubian (/yòumiàn) yǒu yí ge chāoshì.

③ 考试的时候，Lucy 坐在我的右边（/右面）。
Kǎo shì de shíhou, Lucy zuò zài wǒ de yòubian (/yòumiàn).

 Do You Know

右 yòu

(n.) the right side; the right

① 从这里向右走就是银行。
Cóng zhèlǐ xiàng yòu zǒu jiù shì yínháng.

② 我穿错鞋了，右脚穿的是红色的，左脚穿的是黑色的。
Wǒ chuāncuò xié le, yòu jiǎo chuān de shì hóngsè de, zuǒ jiǎo chuān de shì hēisè de.

2 鱼 yú

(n.) fish

① 海里有很多鱼。
Hǎi lǐ yǒu hěn duō yú.

② 我们都爱吃鱼。
Wǒmen dōu ài chī yú.

③ 这几条鱼真漂亮。
Zhè jǐ tiáo yú zhēn piàoliang.

④ "年年有鱼" 是什么意思？
"Nián nián yǒu yú" shì shénme yìsi?

遇到 yù dào

run into; encounter; come across

① 真高兴能在北京遇到你。
Zhēn gāoxìng néng zài Běijīng yùdào nǐ.

② 昨天我在超市遇到了 Elizabeth，她告诉我她已经结婚了。
Zuótiān wǒ zài chāoshì yùdàole Elizabeth, tā gàosu wǒ tā yǐjīng jié hūn le.

③ 遇到问题的时候别着急，要想办法解决。
Yùdào wèntí de shíhou bié zháo jí, yào xiǎng bànfǎ jiějué.

元 yuán

(m.w.) *yuan*, a fractional unit of money in China

① 西瓜四元一公斤。
Xīguā sì yuán yì gōngjīn.

② 我买这件衣服只花了六十元。
Wǒ mǎi zhè jiàn yīfu zhǐ huāle liùshí yuán.

③ 这家商店的东西都很便宜，一个杯子五元钱。
Zhè jiā shāngdiàn de dōngxi dōu hěn piányi, yí ge bēizi wǔ yuán qián.

² 远 yuǎn

(adj.) **1** far away in time or space

① 远在1925年，世界上有了第一台电视。
Yuǎn zài yī jiǔ èr wǔ nián, shìjiè shang yǒule dì yī tái diànshì.

② 你在这里等我一会儿，别走得太远。
Nǐ zài zhèlǐ děng wǒ yíhuìr, bié zǒu de tài yuǎn.

③ 我远远地看见妈妈站在前面等我。
Wǒ yuǎnyuǎn de kànjiàn māma zhàn zài qiánmiàn děng wǒ.

2 by far; far and away

① 这件衣服远比那件漂亮。
Zhè jiàn yīfu yuǎn bǐ nà jiàn piàoliang.

② 我的汉语水平和你比还差得很远。
Wǒ de Hànyǔ shuǐpíng hé nǐ bǐ hái chà de hěn yuǎn.

愿意 yuànyì

(v.) be willing; be ready

① 我很愿意帮助你。
Wǒ hěn yuànyì bāngzhù nǐ.

② 我愿意和你一起去旅游。
Wǒ yuànyì hé nǐ yìqǐ qù lǚyóu.

③ A：他愿意去北京吗？
Tā yuànyì qù Běijīng ma?

B：不愿意。
Bú yuànyì.

④ 我们都愿意你来参加比赛。
Wǒmen dōu yuànyì nǐ lái cānjiā bǐsài.

元 远 愿意 月 月亮 越 越来越 运动

1 月 yuè

(n.) month

① 三月七日是我的生日。
Sānyuè qī rì shì wǒ de shēngrì.

② 下个月我打算去中国旅游。
Xià ge yuè wǒ dǎsuàn qù Zhōngguó lǚyóu.

③ Tony 四个月大的时候就会叫妈妈了。
Tony sì ge yuè dà de shíhou jiù huì jiào māma le.

月亮 yuèliang

(n.) the moon

① 弟弟觉得月亮像一个大盘子。
Dìdi juéde yuèliang xiàng yí ge dà pánzi.

② 今天晚上天气不好,看不见月亮。
Jīntiān wǎnshang tiānqì bù hǎo, kàn bu jiàn yuèliang.

③ 月亮走,我也走,我和月亮做朋友。
Yuèliang zǒu, wǒ yě zǒu, wǒ hé yuèliang zuò péngyou.

越 yuè

(adv.) the more... the more; more and more

① 你越着急,我越不告诉你。
Nǐ yuè zháo jí, wǒ yuè bú gàosu nǐ.

② 快去找人来帮忙,人越多越好。
Kuài qù zhǎo rén lái bāng máng, rén yuè duō yuè hǎo.

③ 人越老吃得越少。
Rén yuè lǎo chī de yuè shǎo.

 Do You Know

越来越 yuè lái yuè

more and more

① 你的汉语水平越来越高了。
Nǐ de Hànyǔ shuǐpíng yuè lái yuè gāo le.

② 下过雨以后,天越来越冷了。
Xiàguo yǔ yǐhòu, tiān yuè lái yuè lěng le.

2 运动 yùndòng

(v.) exercise

① 运动可以让我们更健康。
Yùndòng kěyǐ ràng wǒmen gèng jiànkāng.

313

②总是上网对身体不好，我们去运动运动吧。
Zǒngshì shàng wǎng duì shēntǐ bù hǎo, wǒmen qù yùndòng yùndòng ba.

(n.) sports; athletics

①你要多参加体育运动。
Nǐ yào duō cānjiā tǐyù yùndòng.

②游泳是我最喜欢的运动。
Yóu yǒng shì wǒ zuì xǐhuan de yùndòng.

③走路也是一种运动。
Zǒu lù yě shì yì zhǒng yùndòng.

动 dòng

(v.) **1** move; stir

①请不要动我的电脑。
Qǐng búyào dòng wǒ de diànnǎo.

②那张桌子突然动了动。
Nà zhāng zhuōzi tūrán dòngle dòng.

2 [used after a verb] expressing the result of an action

①这张桌子我能搬动。
Zhè zhāng zhuōzi wǒ néng bāndòng.

②我终于说动 Ann 跟我们一起去爬山了。
Wǒ zhōngyú shuōdòng Ann gēn wǒmen yìqǐ qù pá shān le.

Z

² 再 zài

(adv.) **1** again; once more; try again

① 欢迎您再来。
Huānyíng nín zài lái.

② 我已经吃饱了，不能再吃了。
Wǒ yǐjīng chībǎo le, bù néng zài chī le.

③ 我上个星期去了一次北京，下个星期还需要再去一次。
Wǒ shàng ge xīngqī qùle yí cì Běijīng, xià ge xīngqī hái xūyào zài qù yí cì.

2 more

① 你能来我家那是再好不过了。
Nǐ néng lái wǒ jiā nà shì zài hǎo bú guò le.

② 你说话的声音太小了，能再大点儿声音吗？
Nǐ shuō huà de shēngyīn tài xiǎo le, néng zài dà diǎnr shēngyīn ma?

③ 参加比赛的人如果能再多点儿就好了。
Cānjiā bǐsài de rén rúguǒ néng zài duō diǎnr jiù hǎo le.

3 expressing the continuation of a situation in conditional or suppositional clauses

① 别着急走啊，再玩儿一会儿吧。
Bié zháo jí zǒu a, zài wánr yíhuìr ba.

② 你再想想，有什么更好的办法吗？
Nǐ zài xiǎngxiang, yǒu shénme gèng hǎo de bànfǎ ma?

③ 再过几年，我们的国家又会有新变化。
Zài guò jǐ nián, wǒmen de guójiā yòu huì yǒu xīn biànhuà.

4 then; only then

① 你写完作业再去玩儿游戏。
Nǐ xiěwán zuòyè zài qù wánr yóuxì.

② 等我开完会再给你打电话。
Děng wǒ kāiwán huì zài gěi nǐ dǎ diànhuà.

5 in addition; on top of that

① 我爱吃的水果很少，除了苹果、香蕉，再没有其他爱吃的了。
Wǒ ài chī de shuǐguǒ hěn shǎo, chúle píngguǒ、xiāngjiāo, zài méiyǒu qítā ài chī de le.

② 冰箱里除了面包、米饭，再没有其他能吃的东西了。
Bīngxiāng lǐ chúle miànbāo、mǐfàn, zài méiyǒu qítā néng chī de dōngxi le.

6 no matter how...still not

① 爸爸觉得我再努力，学习成绩也不会比 Tina 好。
Bàba juéde wǒ zài nǔlì, xuéxí chéngjì yě bú huì bǐ Tina hǎo.

② 你再喜欢玩儿游戏，也不能影响学习啊。
Nǐ zài xǐhuan wánr yóuxì, yě bù néng yǐngxiǎng xuéxí a.

1 再见 zàijiàn

(v.) good-bye; see you again

① 再见！
Zàijiàn!

② Jane，和妈妈再见。
Jane, hé māma zàijiàn.

③ 老师再见！
Lǎoshī zàijiàn!

1 在 zài

(prep.) **1** at, in, or on (a place or time)

① 我在这家公司工作。
Wǒ zài zhè jiā gōngsī gōngzuò.

② Gary 在教室里学习呢。
Gary zài jiàoshì lǐ xuéxí ne.

③ 我和 Richard 是在学校里认识的。
Wǒ hé Richard shì zài xuéxiào lǐ rènshi de.

2 according to; in terms of

① 在大家的帮助下，我的学习成绩提高很快。
Zài dàjiā de bāngzhù xià, wǒ de xuéxí chéngjì tígāo hěn kuài.

② 经理希望我在工作上多照顾照顾 Peter。
Jīnglǐ xīwàng wǒ zài gōngzuò shang duō zhàogu zhàogu Peter.

③ 在很长一段时间里，我都没有去找工作。
Zài hěn cháng yí duàn shíjiān lǐ, wǒ dōu méiyǒu qù zhǎo gōngzuò.

(adv.) expressing an action in progress

① 最近你在忙什么？
Zuìjìn nǐ zài máng shénme?

② 爷爷在睡觉，你别去他房间。
Yéye zài shuì jiào, nǐ bié qù tā fángjiān.

③ Elizabeth 在打电话，你等一会儿再来找她吧。
Elizabeth zài dǎ diànhuà, nǐ děng yíhuìr zài lái zhǎo tā ba.

(v.) **1** be at, in, or on (a place)

① Tina 现在不在办公室，你找她有什么事情吗？
Tina xiànzài bú zài bàngōngshì, nǐ zhǎo tā yǒu shénme shìqing ma?

② A：Tina 在吗？
　　Tina zài ma?
　B：在。
　　zài.

2 exist; be alive

① 问题还在，我们还需要去解决。
Wèntí hái zài, wǒmen hái xūyào qù jiějué.

② 我十岁的时候爷爷就不在了。
Wǒ shí suì de shíhou yéye jiù bú zài le.

早上 zǎoshang

(n.) (early) morning

① 早上好。
Zǎoshang hǎo.

② 明天早上我送你去火车站吧。
Míngtiān zǎoshang wǒ sòng nǐ qù huǒchēzhàn ba.

③ 星期三早上八点我要到公司参加一个会议。
Xīngqīsān zǎoshang bā diǎn wǒ yào dào gōngsī cānjiā yí ge huìyì.

 Do You Know

早 zǎo

(adj.) **1** good morning

① 早！
Zǎo!

② 老师早！
Lǎoshī zǎo!

2 early

① 今天我是最早到学校的。
Jīntiān wǒ shì zuì zǎo dào xuéxiào de.

② 天黑了，我们早一点儿走吧。
Tiān hēi le, wǒmen zǎo yìdiǎnr zǒu ba.

HSK(三级)

1 怎么 zěnme

(pron.) **1** how; what; why

① 你的名字怎么写?
Nǐ de míngzi zěnme xiě?

② 怎么了? 出什么事情了?
Zěnme le? Chū shénme shìqing le?

③ 你怎么不告诉她这件事情呢?
Nǐ zěnme bú gàosu tā zhè jiàn shìqing ne?

2 in a certain way; in any way; no matter how

① 这条裙子怎么看都不漂亮。
Zhè tiáo qúnzi zěnme kàn dōu bú piàoliang.

② 你想怎么做就怎么做,不需要问我。
Nǐ xiǎng zěnme zuò jiù zěnme zuò, bù xūyào wèn wǒ.

3 not very; not much; not too

① Fannie 不怎么爱说话。
Fannie bù zěnme ài shuō huà.

② 这件衬衫又漂亮又不怎么贵。
Zhè jiàn chènshān yòu piàoliang, yòu bù zěnme guì.

③ 我不怎么喜欢 Roberts。
Wǒ bù zěnme xǐhuan Roberts.

4 [used by itself at the beginning of a sentence] expressing surprise

① 怎么? 你不知道这件事情?
Zěnme? Nǐ bù zhīdào zhè jiàn shìqing?

② 怎么? Nick 还没有来?
Zěnme? Nick hái méiyǒu lái?

 Do You Know

怎么办 zěnme bàn

what to do

① 这件事情你打算怎么办?
Zhè jiàn shìqing nǐ dǎsuàn zěnme bàn?

② 你愿意怎么办就怎么办。
Nǐ yuànyì zěnme bàn jiù zěnme bàn.

1 怎么样 zěnmeyàng

(pron.) **1** how; what

① 你最近身体怎么样了?
Nǐ zuìjìn shēntǐ zěnmeyàng le?

② 快考试了，你复习得怎么样？
Kuài kǎo shì le, nǐ fùxí de zěnmeyàng?

③ 怎么样？最近忙吗？
Zěnmeyàng? Zuìjìn máng ma?

④ 我们休息一会儿，怎么样？
Wǒmen xiūxi yíhuìr, zěnmeyàng?

2 in a certain way; no matter how

① 我怎么样做他都不满意。
Wǒ zěnmeyàng zuò tā dōu bù mǎnyì.

② Louis 怎么样告诉我的，我就怎么样告诉你。
Louis zěnmeyàng gàosu wǒ de, wǒ jiù zěnmeyàng gàosu nǐ.

站 zhàn

(v.) stand; be on one's feet

① 站得高，看得远。
Zhàn de gāo, kàn de yuǎn.

② 为什么校长来的时候我们都要站着？
Wèi shénme xiàozhǎng lái de shíhou wǒmen dōu yào zhàn zhe?

③ 你站的时间太长了，休息一会儿吧。
Nǐ zhàn de shíjiān tài cháng le, xiūxi yíhuìr ba.

(n.) station; stop

① 公共汽车到站了。
Gōnggòng qìchē dào zhàn le.

② 地铁在你们学校旁边有站吗？
Dìtiě zài nǐmen xuéxiào pángbiān yǒu zhàn ma?

(m.w) [used for staotion, stop]

① 下一站是北京站。
Xià yí zhàn shì Běijīngzhàn.

② 你从学校坐三站公共汽车就有一家超市。
Nǐ cóng xuéxiào zuò sān zhàn gōnggòng qìchē jiù yǒu yì jiā chāoshì.

③ A：您哪一站下？
Nín nǎ yí zhàn xià?

B：我这一站下。
wǒ zhè yí zhàn xià.

Z

张 zhāng

(v.) open; spread; stretch

① 医生让你张口。
Yīshēng ràng nǐ zhāng kǒu.

② 刮大风了，我张不开伞。
Guā dà fēng le, wǒ zhāng bu kāi sǎn.

(m.w.) [used for bed, desk, paper, face, mouth, etc.]

① 这张桌子上放的东西太多了。
Zhè zhāng zhuōzi shang fàng de dōngxi tài duō le.

② 请给我拿一张报纸。
Qǐng gěi wǒ ná yì zhāng bàozhǐ.

③ Liza 长了一张可爱的脸。
Liza zhǎngle yì zhāng kě'ài de liǎn.

长 zhǎng
(cháng 见29页)

(v.) **1** spring up; come into being

① Eric 没有长头发。
Eric méiyǒu zhǎng tóufa.

② 花里长了很多草。
Huā lǐ zhǎngle hěn duō cǎo.

2 grow; develop

① 儿子已经三岁了，长胖了也长高了。
érzi yǐjīng sān suì le, zhǎngpàng le yě zhǎnggāo le.

② Tina 越长越瘦。
Tina yuè zhǎng yuè shòu.

 Do You Know

长大 zhǎng dà

grow up; be brought up

① 长大以后你想做什么？
Zhǎngdà yǐhòu nǐ xiǎng zuò shénme?

② 我已经长大了，不能再让妈妈给我洗衣服了。
Wǒ yǐjīng zhǎngdà le, bù néng zài ràng māma gěi wǒ xǐ yīfu le.

2 丈夫 zhàngfu

(n.) husband

① 这位是我丈夫，Jones。
Zhè wèi shì wǒ zhàngfu, Jones.

② Selina 的丈夫是医生。
Selina de zhàngfu shì yīshēng.

③ 大家都觉得 Philip 是一个好丈夫。
Dàjiā dōu juéde Philip shì yí ge hǎo zhàngfu.

 Do You Know

夫妻
fūqī

(n.) husband and wife

① 我和 Jessie 是夫妻。
Wǒ hé Jessie shì fūqī.

② 我们夫妻在一家公司上班。
Wǒmen fūqī zài yì jiā gōngsī shàng bān.

着急
zháo jí

worry; feel anxious

① 女儿到现在还没有打电话给我，真让人着急。
Nǚ'ér dào xiànzài hái méiyǒu dǎ diànhuà gěi wǒ, zhēn ràng rén zháo jí.

② 着急有什么用？我们要想办法解决问题。
Zháo jí yǒu shénme yòng？ Wǒmen yào xiǎng bànfǎ jiějué wèntí.

③ 你着什么急呢？这件事情不会有问题的。
Nǐ zháo shénme jí ne？ Zhè jiàn shìqing bú huì yǒu wèntí de.

 Do You Know

急 jí

(adj.) **1** impatient; anxious

① Peter 已经急得说不出话了。
Peter yǐjīng jí de shuō bu chū huà le.

② 别急，先喝口水再说。
Bié jí, xiān hēkǒu shuǐ zài shuō.

2 irritated; annoyed

① 你怎么急了？我没说是你的错。
Nǐ zěnme jí le？ Wǒ méi shuō shì nǐ de cuò.

② 一句话说得不对，他就急了。
Yí jù huà shuō de bú duì, tā jiù jí le.

3 rapid; violent

① 吃饭太急对身体不好。
Chī fàn tài jí duì shēntǐ bù hǎo.

② 雨很急,风很大,我没有办法骑自行车。
Yǔ hěn jí, fēng hěn dà, wǒ méiyǒu bànfǎ qí zìxíngchē.

4 urgent; pressing

① 这件事情很急,需要马上解决。
Zhè jiàn shìqing hěn jí, xūyào mǎshàng jiějué.

② 再急的工作也要认真完成。
Zài jí de gōngzuò yě yào rènzhēn wánchéng.

² 找 zhǎo

(v.) **1** look for; try to find; want to see; ask for

① A：你在找什么?
Nǐ zài zhǎo shénme?

B：我在找铅笔。
Wǒ zài zhǎo qiānbǐ.

② 最近这段时间我在找工作。
Zuìjìn zhè duàn shíjiān wǒ zài zhǎo gōngzuò.

③ 要搬的东西太多了,我想找几个朋友来帮忙。
Yào bān de dōngxi tài duō le, wǒ xiǎng zhǎo jǐ ge péngyou lái bāng máng.

2 give change

① 对不起,一百块的钱我找不开。
Duìbuqǐ, yìbǎi kuài de qián wǒ zhǎo bu kāi.

② 您给我十块,我找您两块。
Nín gěi wǒ shí kuài, wǒ zhǎo nín liǎng kuài.

 Do You Know

找到 zhǎodào

(v.) find; seek out

① 我终于找到你了。
Wǒ zhōngyú zhǎodào nǐ le.

② 我从电视后面找到了妈妈送给我的生日礼物。
Wǒ cóng diànshì hòumiàn zhǎodàole māma sònggěi wǒ de shēngrì lǐwù.

照顾 zhàogu

(v.) **1** take care of

① 爷爷身体很好，不需要我们照顾。
Yéye shēntǐ hěn hǎo, bù xūyào wǒmen zhàogu.

② 我去中国的这段时间，你要照顾好自己。
Wǒ qù Zhōngguó de zhè duàn shíjiān, nǐ yào zhàogu hǎo zìjǐ.

③ 奶奶生病了，我要去照顾照顾她。
Nǎinai shēng bìng le, wǒ yào qù zhàogu zhàogu tā.

2 give preferential treatment

① Fannie 是客人，我们应该先照顾她。
Fannie shì kèrén, wǒmen yīnggāi xiān zhàogu tā.

② 礼物不多了，我们照顾照顾新来的同学吧。
Lǐwù bù duō le, wǒmen zhàogu zhàogu xīn lái de tóngxué ba.

3 look after

我们现在去买票，行李箱让 Fiana 来照顾吧。
Wǒmen xiànzài qù mǎi piào, xínglixiāng ràng Fiana lái zhàogu ba.

4 take into consideration

旅游的时候，公司会照顾每个人的需要。
Lǚyóu de shíhou, gōngsī huì zhàogu měi ge rén de xūyào.

照片 zhàopiàn

(n.) photograph; picture

① 照片上的人是谁？
Zhàopiàn shang de rén shì shéi?

② 我很喜欢这张老照片。
Wǒ hěn xǐhuan zhè zhāng lǎo zhàopiàn.

③ 照片洗好了吗？
Zhàopiàn xǐhǎo le ma?

照相机 zhàoxiàngjī (相机) (xiàngjī)

(n.) camera

① 今天我买了一个照相机(/相机)，花了一万元。
Jīntiān wǒ mǎile yí ge zhàoxiàngjī (/xiàngjī), huāle yí wàn yuán.

② 旅游的时候别忘记带上照相机(/相机)。
Lǚyóu de shíhou bié wàngjì dàishang zhàoxiàngjī (/xiàngjī).

照 zhào

③ 我的照相机（/相机）用了十年了。
Wǒ de zhàoxiàngjī（/xiàngjī）yòngle shí nián le.

Do You Know

(v.) photograph; take a photograph

① 这张照片照得很好。
Zhè zhāng zhàopiàn zhào de hěn hǎo.

② 请帮我们照一张照片。
Qǐng bāng wǒmen zhào yì zhāng zhàopiàn.

照相 zhào xiàng

take a picture

① Liza 很喜欢照相。
Liza hěn xǐhuan zhào xiàng.

② 我给大家照张相吧。
Wǒ gěi dàjiā zhàozhāng xiàng ba.

---

1 这 zhè

(pron.) **1** this

① 这是我的妹妹，Betty。
Zhè shì wǒ de mèimei, Betty.

② 这段时间你去哪儿了？
Zhè duàn shíjiān nǐ qù nǎr le?

③ 这三本书是老师的。
Zhè sān běn shū shì lǎoshī de.

④ 这地方很冷。
Zhè dìfang hěn lěng.

2 [used only as an opposite to 那] expressing unspecified something or somebody

Helen 一去超市就买这买那。
Helen yí qù chāoshì jiù mǎi zhè mǎi nà.

3 now

① 我这就走，你等我一会儿。
Wǒ zhè jiù zǒu, nǐ děng wǒ yíhuìr.

② 这都几点了，他怎么还不来？
Zhè dōu jǐ diǎn le, tā zěnme hái bù lái?

照 照相 这 这边 这儿 这个 这里 这么

这边 zhèbian

 Do You Know

this side; this way

① 请这边走。
Qǐng zhèbian zǒu.

② 路的这边是学校,那边是一家超市。
Lù de zhèbian shì xuéxiào, nàbian shì yì jiā chāoshì.

这儿 zhèr

(pron.) **1** this place; here

① 这儿附近有银行吗?
Zhèr fùjìn yǒu yínháng ma?

② 我要走了,你坐这儿吧。
Wǒ yào zǒu le, nǐ zuò zhèr ba.

③ 别找了,你的手表在这儿呢。
Bié zhǎo le, nǐ de shǒubiǎo zài zhèr ne.

2 [used after 从] now; then

① 从这儿以后,我就再也没有给John打过电话。
Cóng zhèr yǐhòu, wǒ jiù zài yě méiyǒu gěi John dǎ guo diànhuà.

② 从这儿开始,Fiona认真地学习起汉语来。
Cóng zhèr kāishǐ, Fiona rènzhēn de xuéxí qǐ Hànyǔ lai.

这个 zhè ge

this

① 这个东西叫什么名字?
Zhè ge dōngxi jiào shénme míngzi?

② 照片上的这个人是谁?
Zhàopiàn shang de zhè ge rén shì shéi?

这里 zhèlǐ

(pron.) this place; here

① 请问,Jennifer住在这里吗?
Qǐngwèn, Jennifer zhù zài zhèlǐ ma?

② 大家快来看啊,这里有很多花。
Dàjiā kuài lái kàn a, zhèlǐ yǒu hěn duō huā.

这么 zhème

(pron.) so; such; this way; like this

① 真没想到今年冬天这么冷。
Zhēn méi xiǎngdào jīnnián dōngtiān zhème lěng.

② 这道题你做错了，应该这么做。
Zhè dào tí nǐ zuòcuò le, yīnggāi zhème zuò.

这时 zhè shí
这时候 zhè shíhou

at this time

① 我向家走，这时（/这时候），突然下起雨来。
Wǒ xiàng jiā zǒu, zhè shí (/zhè shíhou), tūrán xià qǐ yǔ lai.

② 我正在睡觉，这时（/这时候），我听见David在楼下叫我的名字。
Wǒ zhèngzài shuì jiào, zhè shí (/zhè shíhou), wǒ tīngjiàn David zài lóuxià jiào wǒ de míngzi.

这些 zhèxiē

(pron.) these

① 这些花是谁送给你的？
Zhèxiē huā shì shéi sònggěi nǐ de?

② 这些人都是来看电影的。
Zhèxiē rén dōu shì lái kàn diànyǐng de.

这样 zhèyàng

(pron.) so; such; like this; this way

① 你看看这道题这样做对不对？
Nǐ kànkan zhè dào tí zhèyàng zuò duì bu duì?

② 这个问题你能这样回答，我很高兴。
Zhè ge wèntí nǐ néng zhèyàng huídá, wǒ hěn gāoxìng.

2 着 zhe

(part.) **1** expressing the continuation of an action

① 我和Mike说着话呢，Heidi就来了。
Wǒ hé Mike shuōzhe huà ne, Heidi jiù lái le.

② 几个孩子在玩儿着游戏。
Jǐ ge háizi zài wánrzhe yóuxì.

③ 我在上着课呢，你来做什么？
Wǒ zài shàngzhe kè ne, nǐ lái zuò shénme?

2 expressing the continuation of a state

① 房间的门开着，我看见Fiona坐在椅子上。
Fángjiān de mén kāizhe, wǒ kànjiàn Fiona zuò zài yǐzi shang.

② Mary穿着一件新衣服。
Mary chuānzhe yí jiàn xīn yīfu.

③ Jones不喜欢运动，总是坐着。
Jones bù xǐhuan yùndòng, zǒngshì zuòzhe.

这时 这时候 这些 这样 着 真

3 [used in the middle of verbs] expressing an accompanying action or state

① Peter 喜欢听着音乐做作业。
Peter xǐhuan tīngzhe yīnyuè zuò zuòyè.

② 我们走着去学校吧。
Wǒmen zǒuzhe qù xuéxiào ba.

③ Susan 在看电视，她看着看着就笑了。
Susan zài kàn diànshì, tā kànzhe kànzhe jiù xiào le.

4 [used after a verb] expressing an existential state

① 教室里坐着很多学生。
Jiàoshì lǐ zuòzhe hěn duō xuésheng.

② 桌子上放着很多书。
Zhuōzi shang fàngzhe hěn duō shū.

③ 我家住着一个中国人。
Wǒ jiā zhùzhe yí ge Zhōngguórén.

5 expressing order or attention

① 你听着，你再迟到就别来上班了！
Nǐ tīngzhe, nǐ zài chídào jiù bié lái shàng bān le!

② 你等着，我马上就来。
Nǐ děngzhe, wǒ mǎshàng jiù lái.

③ 慢着点儿，别着急。
Mànzhe diǎnr, bié zháo jí.

2 真 zhēn

(adj.) **1** true; real; genuine

① 这是一条真鱼。
Zhè shì yì tiáo zhēn yú.

② 这是用真鸡蛋做的手表。
Zhè shì yòng zhēn jīdàn zuò de shǒubiǎo.

2 clear; unmistakable; distinct

① 黑板上的字你看得真吗？
Hēibǎn shang de zì nǐ kàn de zhēn ma?

② 你唱歌的声音太小了，我听不真。
Nǐ chàng gē de shēngyīn tài xiǎo le, wǒ tīng bu zhēn.

(adv.) really; truly; indeed

① 你今天真漂亮！
Nǐ jīntiān zhēn piàoliang!

真的 zhēn de

② 这件事情你真不应该自己做。
Zhè jiàn shìqing nǐ zhēn bù yīnggāi zìjǐ zuò.

③ 时间过得真快,我们又见面了。
Shíjiān guò de zhēn kuài, wǒmen yòu jiàn miàn le.

④ 我真不知道那件事情。
Wǒ zhēn bù zhīdào nà jiàn shìqing.

true; real

① 这张画是真的。
Zhè zhāng huà shì zhēn de.

② 刚才 Peter 说的话是真的吗?
Gāngcái Peter shuō de huà shì zhēn de ma?

really true

① 刚才我真的看见一个人走进了教室。
Gāngcái wǒ zhēn de kànjiàn yí ge rén zǒujinle jiàoshì.

② 你真的要去北京工作吗?
Nǐ zhēn de yào qù Běijīng gōngzuò ma?

2 正在 zhèngzài

(adv.) in process of; in course of; be doing

① 你正在做什么?
Nǐ zhèngzài zuò shénme?

② 经理正在打电话,您一会儿再来吧。
Jīnglǐ zhèngzài dǎ diànhuà, nín yíhuìr zài lái ba.

③ 奶奶正在睡觉,我们别去她房间。
Nǎinai zhèngzài shuì jiào, wǒmen bié qù tā fángjiān.

只 zhī
(zhǐ 见 329 页)

(m.w.) [used for boats, birds, certain animals or furnitures, and one of certain paired things]

① 我用报纸做了一只小船。
Wǒ yòng bàozhǐ zuòle yì zhī xiǎo chuán.

② 邻居家有一只狗、两只猫和三只鸟。
Línjū jiā yǒu yì zhī gǒu、liǎng zhī māo hé sān zhī niǎo.

③ 这双皮鞋少了一只。
Zhè shuāng píxié shǎole yì zhī.

真的　正在　只　知道　只　只能　只是

④ 医生，我这只眼睛疼。
Yīshēng, wǒ zhè zhī yǎnjing téng.

2 知道 zhīdào

(v.) know; realize; be aware of

① 我不知道这件事情。
Wǒ bù zhīdào zhè jiàn shìqing.

② 你知道穿白衬衫的人是谁吗？
Nǐ zhīdào chuān bái chènshān de rén shì shéi ma?

③ 公司里的事情，你知道得太少了。
Gōngsī lǐ de shìqing, nǐ zhīdào de tài shǎo le.

只 zhǐ
(zhī 见328页)

(adv.) only; merely; just

① 今天太累了，现在我只想睡觉。
Jīntiān tài lèi le, xiànzài wǒ zhǐ xiǎng shuì jiào.

② 我只告诉你一次，你别忘记了。
Wǒ zhǐ gàosu nǐ yí cì, nǐ bié wàngjì le.

③ 这辆出租车只可以坐四个人，其他人坐下一辆吧。
Zhè liàng chūzūchē zhǐ kěyǐ zuò sì ge rén, qítā rén zuò xià yí liàng ba.

Do You Know

只能 zhǐnéng

(adv.) have to; be forced to

① 妈妈不在家，今天中午我只能去饭馆儿吃了。
Māma bú zài jiā, jīntiān zhōngwǔ wǒ zhǐnéng qù fànguǎnr chī le.

② 经理不在，你只能明天再来了。
Jīnglǐ bú zài, nǐ zhǐnéng míngtiān zài lái le.

只是 zhǐshì

(adv.) **1** only; just; merely

① 我今天来找你，只是来看看你，没有其他事情。
Wǒ jīntiān lái zhǎo nǐ, zhǐshì lái kànkan nǐ, méiyǒu qítā shìqing.

② 我不告诉你那件事情，只是不想让你难过。
Wǒ bú gàosu nǐ nà jiàn shìqing, zhǐshì bù xiǎng ràng nǐ nánguò.

2 simply

① 他只是哭，我们怎么问，他都不说话。
Tā zhǐshì kū, wǒmen zěnme wèn, tā dōu bù shuō huà.

② Fiona 不回答我们的问题，只是笑。
Fiona bù huídá wǒmen de wèntí, zhǐshì xiào.

(conj.) except that; but

① 这家饭馆儿的菜很好吃，只是太贵了。
Zhè jiā fànguǎnr de cài hěn hǎochī, zhǐshì tài guì le.

② 我想和你一起去爬山，只是现在没时间。
Wǒ xiǎng hé nǐ yìqǐ qù pá shān, zhǐshì xiànzài méi shíjiān.

只有……才…… zhǐyǒu…… cái……

(conj.) only if; provided that

① 只有找到 Peter，才能解决现在的问题。
Zhǐyǒu zhǎodào Peter, cái néng jiějué xiànzài de wèntí.

② 只有 Kitty 来了，我们才可以吃蛋糕。
Zhǐyǒu Kitty lái le, wǒmen cái kěyǐ chī dàngāo.

Do You Know

只有 zhǐyǒu

(adv.) only; alone

① 这件事情只有 Mary 知道。
Zhè jiàn shìqing zhǐyǒu Mary zhīdào.

② 我们班只有 Richard 去过北京。
Wǒmen bān zhǐyǒu Richard qùguo Běijīng.

才 cái

(adv.) **1** just; a moment ago

① 才走了几分钟我就累了。
Cái zǒule jǐ fēnzhōng wǒ jiù lèi le.

② 昨天才买的裙子，你今天就不穿了？
Zuótiān cái mǎi de qúnzi, nǐ jīntiān jiù bù chuān le?

2 not until; only when

① 他一直到昨天才离开北京。
Tā yìzhí dào zuótiān cái líkāi Běijīng.

只有……才…… 只有 才 中国 国外 外国

② 你怎么才来？
Nǐ zěnme cái lái？

3 only；merely

① 这本书才卖十元钱。
Zhè běn shū cái mài shí yuán qián.

② 他来北京的时候才三岁。
Tā lái Běijīng de shíhou cái sān suì.

4 not unless under certain conditions

① Jack 喜欢你才会请你跳舞。
Jack xǐhuan nǐ cái huì qǐng nǐ tiào wǔ.

② 我是为了学习汉语才来中国的。
Wǒ shì wèile xuéxí Hànyǔ cái lái Zhōngguó de.

5 expressing an emphatic tone

① Mary 才不漂亮呢。
Mary cái bú piàoliang ne.

② 我不知道什么才是你想要的。
Wǒ bù zhīdào shénme cái shì nǐ xiǎng yào de.

---

1 中国
Zhōngguó

(n.) China；Chinese

① 大家好，我叫 Lee，我是中国人。
Dàjiā hǎo，wǒ jiào Lee，wǒ shì Zhōngguórén.

② 我很想去中国学习汉语和中国文化。
Wǒ hěn xiǎng qù Zhōngguó xuéxí Hànyǔ hé Zhōngguó wénhuà.

③ 我很喜欢吃中国菜。
Wǒ hěn xǐhuan chī Zhōngguócài.

 Do You Know

国外
guó wài

overseas；abroad

① 我在国外工作了二十年。
Wǒ zài guó wài gōngzuòle èrshí nián.

② 奶奶从国外带回来很多礼物送给我们。
Nǎinai cóng guó wài dài huílai hěn duō lǐwù sònggěi wǒmen.

外国
wàiguó

(n.) foreign country

① 最近我认识了几个外国朋友。
Zuìjìn wǒ rènshile jǐ ge wàiguó péngyou.

外国人
wàiguórén

② 越来越多的外国学生到中国学习汉语。
Yuè lái yuè duō de wàiguó xuésheng dào Zhōngguó xuéxí Hànyǔ.

(n.) foreigner

① 很多外国人喜欢到中国旅游。
Hěn duō wàiguórén xǐhuan dào Zhōngguó lǚyóu.

② 同学们都说我长得像外国人。
Tóngxuémen dōu shuō wǒ zhǎng de xiàng wàiguórén.

中间
zhōngjiān

(n.) **1** among; between

① 我们中间没有人能参加这次比赛。
Wǒmen zhōngjiān méiyǒu rén néng cānjiā zhè cì bǐsài.

② 这四个字中间有一个是错的。
Zhè sì ge zì zhōngjiān yǒu yí ge shì cuò de.

2 center; middle

① 桌子中间放着一个蛋糕。
Zhuōzi zhōngjiān fàngzhe yí ge dàngāo.

② 老师在黑板的中间画了一只小鸟。
Lǎoshī zài hēibǎn de zhōngjiān huàle yì zhī xiǎo niǎo.

3 middle; intermediate

① 从我家到公司,中间要换一次公共汽车。
Cóng wǒ jiā dào gōngsī, zhōngjiān yào huàn yí cì gōnggòng qìchē.

② Elvis 站在左边,我站在右边,Mary 站在我们中间。
Elvis zhàn zài zuǒbian, wǒ zhàn zài yòubian, Mary zhàn zài wǒmen zhōngjiān.

 Do You Know

中 zhōng

(n.) **1** among; in

① 水中有一条大鱼。
Shuǐ zhōng yǒu yì tiáo dà yú.

② 朋友中没有一个人愿意借钱给 David。
Péngyou zhōng méiyǒu yí ge rén yuànyì jiè qián gěi David.

外国人　中间　中　间　中文　中午　终于

间 jiān	**2** [used after a verb expressing continuity] in the course of ① 去哪里工作，我还在选择中。 　Qù nǎlǐ gōngzuò, wǒ hái zài xuǎnzé zhōng. ② Jack 还在休息中，你不要去他的房间。 　Jack hái zài xiūxi zhōng, nǐ búyào qù tā de fángjiān. (m.w.) bay ① 这间房子真小，只能放下一张床和一张桌子。 　Zhè jiān fángzi zhēn xiǎo, zhǐ néng fàngxia yì zhāng chuáng hé yì zhāng zhuōzi. ② 我们学校很大，有八十间教室。 　Wǒmen xuéxiào hěn dà, yǒu bāshí jiān jiàoshì.
中文 Zhōngwén	(n.) Chinese language; Chinese ① 今天晚上我要去上中文课，不能和你去看电影了。 　Jīntiān wǎnshang wǒ yào qù shàng Zhōngwénkè, bù néng hé nǐ qù kàn diànyǐng le. ② Jennifer 已经能看懂中文报纸了。 　Jennifer yǐjīng néng kàndǒng Zhōngwén bàozhǐ le.
¹中午 zhōngwǔ	(n.) noon; midday ① 中午太热了，我哪儿也不想去。 　Zhōngwǔ tài rè le, wǒ nǎr yě bù xiǎng qù. ② 中午十二点我们在学校旁边的超市见面。 　Zhōngwǔ shí'èr diǎn wǒmen zài xuéxiào pángbiān de chāoshì jiàn miàn. ③ 经理中午要休息一会儿，你现在别去他办公室。 　Jīnglǐ zhōngwǔ yào xiūxi yíhuìr, nǐ xiànzài bié qù tā bàngōngshì.
终于 zhōngyú	(adv.) at last; in the end; finally ① 我终于有时间去旅游了。 　Wǒ zhōngyú yǒu shíjiān qù lǚyóu le. ② Henry 终于同意参加游泳比赛了。 　Henry zhōngyú tóngyì cānjiā yóu yǒng bǐsài le. ③ 你终于来了，大家都在等你。 　Nǐ zhōngyú lái le, dàjiā dōu zài děng nǐ.

种 zhǒng

(m.w.) kind; sort; type

① 我不喜欢 Peter 这种人。
Wǒ bù xǐhuan Peter zhè zhǒng rén.

② 这种包有好几种颜色。
Zhè zhǒng bāo yǒu hǎo jǐ zhǒng yánsè.

③ 这种问题别来问我。
Zhè zhǒng wèntí bié lái wèn wǒ.

重要 zhòngyào

(adj.) important; significant; major

① 这是非常重要的工作,你能完成吗?
Zhè shì fēicháng zhòngyào de gōngzuò, nǐ néng wánchéng ma?

② 这次考试对我很重要,我要认真准备。
Zhè cì kǎoshì duì wǒ hěn zhòngyào, wǒ yào rènzhēn zhǔnbèi.

③ 参加重要会议以前,Jones 习惯听一会儿音乐。
Cānjiā zhòngyào huìyì yǐqián, Jones xíguàn tīng yíhuìr yīnyuè.

周末 zhōumò

(n.) weekend

① 周末我要去公司,不能休息了。
Zhōumò wǒ yào qù gōngsī, bù néng xiūxi le.

② 下个周末我们一起去游泳吧。
Xià ge zhōumò wǒmen yìqǐ qù yóuyǒng ba.

③ 现在周末去旅游的人特别多。
Xiànzài zhōumò qù lǚyóu de rén tèbié duō.

 Do You Know

周 zhōu

(n.) week

① 下周我要去中国旅游。
Xià zhōu wǒ yào qù Zhōngguó lǚyóu.

② 这几周我都很忙,没有时间和你去打篮球。
Zhè jǐ zhōu wǒ dōu hěn máng, méiyǒu shíjiān hé nǐ qù dǎ lánqiú.

上周 shàng zhōu

last week

① 上周我生病了,在家休息了几天。
Shàng zhōu wǒ shēng bìng le, zài jiā xiūxile jǐ tiān.

种 重要 周末 周 上周 下周 主要 住 注意

下周
xià zhōu

② 上周我和 Liza 去旅行了。
Shàng zhōu wǒ hé Liza qù lǚxíng le.

next weak

① 下周经理要去北京。
Xià zhōu jīnglǐ yào qù Běijīng.

② 下周我有课，没有时间出去玩儿。
Xià zhōu wǒ yǒu kè, méiyǒu shíjiān chūqu wánr.

主要
zhǔyào

(adj.) main; chief; principal; major

① 这次会议主要解决两个问题。
Zhè cì huìyì zhǔyào jiějué liǎng ge wèntí.

② 我的学习成绩好，主要是考试以前复习得好。
Wǒ de xuéxí chéngjì hǎo, zhǔyào shì kǎo shì yǐqián fùxí de hǎo.

③ 参加这次会议的主要是我们公司的经理。
Cānjiā zhè cì huìyì de zhǔyào shì wǒmen gōngsī de jīnglǐ.

¹住 zhù

(v.) **1** live; reside; stay

① 我住的地方离学校不远。
Wǒ zhù de dìfang lí xuéxiào bù yuǎn.

② 我和爸爸妈妈住在一起。
Wǒ hé bàba māma zhù zài yìqǐ.

③ 因为这两个房间一直没有人住，所以我也没有打扫。
Yīnwèi zhè liǎng ge fángjiān yìzhí méiyǒu rén zhù, suǒyǐ wǒ yě méiyǒu dǎsǎo.

2 [used after a verb] to a stop; firmly

① Liza 问的问题把老师给问住了。
Liza wèn de wèntí bǎ lǎoshī gěi wènzhù le.

② 今天太热了，衣服穿不住了。
Jīntiān tài rè le, yīfu chuān bu zhù le.

注意
zhùyì

(v.) pay attention; take note to

① 虽然工作很重要，但是您也要注意身体。
Suīrán gōngzuò hěn zhòngyào, dànshì nín yě yào zhùyì shēntǐ.

335

② 你注意到坐在教室后面的那几个人了吗？
Nǐ zhùyìdào zuò zài jiàoshì hòumiàn de nà jǐ ge rén le ma?

③ 刚才我告诉你的都是在工作上需要注意的问题。
Gāngcái wǒ gàosu nǐ de dōu shì zài gōngzuò shang xūyào zhùyì de wèntí.

² 准备 zhǔnbèi

(v.) **1** prepare; get ready

① 我已经准备好了，开始比赛吧。
Wǒ yǐjīng zhǔnbèi hǎo le, kāishǐ bǐsài ba.

② Fiona 快过生日了，你准备了什么礼物？
Fiona kuài guò shēngrì le, nǐ zhǔnbèi le shénme lǐwù?

③ 下午的考试你要准备准备。
Xiàwǔ de kǎoshì nǐ yào zhǔnbèi zhǔnbèi.

2 intend; plan

① 我准备下个月去中国工作。
Wǒ zhǔnbèi xià ge yuè qù Zhōngguó gōngzuò.

② 周末我准备去打篮球。
Zhōumò wǒ zhǔnbèi qù dǎ lánqiú.

③ 下个月我准备和 Selina 结婚。
Xià ge yuè wǒ zhǔnbèi hé Selina jié hūn.

¹ 桌子 zhuōzi

(n.) table; desk

① 桌子下有一只小猫。
Zhuōzi xià yǒu yì zhī xiǎo māo.

② 这张桌子太小了，我想再买一张大点儿的。
Zhè zhāng zhuōzi tài xiǎo le, wǒ xiǎng zài mǎi yì zhāng dà diǎnr de.

③ 书在桌子上放着呢，你怎么没有看见？
Shū zài zhuōzi shang fàngzhe ne, nǐ zěnme méiyǒu kànjiàn?

自己 zìjǐ

(pron.) **1** oneself

① 自己的事情自己做。
Zìjǐ de shìqing zìjǐ zuò.

② 我已经不是孩子了，我能照顾好自己。
Wǒ yǐjīng bú shì háizi le, wǒ néng zhàogu hǎo zìjǐ.

准备　桌子　自己　自行车　字　总是

③ 这件事情我可以自己解决。
Zhè jiàn shìqing wǒ kěyǐ zìjǐ jiějué.

2 one's own；closely related

① 大家都是自己人，别为了这点儿事情生气。
Dàjiā dōu shì zìjǐ rén, bié wèile zhè diǎnr shìqing shēng qì.

② 这是你自己家的事情，我帮不上忙。
Zhè shì nǐ zìjǐ jiā de shìqing, wǒ bāng bu shàng máng.

自行车 zìxíngchē

（n.）bicycle；bike

① 我不会骑自行车，你能教我吗?
Wǒ bú huì qí zìxíngchē, nǐ néng jiāo wǒ ma?

② 我花了两百元钱买了一辆自行车，真便宜。
Wǒ huāle liǎng bǎi yuán qián mǎile yí liàng zìxíngchē, zhēn piányi.

③ 自行车不能带进地铁。
Zìxíngchē bù néng dàijin dìtiě.

¹字 zì

（n.）**1** word；character

① "啊"字是什么意思?
"Ā" zì shì shénme yìsi?

② 你写的字真漂亮。
Nǐ xiě de zì zhēn piàoliang.

③ 这几个字你写错了。
Zhè jǐ ge zì nǐ xiěcuò le.

2 pronunciation of a word or character

① Lucy 说话的时候，每个字都很清楚。
Lucy shuō huà de shíhou, měi ge zì dōu hěn qīngchu.

② 你说话的声音太小了,有几个字我没有听清楚。
Nǐ shuō huà de shēngyīn tài xiǎo le, yǒu jǐ ge zì wǒ méiyǒu tīng qīngchu.

总是 zǒngshì

（adv.）**1** alway

① 你总是迟到，经理已经生气了。
Nǐ zǒngshì chídào, jīnglǐ yǐjīng shēng qì le.

② Jessie 工作很努力，她总是第一个到公司。
Jessie gōngzuò hěn nǔlì, tā zǒngshì dì yī ge dào gōngsī.

2 after all

① 你别再哭了，事情总是会解决的。
Nǐ bié zài kū le, shìqing zǒngshì huì jiějué de.

② 我相信钱总是会有的。
Wǒ xiāngxìn qián zǒngshì huì yǒu de.

² 走 zǒu

(v.) **1** walk; go

① 我的孩子已经会走了。
Wǒ de háizi yǐjīng huì zǒu le.

② 向右边走两百米就有一家银行。
Xiàng yòubian zǒu liǎng bǎi mǐ jiù yǒu yì jiā yínháng.

③ 今天我走了三个小时。
Jīntiān wǒ zǒule sān ge xiǎoshí.

2 run; move

① 手表不走了，可能是坏了。
Shǒubiǎo bù zǒu le, kěnéng shì huài le.

② 这条船走得很慢。
Zhè tiáo chuán zǒu de hěn màn.

3 leave; go away

① 他走了，你就来了。
Tā zǒu le, nǐ jiù lái le.

② Jane 已经走了很长时间了。
Jane yǐjīng zǒule hěn cháng shíjiān le.

③ 今天别走了，在我家住一晚上吧。
Jīntiān bié zǒu le, zài wǒ jiā zhù yì wǎnshang ba.

4 through; from

① 从我家去火车站，走那条路最近。
Cóng wǒ jiā qù huǒchēzhàn, zǒu nà tiáo lù zuì jìn.

② 去图书馆走哪个门最方便？
Qù túshūguǎn zǒu nǎ ge mén zuì fāngbiàn?

5 (of relatives and friends) visit; call on

① 我们两家走得很近。
Wǒmen liǎng jiā zǒu de hěn jìn.

② 我和 Henry 虽然是同学，但是我和他走得不近。
Wǒ hé Henry suīrán shì tóngxué, dànshì wǒ hé tā zǒu de bú jìn.

6 pass away; die

爷爷走了，我很难过。
Yéye zǒu le, wǒ hěn nánguò.

 Do You Know

走路 zǒu lù

walk; go on foot

① 我喜欢走路上班。
Wǒ xǐhuan zǒu lù shàng bān.

② 走路可以锻炼身体。
Zǒu lù kěyǐ duànliàn shēntǐ.

嘴 zuǐ

(n.) mouth

① John 的嘴里有好几块羊肉。
John de zuǐ lǐ yǒu hǎojǐ kuài yángròu.

② Jenny 很害怕，她张着嘴，说不出话来。
Jenny hěn hàipà, tā zhāngzhe zuǐ, shuō bu chū huà lai.

③ 他那张嘴真能说。
Tā nà zhāng zuǐ zhēn néng shuō.

2 最 zuì

(adv.) **1** most

① Mike 觉得妈妈最漂亮。
Mike juéde māma zuì piàoliang.

② 我最喜欢的体育运动是打篮球。
Wǒ zuì xǐhuan de tǐyù yùndòng shì dǎ lánqiú.

③ 今天参加会议的人最少也有一千人。
Jīntiān cānjiā huìyì de rén zuì shǎo yě yǒu yì qiān rén.

2 farthest or nearest to a place

① 看比赛的时候，Philip 坐在最前面。
Kàn bǐsài de shíhou, Philip zuò zài zuì qiánmiàn.

② 爬山的时候，我走在最后面。
Pá shān de shíhou, wǒ zǒu zài zuì hòumiàn.

最后 zuìhòu

(n.) final; last

① Kate 是今天早上最后一个到公司的。
Kate shì jīntiān zǎoshang zuìhòu yí ge dào gōngsī de.

② 老师说:"最后,我希望你们都能通过这次考试。"
Lǎoshī shuō: "Zuìhòu, wǒ xīwàng nǐmen dōu néng tōngguò zhè cì kǎoshì."

最近 zuìjìn

(n.) recently; lately; in the near future; soon

① 最近我可能会离开北京。
Zuìjìn wǒ kěnéng huì líkāi Běijīng.

② 最近几年,妈妈一直在照顾生病的奶奶。
Zuìjìn jǐ nián, māma yìzhí zài zhàogu shēng bìng de nǎinai.

③ 这本书最近卖得特别好。
Zhè běn shū zuìjìn mài de tèbié hǎo.

¹ 昨天 zuótiān

(n.) yesterday

① 今天比昨天冷。
Jīntiān bǐ zuótiān lěng.

② 昨天下午你去哪儿了?
Zuótiān xiàwǔ nǐ qù nǎr le?

③ 我是昨天到北京的。
Wǒ shì zuótiān dào Běijīng de.

² 左边 zuǒbian (左面 zuǒmiàn)

(n.) the left; the left side

① 看电影的时候,Fiona 坐在我的左边(/左面)。
Kàn diànyǐng de shíhou, Fiona zuò zài wǒ de zuǒbian (/zuǒmiàn).

② 电视的左边(/左面)是冰箱。
Diànshì de zuǒbian (/zuǒmiàn) shì bīngxiāng.

③ 左边(/左面)的第四个房间是我的办公室。
Zuǒbian (/zuǒmiàn) de dì sì ge fángjiān shì wǒ de bàngōngshì.

Do You Know

左 zuǒ

(n.) the left side; the left

① 从这里向左走就是银行。
Cóng zhèlǐ xiàng zuǒ zǒu jiù shì yínháng.

② Peter 左手拿着花，右手拿着蛋糕。
Peter zuǒ shǒu názhe huā, yòu shǒu názhe dàngāo.

作业 zuòyè

(n.) school assignment; homework

① 我们写完作业再去玩儿吧。
Wǒmen xiěwán zuòyè zài qù wánr ba.

② 今天的作业真多啊，我都写了两个小时了。
Jīntiān de zuòyè zhēn duō a, wǒ dōu xiěle liǎng ge xiǎoshí le.

③ Mike 在写作业，你找他有什么事情？
Mike zài xiě zuòyè, nǐ zhǎo tā yǒu shénme shìqing?

¹坐 zuò

(v.) **1** sit; take a seat

① 大家都坐吧。
Dàjiā dōu zuò ba.

② 考试的时候，John 坐在我的前面。
Kǎo shì de shíhou, John zuò zài wǒ de qiánmiàn.

③ 这张桌子可以坐六个人。
Zhè zhāng zhuōzi kěyǐ zuò liù ge rén.

2 travel by

① 我坐飞机去北京。
Wǒ zuò fēijī qù Běijīng.

② 我上班要坐两个小时的公共汽车。
Wǒ shàng bān yào zuò liǎng ge xiǎoshí de gōnggòng qìchē.

③ 你坐出租车去火车站会比较快。
Nǐ zuò chūzūchē qù huǒchēzhàn huì bǐjiào kuài.

¹做 zuò

(v.) **1** make; produce; manufacture

① 我会做衣服。
Wǒ huì zuò yīfu.

② 这张桌子是 Jones 自己做的。
Zhè zhāng zhuōzi shì Jones zìjǐ zuò de.

2 cook

① 我已经会做中国菜了。
Wǒ yǐjīng huì zuò Zhōngguócài le.

② 妈妈做的鱼特别好吃。
Māma zuò de yú tèbié hǎochī.

3 do; act; engage in

① 我在做数学题。
Wǒ zài zuò shùxuétí.

② 练习都做完了吗?
Liànxí dōu zuòwán le ma?

4 be; become

① A：你是做什么的?
Nǐ shì zuò shénme de?

B：我是做老师的。
Wǒ shì zuò lǎoshī de.

② 我丈夫做过经理。
Wǒ zhàngfu zuòguo jīnglǐ.

5 form or contract a relationship

① 我希望能和你做朋友。
Wǒ xīwàng néng hé nǐ zuò péngyou.

② 做学生的时候,我很少买衣服。
Zuò xuésheng de shíhou, wǒ hěn shǎo mǎi yīfu.

6 be used as

① 我们可以用这三个房间做教室。
Wǒmen kěyǐ yòng zhè sān ge fángjiān zuò jiàoshì.

② 小房间可以做厨房。
Xiǎo fángjiān kěyǐ zuò chúfáng.

 Do You Know

做到
zuò dào

accomplish; achieve

① 我相信你一定能做到。
Wǒ xiāngxìn nǐ yídìng néng zuòdào.

② 你要求我的事情我做到了。
Nǐ yāoqiú wǒ de shìqing wǒ zuòdào le.